KB123283

자본주의와 장애

자본주의와 장애

마타 러셀 지음 조영학 옮김

물질적 풍요에 숨겨진
차별과 억압의 역사

동아시아

발간사

　이 책을 통해 서로의 '다름'을 인정하고 '다름의 가치'를 인정하는 사회환경을 조성하고, 자본주의하에서 장애인 권리운동의 다양한 궤적을 살펴보고 영감을 얻기를 기대합니다.

　지난 12년간 우리 재단에서는 총 열 권의 책『WHO 세계 장애보고서』(2012년),『장애 문화 정체성』(2012년),『장애인 중심 사회서비스 정책과 실천: 서비스 현금지급과 개인예산』(2013년),『장애인과 전문가의 파트너십: 정책과 실천현장에 적용된 사회모델』(2014년),『장애와 사회 그리고 개인』(2015년),『미학적 불안감: 장애와 재현의 위기』(2016년),『장애 인문학: 장애에 대한 사회적 태도의 변화』(2018년),『장애 이론: 장애 정체성의 이론화』(2019년),『장애와 소셜 미디어: 글로벌 관점』(2021년),『우리에 관하여: 장애를 가지고 산다는 것』(2021년)을 발간했습니다.

　이번 열한 번째 기획총서인『자본주의와 장애』는 2013년 타계한 미국의 장애인 권리운동가이자 활동가인 마타 러셀의 에세이를 엮은 책입니다. 저자는 장애인 당사자로서 자본주의 이데올로기 안에서 장애인이 어떻게 억압당하는지 본질을 파악하고 공정한 사회로 가기 위한 관점을 제시하고 있습니다. 마타 러셀이 자본주의와 장애의 관계를 최초로 고찰한 인물은 아니나, 그녀는 자본주의 체제하에서의 장애인 억압 현상을 경제이론 분석을 통해 누구보다 통찰력 있게 전략적으로 살펴봅니다. 따라서 독자 여러분은 마타 러셀의 저서를 통해 그동안 인지하지 못했던 자본주의와 장애의 관계성 및 현상들을 파악할 수 있으며, 이에 대한 근본적인 고찰을 통해 '따뜻한 동행, 모두가 행복한 나라'로 나아가기 위한 담론을 논할 수 있을 것입니다.

이 책은 자본주의 이데올로기 안에서 오랜 기간 억압당하고 배제당한 장애인의 사회적 위치와 현실을 장애인 당사자의 관점으로 담대하고 날카롭게 기술한 책입니다. 장애인의 인권과 사회통합이 사회적 화두 및 이슈로 거론되고 있는 현대사회에서, 비장애인과 장애인의 어떠한 사회구조적인 문제가 우선적으로 해결되어야 할 것인지에 대한 논의에 이번 기획총서의 발간이 도움이 되기를 바랍니다.

끝으로 열한 번째 기획총서가 나오기까지 번역과 출간에 수고를 아끼지 않으신 모든 분들에게 감사 인사를 드립니다. 앞으로도 한국장애인재단은 기획총서 시리즈 발간을 통해 장애에 대한 이해를 높이고 장애인에 대한 인식이 더 개선되는 방향으로 변화될 수 있도록 앞장서겠습니다. 여러분들의 많은 관심과 격려 부탁드립니다.

이성규(한국장애인재단 이사장)

추천의 글

이 책의 원제는 『Capitalism and Disability』로 미국의 장애인 활동가인 마타 러셀(1951~2013)이 쓴 열아홉 편의 에세이를 엮은 책이다. 저자는 자본주의 사회제도가 장애인의 빈곤, 분리, 결핍에 미친 영향을 고찰하면서 장애와 사회체제의 본질적인 관계를 서술한다.

'인간'으로서의 장애 출현과 가족·사회체제에 관한 내용을 담은 이 책은 현대 장애 현상이 자본주의 경제 및 사회관계를 통해 형성되는 과정과 그것이 어떻게 영향을 미치고 있는지를 보여준다.

저자는 자본주의 속에서 장애가 하나의 권리이자 역할을 담당함으로써 사회를 더욱 공고히 하는 기제로 활용된다는 점을 강조한다. 대부분의 내용이 이론적·추상적 추론에 그치지 않고 시기별 자료를 통해 실증적으로 분석하고 있다.

장애에 관심이 있는 사람뿐만 아니라 사회를 더욱 깊이 있게 성찰하고자 하는 사람에게 장애를 본질적 문제로 새롭게 이해하도록 돕는 지침서가 될 것이다. 아울러 경제적 자유와 공정을 중시하는 MZ세대에게 장애인 인권이 어떻게 성장해 왔는지 지적 호기심을 불러일으키기에 충분하다.

오연천(울산대학교 총장)

장애인 당사자적 관점의 혼이 살아 있는 책이다. 자본주의 사회 속에서 장애인이 어떻게 억압당하고 배제되는가를 적나라하고 구체적으로 드러냈다. 노동자로서 착취당할 기회조차 주어지지 않는 현실에서부터 돌봄과 간병 서비스 속에서 어떻게 대상화되고 이용되는지까지 자본주의 사회 속 장애의 위치와 현실을 잘 보여주는 책이다. 장애 인권, 장애학, 사회복지, 장애와 사회의 역사적·구조적 문제에 관심 있는 독자들에게 꼭 읽어보라고 권하고 싶다.

전지혜(인천대학교 사회복지학과 교수)

자본주의 사회 속에서 힘겹게 살아내고 있는 장애인들과 더불어 살아가기 위한 하나의 나침반이 될 책이다.

공마리아(대구대학교 재활심리학과 교수)

자본주의 발전 과정에서의 정치, 경제, 사회문화적인 억압을 개혁하려던 장애인의 치열한 삶의 여정을 살펴봄으로써 우리가 살아가야 할 방향을 제시한다.

양숙미(남서울대학교 사회복지학과 교수)

차례

일러두기

• 본문의 대괄호 [ ]는 원서 편집자(엮은이)가 덧붙인 내용이다.

• 원서에서 강조의 의미로 쓰인 이탤릭체는 번역 과정에서 강조할 필요가 있다고 판단될 경우에만 작은따옴표를 사용하여 표기하였다.

편집자 서문

이 책은 고인이 된 작가이자 활동가 마타 러셀Marta Russell
(1951년 12월 20일~2013년 12월 15일)이 쓴 통찰력 있는 글들을 모은
것이다.

러셀은 미시시피주 델타의 심장부에서 태어나 가족이 운
영하는 목화 농장에서 자랐다. 1960년대 민권운동Civil Rights
Movement(이 책에서 Civil Rights Movement는 '민권운동', Rights Movement
는 '권리운동'으로 번역했다_옮긴이)이 미국 남부 전역을 뒤흔들었을
때 청소년이던 그녀도 자연스레 그 파고 속으로 이끌려 들어갔
다. 미국시민자유연맹(ACLU)에 자원해 인종차별 철폐를 위해
싸우는 동안 미시시피주 잭슨 경찰서가 얼마나 야만적인지 목
격했다. 그들은 그녀의 친구와 동지들을 때리거나 체포했고, 지
하신문과 조직을 박살냈다.

그즈음 러셀은 점점 정치적으로 성장했으나 아직 장애를
정치 개념으로 여기지는 못했다. 당시의 민권운동과도 연관 짓

지 못했다. 그녀 자신이 선천적 뇌성마비(그리고 이동장애) 장애인이었음에도 진정한 깨달음은 30대나 되어서야 찾아왔다. 1970년대 중반에 그녀는 캘리포니아주 로스앤젤레스로 이주해 잠시 영화계에서 일하며 딸을 낳아 키웠다. 1980년대 말 이동 제약이 점점 심해져 휠체어를 타기 시작했으며, 영화계 일을 하기도 어려워졌다. 그녀는 결국 생계수단으로 사회보장장애보험(SSDI)에 의존해야 했다.

이때 러셀은 장애인들을 더 자주 만났다. 특히 장애인 활동가들을 만나면서 정치 개념으로서의 장애를 알게 되었다. 러셀은 낫데드옛Not Dead Yet, ADAPT(대중교통권 확보를 위한 미국장애인연합American Disabled for Accessible Public Transit. 돌봄 서비스 확보를 위한 미국장애인연합Americans Disabled for Attendant Programs Today의 전신) 같은 장애인 활동가 조직과도 인연을 맺었다. 러셀은 워싱턴 양당의, 장애인에 대한 경제적 억압에 대항해 시위를 조직하고, 미국시민자유연맹과도 연대를 이어갔으며, 2003년의 이라크 침공 반대 시위에도 참여했다.

그 시기 러셀은 빠른 속도로 정치 이데올로기를 다듬어 나갔으며 놈 촘스키, 하워드 진, 프랜시스 무어 라페, 앤절라 데이비스, 카를 마르크스 등 좌파 지식인들의 저술을 폭넓게 공부했다. 1994년에는 「장애와 '내가 한다'라고 말하는 비용Disabled and the Cost of Saying 'I Do'」이라는 글을 저술하여 수상한 바 있는데 결혼과 관련해 사회보장장애보험이 어떻게 구조적 불평등을 가

자본주의와 장애

하는지의 문제를 다루었다(그 불평등은 지금까지 해결되지 않은 채 남아 있다). 1998년 러셀은 최초이자 유일한 저서 『램프를 넘어서: 장애와 사회계약의 종언』을 출간했다. 그 저서는 빅 핑켈스타인과 마이크 올리버[1] 같은 선구적인 사회주의-장애 이론가들의 주목과 찬사를 받았다.

이후 7년에서 10년 동안 러셀은 자본주의 사회에서 장애인들이 겪는 억압의 본질을 파악하고 논점을 세우고 다듬고 재구성했다. 에세이를 발표하기도 했는데 바로 그 에세이들이 이 책의 주제이자 내용이다.

마타 러셀이 자본주의와 장애의 관계를 최초로 파악한 인물은 아니다. 장애 자체를 억압의 형태로, 그 원인을 사적-유물론적 시각으로 바라본 최초의 이론가도 아니다. 그녀의 천재성은 그런 현상을 누구보다 깊고도 넓게 파고들었다는 점에서 찾아야 할 것이다.

러셀은 특히 누구보다 철저하게 마르크스주의 시각에서 자본주의 체제에서의 장애인 억압을 파헤쳤다. 그녀가 보기에 현대 자본주의 사회의 장애인 억압은 지배적인 사회체제가 빚어낸 단순한 실수나 일탈적 현상이 아니었다. 자본주의와 억압은 구조적·필연적·존재 발생론적·변증법적으로 서로를 강화해 왔다는 것이다. 그녀는 계급의 본질, 임노동, 착취, 이윤, 시장 경쟁, 산업예비군, 부르주아 국가 같은 마르크스주의 개념을 차용해, 장애인 억압을 자본주의 생산양식을 유지하기 위한 필수적인 요소로 보았다.

그런 이론적 분석을 통해 전략적 의미를 끌어낸 것은 러셀의 주요 정치적 기여에 속한다. 러셀은 입법 개혁과 프로그램을 통해 장애인의 이해를 보호하고 확대하려 노력했다. 반면 자유주의적 민권운동에 기반을 둔 효율성을 강조하는 데는 비판적 입장을 취했는데, 그런 접근방식으로는 자본주의와의 근본적이고 구조적인 관계와 맞설 수 없기 때문이다.

그런 점에서 1990년의 미국장애인법The Americans with Disabilities Act(ADA, 이하 장애인법)은 종종 러셀의 비평에서 주요 타깃이 되었다. 장애인법이 공민권법(미국에서 흑인에 대한 인종 차별을 없애기 위하여 1950~1960년대에 제정한 법률을 통틀어 이르는 말_옮긴이)과 유사한 획기적인 법으로 각광을 받았기에 장애인과 장애인의 권리 옹호자들은 겉으로 보기에는 포괄적인 이 개혁에 큰 기대를 하고 있다. 하지만 자세히 들여다보면 장애인법은 실망스럽게도 위대한 해방의 희망에 한참 미치지 못했다.

그렇다고 러셀이 장애인법[2]이 아무런 가치가 없다고 주장한 것은 아니다. 이 책 제4장에서 러셀은 장애인법의 진보적인 측면들을 어떻게 활용해 장애인 차별의 광범위한 예들을 조명할 것인지, 더 나아가 어떻게 그 차별을 해소할 수 있는지 실례를 들어 설명한다. 러셀과 같은 비평가들에 따르면, 장애인법의 문제는 원래 목적대로 운용되지 않는다는 데 있다. 아니, 목적에 맞게 집행한다 해도 지나치게 편협하고 무책임하게 해석되는 경우가 너무도 빈번했다. 게다가 그 법의 진보적 측면들마저 법 자체의 결함과 단서 조항, 모순적인 요소들에 갇혀 있다.

러셀이 이 글들을 쓰던 당시 장애인법의 결함을 의회에서도 일부 검토한 바 있다. 장애인법의 의미와 적합성 등을 20년간 검토하고 해석한 끝에 2008년 부시 대통령은 장애인법 수정안(ADAAA)에 공식 서명했다. 이 안의 목적은 장애의 개념을 더 광범위하게 재규정하는 데 있었다. 포괄적 재정의는 당연히 환영하는 바이나 사실 수정안 역시 장애인법의 오용과 남용 문제에 대해서는 거의 해결하지도, 해결을 약속하지도 못했다.

다들 지적하다시피 수정안은 장애인법[3]의 결함과 모순을 대부분 건드리지도 않았다. 기존의 장애인법보다 개선되었음에도 불구하고 지금껏 변변한 성과 하나 이루어 낸 게 없다. 그러다 보니 법이 개정된 뒤에도 러셀의 비판은 여전히 시의적절하고 타당한 것으로 보인다.

러셀은 경제이론의 논쟁에서 그치지 않고, 광범위한 주제와 이슈를 다루었다는 점에서도 두각을 드러낸다. 주택, 대량 투옥, 환경 불평등, 제국주의, 복지 시스템, 우생학, 안락사까지…. 오히려 러셀이 다루지 않은 문제를 찾아보기 어려울 정도다. 게다가 그 모든 주제에 대해 격렬하면서도 체계적이고 교육적인 분석을 흔들림 없이 유지했다.

이런 점에서 볼 때 러셀은 다양한 청중을 상대로 자기주장을 효과적으로 전달하는 능력이 탁월했다. 그녀의 글은 예리하고 지적이다. 내밀한 학술 저널이든, 무정부주의 웹진이든, 복잡한 이론을 다루든, 저급한 추문을 다루든 변함이 없다. 이 책은 그 다양성이 잘 드러난 글들을 중심으로 엮었다.

수록된 글은 각각 작성 시기도 다르고 출전도 다르지만 전체적으로 일관성이 있도록 구성했다. 나는 편집자로서 단일한 논쟁이나 주제에 따라 글을 선정하고 배열하고 최소한의 수정을 보탰다. 각 장을 별개로 읽어도 무방하지만 그렇다고 단순한 선집으로 만들 생각은 없었다. 이를 위해 각 글들은 서로 보완하되 불필요한 사족이나 중복이 없도록 조정했다. 물론 정치적인 내용인 경우 전혀 손을 대지 않았다. 가위질이라면 문단, 인용문, 절 전체가 중복될 때뿐이며, 삭제한 이유는 읽기 부담스럽거나 거슬리거나 지루한 경험이 되지 않도록 하기 위해서다. 따라서 어느 장에서 삭제된 글은 다른 장에서 만날 수 있다. 부득이 삭제할 경우에는 […] 표시로 흔적을 남겨놓았다.

독자들이 유념하기를 바라는 편집 문제가 하나 더 있다. 마타 러셀은 1998년과 2005년 사이에 가장 왕성하게 활동했다. 이 책에 실린 글들 역시 모두 그 시기에 집필되었다. 따라서 저자가 인용한 일부 데이터와 통계는 지금과 20~30년쯤 차이가 날 수 있다. 다만 새로운 수치들을 검토한 결과 그대로 싣기로 결정했는데, 거기에는 세 가지 이유가 있다.

첫째, 상당수 데이터는 여전히 변화가 없다(장애인 실업, 빈곤율 등). 둘째, 수치가 달라진 경우에도 러셀이 증거를 제시하며 증명하려 했던 궤적이나 경향은 여전히 그대로다(시간과 수치의 변화가 보여주고자 하는 상황 등). 셋째, 러셀이 전하고자 하는 메시지의 타당성과 정당성은 사실 특정 데이터의 인용과 별 관계가 없다. 그보다는 그때나 지금이나 그녀가 채택한 포괄적·이론적·분석적·논쟁적인 주제들에 중요성이 있다. 구체적인 사실이나 단편적인 증거보다는 자본주의와 장애에 관련된 전반적인 현상들을 전달하는 태도와 방식이 더 중요하다는 뜻이다.

그럼에도 불구하고 이 책에 근래의 장애 통계들을 첨부했다. 여기에는 러셀의 글에 수록된 원래 수치들 대부분을 업데이트했으며, 거기에 적절하다고 판단되는 수치들을 더했다. 글의 주제에 대해 잘 모르고 이 책을 접한 사람들이라면, 본문에 접근하기 전, 부록부터 살펴보는 것만으로도 큰 도움이 될 것이다.

마지막으로 마타 러셀의 친지와 친구들에게 특별히 감사를 전하고 싶다. 누구보다도 러셀의 외동딸, 조지아 셸레의 도움이 컸다. 셸레의 피드백은 이 책이 나오기까지 한 걸음 한 걸음마다 중요한 기여를 했다. 러셀의 친구이자 파트너인 스티브 바이스 역시 전기적·정치적·역사적 배경 정보를 파악하는 데 도움을 주었다. 러셀의 동료 라비 말호트라Ravi Malhotra는 멋진 심포지엄, 『세계 경제에서의 장애 정책: 마타 러셀을 기리며』(뉴욕: 라우틀리지, 2017)의 편집자로서 그의 격려, 비평, 개입 모두 이 책의 완성도를 크게 높여주었다.

자본주의와 장애인 권리운동
- 마타 러셀과 라비 말호트라

장애란 전통적으로 개인의 비극으로 여겨졌다. 따라서 스
스로 극복하거나, 의료 문제로서 개인이 알아서 치료해야 한
다. 그러다가 1976년 영국에서 '차별을 반대하는 신체장애인연
합'(UPIAS)이 "장애란 우리의 결함에 덧씌워진 굴레다. 그로써
우리는 부당하게 전적인 사회 참여에서 배제되고 격리된다"[1]라
고 주장함으로써 의미 있는 진보를 이루었다. 그 후 장애 활동
가들 사이에서 "장애인을 불구로 만드는 것은 바로 사회다"라
는 인식이 빠르게 확산했다.

장애의 사회적 모델[2] 덕분에 기존의 정의를 재고할 필요가
생겼다. 과거 생물학적 또는 물적·인류학적 정의에 따라 장애
인을 노동력에서 배제하는 것이 당연하고 심지어 정당하다고

여겼으나, 마침내 그런 식의 주류 개념들에 심각한 결함이 있음이 드러나기 시작한 것이다. 예를 들어 당시의 세계보건기구(WHO)는 손상impairment(시각장애, 청각장애, 이동성장애 등의 상태를 의미)을 생리학적 문제로, 장애disability를 손상으로 인한 기능 및 활동의 제약으로, 그리고 결함handicap은 "손상 또는 장애로 인한 불이익으로 역할 수행을 제약하거나 방해하는 것"[3]이라고 정의했다. 이런 개념들은 장애의 사회적 모델 이론가들로부터 비판을 받고 있다. 기본적으로 장애를 의학적 개념으로 바라보고, 생물/생리학적 정상 개념을 이용하기 때문이다. 더 나아가 이 불이익이 발생하는 환경을 중립적인 것으로 단정하고 있다. 장애인에 대한 이런 접근법은 결국 부정적인 결과를 낳을 수밖에 없다. 장애를 장벽이 아니라 불가피하거나 감내해야 하는 조건으로 여기기 때문이다.[4]

하지만 장애 개념을 정치경제의 산물로 재규정하려면 '소수minority' 모델의 한계도 깨달을 필요가 있다. 소수 모델은 장애를, 장애를 유발하는 사회적·구조적 환경의 산물로 여긴다. 이런 견해에 따르면 장애인이 직면하는 문제는 다른 사람들의 편협하고 차별적인 태도에서 기인하므로, 그러한 태도를 제거하기만 하면 사회가 '다름'을 인정하고 평등이 꽃을 피우리라고 믿기 때문이다.[5] 이런 접근방식은 자본주의 생산양식과 견고한 사회적 관계야말로 장애인이 겪는 장벽, 배제, 불평등이라는 사실에서 한참 벗어나 있다.

그와 반대로, 우리는 장애가 노동관계에서 비롯한 사회 기반 범주에 속하며, 자본주의 특유의 착취구조가 빚어낸 산물이라는 견해에 동의한다. 자본가 계급이 부를 축적하는 과정에서 소위 '장애'의 몸을 만들어 내고 억압하는 구조인 것이다. 이런 관점에서 볼 때 장애는 자본주의에 내재된 주요 모순에 속한다. 따라서 이를 인정하지 않는 장애인 정책은 근본적으로 잘못된 전략일 수밖에 없다. 아니, 더 나아가 문제 자체를 은폐하려는 부르주아 이데올로기의 의도라 하겠다.

초기 자본주의와 장애인의 상품화

초기 장애인(여기서는 장애인의 요구에 따라 편의가 제공되면 일할 수 있는 사람들)에 대한 억압은 임금노동자로서 착취에서 배제되었다는 데 있다.[6] 장애인이 비장애인보다 노동 참여 비율은 낮고 실업률과 파트타임 취업 비율이 높다는 연구 결과는 얼마든지 있다.[7] 미국의 경우 노동연령 인구의 79퍼센트가 취업을 원하지만,[8] 2000년 16~64세 장애인 중 불과 30.5퍼센트만 노동력에 포함되고 취업자는 27.6퍼센트에 불과했다. 반면 같은 연령대의 비장애인은 82.1퍼센트가 채용(78.6퍼센트)되거나 실제로 구직활동을 했다.[9] 직업이 있다고 생활수준이 빈곤선을 넘어서는 건 아니지만 장애인은 역사적으로 노동력에서 배제됨으로써 가난으로 내몰릴 수밖에 없었다. 장애인이 현재 빈곤선 이하로 생활하는 비율은 거의 세 배에 가깝다. 비장애인은 10퍼센트 수준인 반면, 장애인은 29퍼센트에 이른다.[10] 미국의 장애인은 3분의 1이 연 소득 1만 5,000달러에 못 미치는 가정에서 살고 있으며,[11] 개발도상국의 경우 3억에서 4억 명은 취업 기회도 매우 적고 생활수준도 비참한 상황이다.[12] 물론 사회안전망도 거의 없다.

이런 상황과 결과는 사적 유물론으로 설명이 가능하다. 중세에는 경제 착취가 직접적이고 정치적인 형태로 이루어졌으며, 토지 소유의 봉건적 집중으로 가능했다. 소수의 영주가 잉여를 차지하는 동안, 영지에 거주하는 사람들은 생계를 위해 노동을 해야 했다. 그리고 정도의 차이는 있지만 장애인도 경제에 참여할 수 있었다.[13] 장애인에 대한 종교적 미신과 참담한 박해가 있기는 했어도, 산업혁명 이전의 농업 생산 과정은 장애인의 참여를 허용하고 일상적 경제에도 실질적으로 기여할 수 있었다.[14]

자본주의 도래와 더불어, 사람들은 땅이 아니라 일자리를 찾아 나서야 했다. 노동을 해서 임금을 받거나 아니면 굶주려야 한다. 그리고 생산이 자동화하면서 얼마나 기계처럼 일하느냐에 따라 인간의 몸값이 정해졌다.

기업가들은 보다 빠른 속도로 생산해 내기 위해 장애인 노동자들을 내쫓았다. [···] 노동이 점차 분업화하면서 인간의 몸은 기계처럼 정교하게 움직이고 더 빠른 속도로 똑같은 동작을 반복해야 했다. 당연히 장애인들(청각장애, 시각장애, 정신장애, 이동성 장애 등)은 직무 조정을 통해 개개의 장애를 보완하지 않는 한 생산활동에 '부적합'한 것으로 여겨졌으며, 따라서 점점 유급 노동 현장에서 밀려났다.[15] 그리하여 19세기 장애인들은 노동시장의 밑바닥으로 쫓겨났다.[16]

산업자본주의는 무산계급 외에 '장애'라는 새로운 계급을 만들어 냈다. 장애인은 표준 노동자의 신체에 미치지 못한다는 이유로 노동인구에서 제거되고 임금노동에서도 배제되었다.[17] 그 결과 장애인은 사회문제로 전락하고 구빈원, 보호시설, 교도소, 구제기관, 특수학교 등에 격리해야 한다는 주장까지 대두되었다.[18] 주류의 삶에서 완전히 격리하겠다는 뜻이다. [⋯]

2차 세계대전이 끝난 후 선진 산업국가들에서 복지정책이 확대되며 장애인에 대한 이율배반적 경향이 드러났다. 정부의 사회복지 프로그램이 확대되는 한편, 복지 수혜자들의 삶을 통제하려는 시도 또한 커진 것이다. 특히 영국을 비롯한 유럽 국가들이 여기에 속했다. 영국의 베버리지 보고서(1942년 경제학자 베버리지가 작성한 사회보장 연구 보고서로, "요람에서 무덤까지"라는 대표적인 복지 이념을 담고 있다_옮긴이)는 이 프로젝트를 상징하는바, 장애인에 대한 차별적이고 가부장적인 시스템을 그려냈다. 이 체제에서 백인 남성 비장애인 노동자는 최우선 생계 책임자가 되었고, 기혼 여성은 가정에서 일했다. 다만 장애인은 의학적 문제로

자본주의와 장애

치부해 전문가들에게 떠넘겼다.[19] 복지정책이 상대적으로 미비한 미국에서조차 격리 작업장 같은 사회 프로그램 비중이 증가했는데, 이런 제도는 최저시급에도 미치지 못하는 임금으로 장애인 노동자를 착취했다. 우리는 이를 소위 '과도한 독재'라 부르는데, 이는 복지국가의 관료주의에 필연적이다. 그들은 장애인을 국가 정책의 대상으로 삼고 "장애인 고객"이라 불렀다.[20]

　장애의 의료화와 분류 도구는 '무능력'과 '능력'을 구분하는 데 큰 역할을 했다. 여기에서 장애는 중요한 '경계' 범주로 작용해, 사람들을 분배의 '노동기반 체제work-based system' 또는 '요구기반 체제needs-based system'로 분류했다. […] 장애 범주는 초기 자본주의에서 착취 방식을 구축하는 데 큰 역할을 했지만 지금도 노동 공급을 통제하는 국가 수단으로 적극 활용되고 있다.[21] 치료가 어려운 사람을 장애의 관리 범주로 격리하고, 소위 비정상을 바로잡는 방식으로서 의학은 착취 비중이 낮은 노동자를 주류 노동력에서 배제하는 데 협조했다.[22]

　자본주의가 노동자들을 임금관계로 강제 편입했듯, 장애인 노동자를 강제로 임금관계에서 몰아냈다.[23] 장애인 노동자들은 자본주의 체제에서 근본적인 경제 차별을 당하는데, 그 차별은 고용주가 생산비용의 추가 지불을 거부하는 데서 비롯한다. 비표준(장애인) 노동자를 고용하거나 고용을 유지하려면, 직무 조정이 필요 없는 표준(비장애인) 노동자들과 달리 통역인, 스크린 리더, 환경 조정, 책임보험, 최대 건강관리 담보 보험(활동 보조 서비스 포함) 또는 일반 건강관리 담보 보험 등이 필요하기 때문이다.[24] '장애'는 사회적 산물이다. 사회는 누구에게 일자리를 주고 누구에게 주지 않을지를 결정하는데, 그 의미는 경제활동 수준에 따라 달라진다. […]

피고용인의 비용 부담 때문에 현 생산 수준에서 수익 창출에 도움이 안 될 경우 고용은 어려울 수밖에 없다.[25] 인구조사국 자료에 따르면 노동연령 인구에서 장애가 없고 직장이 있는 비율은 5분의 4인 반면 중증장애인의 경우는 4분의 1을 겨우 넘는다.[26]

고용주와 투자자들은 현재의 노동체계를 유지하고 싶어 한다. 지금의 체계에서는 장애인 고용에 따른 비표준 비용을 떠안지 않아도 되기 때문이다. 결국 현재 주류 노동력에 속하지 않고 장애급여 등 사회복지에 의존하는 장애인 노동자들은 일을 할 수 있도록 적절한 직무 조정이 없는 한 고용주의 사업비용에 들어가지 않는다.[27] 장애급여 체계는 따라서 자본가들이 합법적으로 비표준 노동자를 고용하는 대신, 채용에 따른 부담을 '떳떳하게' 정부 프로그램에 전가하는 수단으로 작동하며, 이로써 장애인의 빈곤을 고착화한다.

하지만 '장애인'으로 분류된 장애인이 장애급여로 연명하면서 겪는 빈곤은 또 하나의 계급 기능으로 작동한다.[28] 이 때문에 노동자들은 장애가 발생하는 데 대한 실질적인 두려움을 느낄 수밖에 없다. 사회안전망이 위태로운 근본적인 이유는 소유계급이 자칫 생산수단을 적절하게 통제하지 못할까 봐 두려워하기 때문이다.[29] 미국의 직업윤리는 일종의 사회 통제 메커니즘으로 작동해, 자본가들이 확실히 수익을 챙기도록 노동력을 확보해 준다. 사회안전망을 제공해 노동자들이 실업, 질병, 장애, 노쇠의 두려움을 극복한다면, 노동자들은 보다 확실한 입지를 확보하고 고용 조건을 협상하려 들 것이기 때문이다. 미국 산업체들이 노동계급을 좌지우지할 수 있는 것은 노동자들의 빈곤에 대한 두려움을 이용하기 때문인데, 사회안전망이 제대로 작동하게 된다면 그 두려움도 약화될 것이다.

노동자로서 수익 창출에 이바지하지 않는다 해도 장애인들은 다른 방식으로 미국의 자본주의 유지에 이용된다. 기업가와 재활 전문가들은 장애를 돈벌이로 만들어 장애인들을 강제로 경제질서 안으로 끌어들였다.[30] 장애가 있는 신체를 상품으로 만든 뒤 그 시장 가격에 따라 사회정책을 만들거나 폐기하는 것이다.[31] 장애인에 대한 기업 솔루션(요양원 격리 등) 역시 장애인도 수익 창출에 활용할 수 있다는 인식에서 비롯하지만, 그것이 가능한 이유는 공공재정이 예산을 보장해 주기 때문이다. 예컨대 미국의 경우 그 비용의 60퍼센트는 메디케이드(노령인, 장애인 등 극빈층에게 연방정부와 주정부가 공동으로 의료비 전액을 지원하는 공공의료보험제도_옮긴이)에서, 15퍼센트는 메디케어(사회보장세를 20년 이상 납부한 65세 이상 노인과 장애인에게 연방정부가 의료비 50퍼센트를 지원하는 제도_옮긴이)에서, 25퍼센트는 개인 민간 보험이 담당한다. […]

장애인 권리운동이 장애인 시설 격리에 반대하며, 방문 서비스 중심으로 정책이 수정되도록 애쓰고 있지만, 자택에 거주하는 장애인마저 재상품화함으로써 자본의 논리는 더욱 분명해진다(공공재정이 허용하는 한, 즉 관리의료의 도입으로 비용을 절감하는 한 재정적 동기도 충분하다). 기업은 방문 서비스 영역에서의 수익 창출 가능성에 침을 흘려왔다. 실제로 '홈케어' 왕국을 건설하고 방문 서비스 모델에 시동을 걸기도 했다. 짐 찰턴의 말마따나, "인간의 상품화 이면에는 다른 인간에 의한 비인간화와 착취가 교묘하게 숨어 있다. 이것이 바로 경제적 삶의 실체다".[32]

　　장애의 정의는 고정적이지 않으며 근본적으로 자본 축적의 필요와 연관되어 있다. 따라서 복지국가도 위기에 처하면 장애 개념을 축소하고 자격 기준을 까다롭게 바꾸는 경향이 있다. 장애인 수용시설도 폐쇄하기 시작하지만, 그렇다고 장애인이 자립하도록 적절한 자원과 지원을 제공하는 것은 아니다. 하지만 국가가 특정 지원 방법에서 손을 뗀다고 장애인의 삶에 개입하는 권한까지 포기하지는 않는다. 국가의 개입 역할은 유효하다. 다만 신자유주의적 효율성이라는 미명 아래, 장애인을 위한 서비스와 소득 지원 프로그램 등의 사회비용을 무자비하게 삭감하는 데 집중할 따름이다.[33]

　　자본주의의 발흥은 장애인의 이데올로기적 계급과 처우를 급격하게 바꿔놓았다. 사회주의자들이 자본주의와 (예를 들어) 영국 구빈법[34]의 관계를 주시하기는 했어도 장애인의 계급화, 소외, 억압 따위는 대체로 외면당했다. 일반적으로 자본주의의 발흥은 장애인에게 이율배반적인 영향을 미쳤다. 긍정적인 성과가 없지는 않았다. 의학의 발달은 경제적 여유가 있는 사람들의 수명을 연장하고 삶의 질을 높여주었다. 부정적인 결과로는, 장애인을 엄격하고 독단적인 진단 범주로 분류하면서 억압 시설에 격리하는 폭력 등의 문제를 들 수 있다. 임노동 체제의 착취로부터 배제되면서 발생하는 일상적 빈곤은 장애인 억압에서도 가장 핵심에 속한다. […]

장애인 권리운동: 전망과 한계

  1960년대 인종차별, 가부장제, 성 소수자 혐오 등에 반대하는 새로운 사회운동들이 세력을 키워가는 동안,[35] 장애인 권리운동도 좀 더 체계적인 프로그램과 이데올로기를 갖추기 시작했다. 하지만 여타의 사회운동과 달리 이 다채로운 장애인 권리운동[36]은 지금껏 사회주의자, 조합 활동가, 학자 들의 관심 밖에 있었다. 장애인 권리운동이 가장 강력하고 유서 깊은 미국에서도 마찬가지였다.[37] 그래도 운동의 다양한 궤적을 들여다보면, 또 다른 영역에서 자본주의에 항거하는 사람들이 배우고 받아들일 만한 통찰이 적지 않다. 장애인 노동자들의 요구에 따라 적절한 직무 조정이 이루어지면, 작업 환경을 개선하고 생산성에 대한 지나치게 높은 기대치를 현실적으로 재조정할 수 있다. 그렇다면 장애인 권리운동 또한 가능성과 범주 면에서 근본적으로 민주적이며, 지배세력에 저항하는 운동으로 볼 수 있다.

장애인을 위해 (장애인 가족이) 설립한 자선단체와 장애인이 직접 관리하는 시설은 근본적인 차이가 있다. 전자의 시설은 대부분 장애 관련 진단 범주에 기초하므로, 장애인 자신의 견해와 경험이 반영되지 않는다. 물론 장애인에게 도움이 되지 않는다는 뜻은 아니다. 사실 이들 온정주의에 기반한 시설들이 드러내는 이데올로기적 입장은, 장애인은 스스로 일할 수 없다는 것이다.[38] 게다가 일방적 방침도 독단적인 진단 범주를 기초로 하므로 의료 문제를 지나치게 강조하면서도, 물리적 환경이나 계급 체제가 만들어 낸 장벽은 애써 외면하려 한다. 그 결과 장애인들은 수백 개의 서로 다른 범주로 분류되어, 결속하기가 어려울 수밖에 없다. 더욱이 이런 시설은 여타의 NGO와 마찬가지로 보조금의 형식으로 국가와 직접 연결되기 때문에 정부 정책에 대한 비판 능력이 심각하게 제약된다. 의사결정자의 눈 밖에 나서 재정 지원이 끊길까 봐 두려워하기 때문이다.[39] 분야를 막론하고 친정부 NGO의 불투명한 기록은 정책 한계로 이어지게 마련이다.

이와 대조적으로 장애인 직영시설은 보다 급진적인 잠재력이 있다. 1960년대 말 캘리포니아 버클리에서 시작된 자립생활 Independent Living(IL)운동은 롤링퀴즈The Rolling Quads라는 장애인 학생 모임이 주도했다. 이 운동은 장애인의 정치 세력화를 촉구하고, 장애 문제를 개인이 아니라 환경이 강요한 구조적 장벽에 초점을 맞추었다. 버클리에 세운 최초의 자립생활센터(ILC)는 장애의 사회정치적 모델에 기초하며, 학생과 비학생 모두를 포함해 정치투쟁의 폭을 넓히려 했다. 몇 년 후 수백 곳의 자립생활센터 네트워크가 미국 전역은 물론 영국, 캐나다, 브라질 등 수많은 나라로 퍼져나갔다.[40]

자립생활운동의 등장으로 장애인 권리운동도 진일보했다. 집단행동으로 생겨난 동지 의식 또한 사회운동 구축을 위해 의미 있는 첫발을 내디뎠다. 과거 (여성운동이 그랬듯) 개인의 문제로 여겨졌던 주제들을 정치 문제로 재규정함으로써 사회 일반에 보상을 요구할 수 있게 되었으며, 이로써 주요 사회운동의 기반을 마련했다.[41] 여성운동, 흑인 민권운동, 성 소수자 운동, 치카노 운동(1960년대 미국 서남부 지역의 멕시코계 미국인들이 자신들의 문화와 정체성을 강조하며 미국 사회의 억압과 차별에 저항한 운동_옮긴이) 등 새로운 사회정의 운동의 장이 열리면서 사람들은 장애인 억압을 근절하겠다는 각오를 밝히기 시작했다.

그럼에도 불구하고 자립생활운동의 철학에는 심각한 모순이 있었으며 그건 지금도 마찬가지다. 장애인의 자율권과 자기결정권을 암묵적으로 인정하면서도 다른 한편 자유시장 이데올로기의 근간을 받아들이기 때문이다. 자유시장의 소비자로서 장애인이 동등한 대우를 받아야 한다고 주장하는 입장이 그렇다. 시장 진입 능력은 대다수 빈곤층 장애인에게 그림의 떡일 뿐이다. 자본주의 사회에서 시장 접근이 가능한 사람은 해당 서비스의 구매력을 가져야 한다. 장애 해방 정치학이 온전히 구매력에 의존한다는 전략은 구차하기까지 하다. 장애인 중에서도 소수 특권층에게만 도움이 되기 때문이다. 게다가 여성과 소수자의 근심마저 소외시키는 경향이 있다. 자립생활운동은 자유시장 원칙을 당연하게 받아들임으로써 실제로 장애인 정치세력화의 잠재력을 훼손했다. 심지어 자립생활센터 중에는 정부 지원이 끊길까 봐 두려운 나머지, 기껏 또래 상담과 야유회준비 모임으로 전락한 경우도 있다. 장애인의 해방을 원한다면, 시장 원칙 자체에 질문을 던져야 한다.

물론 장애인 권리운동이 좌초한 예가 없지는 않다. 대부분 정부와의 협조가 내포한 위험을 직시하고, 투쟁적이고 직접적인 전술을 채택해 저항하고 광범위한 변화를 모색하다가 좌절한 경우다. 예를 들어 자립생활운동이 등장하기 수십 년 전의 대공황 때, 뉴욕 장애인 300여 명이 신체장애인연맹League for the Physically Handicapped을 결성해 시민 불복종 운동을 벌이며 공공사업진흥국(WPA)의 고용 차별에 저항했다.[42] 1970년에는 '행동하는장애인Disabled in Action'(DIA)을 창립하여 직접적인 정치투쟁 노선을 채택했다. 1972년 대선 와중에 DIA 행동대는 고도로 정치화된 베트남 상이군인들과 연대했다. 그들은 든든한 지지 집단을 확보한 후 닉슨 대통령과의 영상 토론을 요구했으며, 닉슨이 장애

인 프로그램을 위한 지출 법안을 거부하자 링컨 기념관에서 시위를 벌이기도 했다.[43]

　　미국 역사상 가장 인상적인 장애인 권리운동은 1977년의 투쟁일 것이다. 1973년의 재활법 제504절 공표에 따라 조례를 마련하기로 했다. 이 조례는 연방기관, 계약자, 공립대학이 장애를 이유로 차별하는 것은 불법이라는 점을 명기했다. 하지만 이 조례는 예전 행정부들에서 유예되었고, 이제 카터 행정부라면 조례를 공표해서 약속을 지키리라는 기대감이 있었다. 그런데 정책 입안자들이 미적거리더니 아예 조례를 근본적으로 수정하겠다고 나서는 것이 아닌가. 교육 등 여타 공공생활 분야에서 분리를 허용하겠다는 얘기였다. 장애인 권리운동가들은 미국 전역의 주요 도시에 모이기 시작했다. 대부분의 시위가 싱겁게 끝났지만 버클리에서만큼은 운동이 매우 특별하게 전개되었다. 장애인 인권 활동가들이 보건교육후생부(HEW) 연방 건물을 25일 동안 점거한 끝에 완벽한 승리를 거둔 것이다. 수정 없이 조례를 즉시 공표할 것.[44]

　　그 과정에서 점거 농성자들도 달라졌다. 정치투쟁을 통해 세상을 바꿀 수 있음을 깨달은 것이다. 장애인에 대한 의료적 접근방식과 그에 기초한 진단 범주가 초래한 분열 탓에 종종 사회운동을 기획할 때조차 심각한 알력이 생겼으나, 이번만큼은 각각 다른 장애를 가진 사람들이 공동 전략을 중심으로 연대했다. 이는 분명 중요한 전환점이었다. 이로써 다른 사회운동과의 연대가 가능해졌기 때문이다.

예를 들어 조합과 인권 단체들이 나서서 시위대에 먹을 것을 지원하기도 했다. 음식은 투쟁적인 블랙팬서당 지부에서 마련했다. 물론 보건교육후생부 점거 농성도 자립생활운동이라는 선구적 유산이 아니었다면 불가능했을 것이다. 자립생활운동에 구조적·이데올로기적 한계가 있었다 해도 그것만은 의심할 여지가 없다.

미국과 영국의 경우, 투쟁적인 장애인 인권 집행부는 아래로부터의 투쟁 전통을 이어갔다. 1983년, 주요 도시의 장애인 권리운동가들이 '대중교통권 확보를 위한 미국장애인연합'(ADAPT, 이하 미국장애인연합)이라는 새로운 조직을 만들어 이동장애인의 대중교통 이용이 어려운 현실을 알렸다. 이 단체는 특유의 과격하면서도 효과적인 전술로 유명해졌다. 예를 들어 그들은 지속적으로 대중교통협회의 총회에 난입했고 그로 인해 대량 투옥되곤 했다. 장애인의 대중교통 접근성을 개선해 달라는 요구에 협회가 미적거린 게 이유였다. 미국장애인연합은 상징적인 저항 방법을 시도하며 극적인 표현을 보여주는 식으로 저항했고,[45] 그중 하나가 공공건물 계단을 기어오르며 접근성의 어려움을 강조하는 행동이었다. 이에 동의하지 않는 보다 온건한 장애인 조직들은 미국장애인연합을 멀리하거나 공격했다. 미시간의 자립생활센터연합은 심지어 주지사에게 편지를 보내 미국장애인연합의 행동을 비난했다.[46] 더 최근에는 미국장애인연합이 활동 보조 서비스 프로그램을 위한 자금 확대에 초점을 맞추었는데, 이는 시설에 격리되는 대신 공동체에서 함께 살아가기 위한 것이었다(미국장애인연합은 대중교통권 확보를 위한 투쟁에서 탈脫시설 및 지역사회 자립을 위해 투쟁의 우선순위를 바꾸기도 했다_옮긴이).

미국과 영국에서 가장 투쟁적인 장애인 조직이라고 해도 이데올로기 측면에서 이론적으로 모호한 경우가 적지 않다. 우리는 당연히 반反자본주의 노선을 추구하는 한편, 장애를 계급체제의 산물로 보아야 한다. 미국과 영국의 장애인 권리법은 기본적으로 개인주의적이다. 그로 인해 가장 투쟁적인 장애인 권리 조직의 정치적 실천praxis마저 일관성을 잃곤 했다. 실업 예비군, 복지 수혜자, 파트타임 노동자이거나 생계비에 미치지 못하는 임금을 받고 일하는 노동자 등, 여타 소외된 동지들과의 연대 실패는 정체성 정치identity politics라는 함정에 빠져, 결국 다양한 장애인 권리운동의 약속을 저버리게 될 것이다. 아니, 심지어 포스트모더니즘 담론에 빠져 자본주의를 장애인 억압의 원인으로 보지 않으려 할 수도 있다. 계급정치, 사적 유물론으로의 전환, 그리고 그 위험과 한계를 직시하는 것이야말로 장애인 권리운동에 가장 시급한 문제다. […]

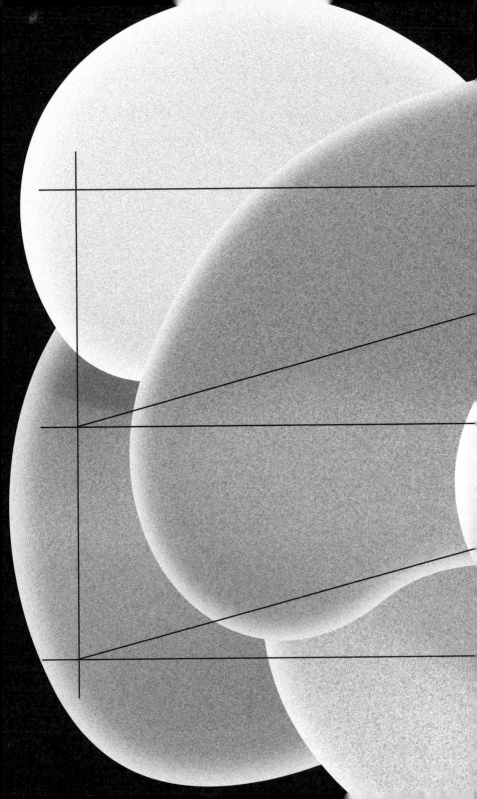

1부　　　　　　　　**장애의 정치경제학**

제1장

마르크스주의와 장애

사회적 평등, 억압으로부터의 해방을 위한 운동이라면 당연히 마르크스주의와 관계가 깊다. 자유주의적 자본가 경제에서 그런 식의 사회운동은 종종 개혁투쟁을 통해 시민권과 인권 입법을 추구한다. 소외계급을 보호하기 위해 입법권이 필요하다는 사실은 곧 억압이 존재한다는 뜻이기도 하다. 특정 집단의 구성원이 억압과 관계가 없다면, 제거해야 할 장벽도 획득해야 할 권리도 없을 것이다. 마르크스주의자들은 구조적 불평등에 맞서 행동함으로써 악법을 바꾸고 사회를 개혁하려 노력한다.

바로 그 지점에서 마르크스주의는 전통적인 자유주의와 결별한다. 마르크스가 보기에, 자유주의적 해법은 억압을 해소할

자본주의와 장애

능력이 없다. 자유주의는 생산과 노동의 관계가 역사적으로 어떤 핵심 역할을 하는지를 간과하기 때문이다. 특히 사회가 존재의 물적 기반을 만들기 위해 어떻게 운영되는지, 생산양식이 어떻게 피억압 계급을 만들어 내는지 전혀 파악하지 못한다. 마르크스주의는 각 사회 계급들이 생산의 몫을 차지하기 위해 투쟁하는 것이야말로 역사적 변화의 주요 동인이라고 강조한다. 사회적 장애 상황과 관련해 말하자면, 장애인 계급이 노동력에 포함될 권리, 자본주의 정치경제 내에서 장애인의 입지를 확보하기 위한 투쟁이 핵심이다. 장애라는 개념은 심신 장애에 덧씌워진 사회경제학적 불이익을 지칭하는 데 쓰인다.[1] 생물학적·물리적·인류학적 정의들은 장애인을 노동력에서 배제하는 것은 자연스러운 동시에 정당하며, 불이익을 당하는 것도 차별주의자들의 편견이 물리적 환경에 반영되었기 때문이라고 주장한다. 하지만 이 글은 장애가 사회적으로 만들어진 범주이며 노동관계에서 비롯한다는 견해에서 출발한다. 따라서 나는 장애인을 "장애가 있는 사람people with disabilities"이 아니라 "장애를 당한 사람disabled persons"으로 칭한다. "장애를 당한 사람"이라는 개념은 자본주의 경제에서 생산수단을 소유한 자본가들에게 덜 착취당하거나 착취조차 당하지 못하는 사람들을 분류하는 데도 쓰인다.

이 글은 노동의 권력관계를 해부하고, 장애를 규정할 때 자본주의가 어떤 역할을 하는지 마르크스주의 관점을 통해 개괄적으로 살펴보고, 우리 경제체제가 어떻게 장애를 양산하고, 노동 착취의 적정 비율을 위해 장애인과 비장애인을 어떻게 결정하는지 보여줄 것이다. 계급 이해가 체계적으로 실업을 강제함으로써 어떤 식으로 노동시장에서 장애인(그리고 비장애인)을 배제하고 또 그 체제를 영속화하는지도 설명할 것이다. 장애는 자본가 사회의 착취적 경제구조의 산물로 규정할 수 있다. 소위 "장애를 당한 몸"을 만들어 소수 자본가 계급이 막대한 부를 축적하도록 경제 상황을 통제하는 것이다.

생산의 기초: 이윤과 부적합한 신체

어느 사회, 어느 문화에서든 가진 거라곤 노동력뿐인 사람은 노동의 물적 조건을 소유한 사람의 노예가 될 수밖에 없다. 그는 오로지 소유주의 허락이 있을 때만 노동이 가능하며, 생존도 그들의 허락이 있어야 한다.

– 카를 마르크스, 『고타 강령 비판』[2]

역사적으로 마르크스의 가장 중요한 기여를 꼽자면, 억압의 제1원인을 경제라고 콕 집어 밝힌 것이다. 자본가 계급은 다수의 노동자(임노동자)를 착취하고 노동계급을 희생(소외)시켜 이윤을 창출한다. 사유재산 관계는 착취자로서의 소유계급을 필

자본주의와 장애

요로 하며, 소유계급은 피착취자이자 무소유계급, 즉 피억압 계급이 생산한 잉여를 통해 부를 축적한다. 중세 농노 기반의 생산양식에서도 착취구조가 존재했으나 자본주의와는 본질적으로 차이가 있다. 자본주의, 봉건제, 노예제에서 잉여를 추출하는 방식은 각각 다르다.[3] 마르크스주의 용어를 빌리자면, 착취는 임금관계를 통한 잉여가치의 전유를 뜻한다.

장애인(적절한 직무 조정이 있으면 노동이 가능한 사람들)에 대한 기본적인 억압은 그들을 임노동자로서의 착취로부터 배제하는 것이다. […]

계급 분석으로 보면, 장애인이 경제 사다리의 제일 밑바닥에 있는 것은 사고 때문도 자연의 질서 탓도 아니다. 자본주의는 집요하면서도 광범위한 불평등과 불이익을 필요로 한다.[4] 물론 다수의 사람이 자기 의지에 반해 실업이나 불완전고용 또는 빈곤 상태에 놓이는 것이 불평등의 핵심이다. 자본주의가 이따금 자본주의로부터 혜택을 받는 수혜자의 저변을 확대했다고 해도, 장애인에게 자본주의란 기본적으로 배제의 시스템일 수밖에 없다.

칼 폴라니와 E. P. 톰슨 같은 경제사학자들이 지적하듯, 자본주의 초기에 인간 노동의 개념이 크게 바뀌었다. 그 변화가 장애인들에게 미친 영향을 알려면, 자본주의 체제에서 노동이 어떻게 진화했는지를 추적해야 한다. 자본주의 이전 사회에서 경제적 착취는 직접적이고 정치적인 것이었다. 소수의 소유주

마르크스주의와 장애

가 잉여를 독차지했지만 그래도 사람들은 영지에서 거주하면서 노동으로 생계를 유지할 수 있었다. 자본주의의 도래와 더불어, 노동의 규칙은 정치적 영역에서 경제적 영역으로 바뀌었다. 노동자는 "이중적으로 자유롭다. 더 이상 영지에 얽매이지 않으며, 일할 것이냐 죽을 것이냐를 결정할 권리가 있기"[5] 때문이다.

마르크스의 '노동 가치 이론'에서 자본 축적의 기초는 잉여노동 가치 개념이다.[6] 노동자는 일하는 능력, 즉 마르크스가 말하는 소위 노동력을 자본가에게 팔고 그 대가로 임금을 받는다. 노동자가 임금과 등가의 가치만 생산한다면, 자본가는 이윤이 남지 않기에 노동자를 고용할 이유가 없다. 하지만 노동력이 임금보다 많은 가치를 생산할 능력이 있으므로, 노동자에게 임금과 등가의 노동 시간, 즉 마르크스가 말하는 '필요 노동' 이상을 일하게 만들 수 있다.[7] 노동자가 추가로 일하는 노동 시간이 바로 잉여노동이며, 잉여노동으로 생산하는 가치가 잉여가치다. 자본가는 이윤의 원천인 잉여가치를 전유한다.[8] 마르크스에 따르면, "자본[또는 이윤]의 자가 증식 비밀은 타인의 무급 노동(잉여가치)을 처분할 권리를 확보하는 데 있다".[9]

데카르트에게 신체는 기계였다. 기업가에게 개인의 신체는 기계처럼 기능하는 능력에 따라 매겨지는 것이다. 인간이 "사탄의 맷돌"(윌리엄 블레이크의 표현)에 들어가 자본 축적의 임무를 수행하기 시작하면서, 장애는 장애인의 생존 문제가 되었다. 새롭게 강조된 공장 규범, 시간 준수, 생산 원리는 더 느리고 스스

로 결정이 요구되고 융통성 있는 작업 패턴이 필요한 장애인들을 더욱 불리하게 만들었다.[10] [...]

장애의 재생산

첨단 보조공학과 정보화 덕분에 수행 가능한 직종이 많아졌음에도 표준 사업장의 장애인 정책 탓에, 장애인은 여전히 고용 차별에서 헤어나지 못하고 있다. 경제적 차별, 즉 장애인 노동자에 대한 조직적 차별을 용인하고 심지어 부추기는 구조적 메커니즘은 여전히 작동하고 있다.

자본주의 체제에서 생산적인 노동자는 적정 비율의 착취를 상회하는 잉여가치를 만들어 내야 한다. 자본 축적의 물적 기초가 노동력으로부터 잉여가치를 캐내는 것이기에, 기업주와 관리자들은 추가 생산비용을 요하는 노동자들을 가려내야 한다. 작업장에서 장애인의 편의 제공을 위해 들어가는 비용은 고정자본 비율을 높이기에 저항에 부딪치고 결국 누가 더 착취 가능성이 높은가로 장애 여부를 결정하게 된다. [...]

고용주 또는 자본가라면 당연히 사업비용 부담을 꺼릴 것이다. 예를 들어 법과 경제학 운동Law and Economics movement의 대표 경제학자 리처드 엡스타인의 주장에 따르면, 장애인법의 고용의무조항은 거짓말이다. 적절한 직무 조정을 가장한 강제는 결

국 기업의 운영과 효율성을 저해한다.[11]

그 예가 사실이든 거짓이든, 고용주들은 직무 조정으로 비용이 증가할 것을 우려한다. 비표준 노동자를 고용하면 당연히 관리 비용이 증가하므로 결국 노동 비용 증가로 이어진다는 것이다. 고용주가 보험료를 지불한다면 장애인 노동자에게는 할증 보험료가 붙는다. 보험사와 공공 관리의료 보건 네트워크는 이따금 보장 내용에서 기존 항목을 삭제하거나 만성질환을 빌미로 보장을 삭제하는 식으로, 병력이 있는 사람들에게 높은 할증 보험료를 부과한다. 물론 고용주는 보험료 부담을 피하려는 경향이 있다. 게다가 장애인 노동자를 고용할 경우 위험 부담이 증가하고 생산성이 떨어진다고 단정하곤 한다.

장애인 노동자들은 자본주의 체제에서 근본적인 경제 차별을 당하는데, 그 차별은 고용주가 생산비용의 추가 지불을 거부하는 데서 비롯한다. 비표준(장애인) 노동자를 고용하거나 고용을 유지하려면, 직무 조정이 필요 없는 표준(비장애인) 노동자들과 달리 통역인, 스크린리더, 환경 조정, 책임보험, 최대 건강관리 담보 보험(활동 보조 서비스 포함) 또는 일반 건강관리 담보 보험 등이 필요하기 때문이다.[12]

노동시장에 적용되는 '장애' 범주는 사회적 산물이다. 결국 누구한테 일자리를 주고 배제할 것인지를 결정하는 것은 고용주이기 때문이다. 중증장애로 비용 부담이 큰 사람은 고용에서 배제되거나 실직을 당한다.[13] 인구조사국의 통계를 보더라도 실상을 확인할 수 있다. 비장애인 노동인구 중 직업이 있는 비율은 82.1퍼센트다.[14] 장애가 심하지 않을 경우 76.9퍼센트인 반면 중증장애인은 그 비율이 26.1퍼센트로 떨어진다.[15] 2001년 전국장애인협회/해리스 조사에 따르면 중증장애인의 고용 비율은 19퍼센트였다. 장애가 심하지 않은 경우는 51퍼센트이므로, 어떤 식으로든 장애가 있는 경우를 평균하면 32퍼센트로 떨어진다.

고용기회균등위원회(EEOC)의 데이터를 보더라도, 장애인이 된 후 실직하기까지 인과관계가 확실하다.[16] 장애인 노동자들이 고용기회균등위원회에 신고한 민원 대다수는 장애로 인한 비자발적 고용 종결이다. 1992년 7월 26일부터 1998년 2월 28일까지 장애인들이 고용기회균등위원회에 제출한 17만 1,669건의 고용 차별 민원 가운데 53.7퍼센트가 해고 문제이며, 32.1퍼센트는 적절한 직무 조정을 하지 않았다는 내용이다.[17] 하지만 장애인법에 명시되어 있듯이, 사업이 "부당한 어려움"에 처할 경우 고용주는 직무 조정을 거부할 수 있다. 이론적으로는 장애인에게 직무 조정을 요구할 권리가 있지만 현실과는 큰 괴리가 있다. 그건 어디까지나 고용주의 계산기에 달려 있다.

관리자와 사업주는 일반적으로 생산비를 줄일 수 있다고 판단할 경우에만 장애인의 고용을 허용했다. 물론 방법은 저임금이다. 장애인 보호작업장(중증장애인에게 보호 고용의 기회를 제공하는 직업 재활 시설_옮긴이)은 장애인이 최저임금 이하를 받도록 강제한다. […] 《워싱턴포스트》에 따르면, 미국에 있는 보호작업장은 6,300곳이며, 39만 1,000명 이상의 장애인을 고용하고 있지만, 최저임금의 20~30퍼센트만 지급하는 곳도 적지 않다. 기껏해야 시급 3.26달러이고 주급 11달러 수준이다.[18]

인구조사국은 정규 노동시장에서 장애인 노동자의 임금이 임금저울의 제일 밑바닥으로 추락한다는 사실도 입증했다. […] 장애인 노동자들이 평생에 걸쳐 빼앗긴 임금은 수만 달러에 달한다(물론 그 금액은 기업주의 주머니 속으로 들어간다).

자유주의적 자본주의 경제에서 장애인법과 같은 재분배법은 결국 기업주들의 계급 이해와 상충한다. 상공회의소, 전미제조업협회, 미국은행협회, 독립사업자연맹 등 중소기업 대변 기관들은 장애인법을 거부했다. […]

마르크스주의 정치경제에 따르면, 장애인 억압은 편견보다 회계사의 계산기와 관계가 있다. 미래의 착취 비율이라는 잠재 수익 대비 현 생산비를 어떻게 계산하느냐의 문제인 것이다. 태도를 바꾸면 차별을 완화할 수는 있어도 근절은 불가능하다. 오로지 물적 생산 시스템의 발전 단계에서부터 인간의 가치를 고려할 때만 장애인 차별을 없앨 수 있다. […]

장애인 정책에서 노동 공급을 조정하는 계급 이해

장애인은 투명인간처럼 주류 사회에서 외면당하고 있을 뿐만 아니라 사회 운영에도 도움이 안 된다는 편견이 있다. 이런 인식은 소위 '노동 불능자'가 노동력에서 밀려난 원인이 자본주의 경제에 있음을 반증해 준다. 지금껏 기업주 계급에 돈을 몰아주기 위해 그들의 배제를 강제하지 않았던가. 자본주의 사회의 장애인들은 그런 이유로 사회복지 수혜자로 전락하거나 시설에 격리되기 때문에 더욱 핍박을 받는다. 수익 창출이 어려운 노동자들을 주류 노동력에서 쫓아내는 동시에, 사회적으로 노동 공급 전체를 통제해야 하기 때문이다.

마르크스는 자본주의를 '강제노역' 시스템으로 설명했다. 겉으로만 자유계약의 결과처럼 보일 뿐이다.[19] 강제노역인 까닭은 자본가들이 생산수단을 독점하고 노동자는 그렇지 못하기 때문이다. 공장 등의 생산수단이 없는 노동자들은 생계를 꾸릴 수단에 마음대로 접근할 수 없다. 결국 노동자들은 자본가에게 노동을 팔아 임금을 받아야 하며, 그렇지 못하면 집을 잃고 굶주려야 한다. 『장애 국가The Disabled State』의 저자 데버라 스톤의 주장에 따르면, 자본계급은 초기 자본주의의 요구대로 노동력을 재구성하기 위해, 제일 먼저 임노동을 대체할 수 있는 대안부터 모조리 뿌리째 뽑아냈다.

노동은 자본과 토지처럼 통제가 가능한 자원이다. 다시 스톤을 인용하면, "초기 자본주의에서 장애 개념은 착취 가능한 노동력 개발에 필수적이며, 지금도 국가가 노동 공급을 통제하는 도구로 활용하고 있다".[20]

사회정책으로 노동력 구성을 조절하면서 착취 가능한 노동의 공급도 가능해졌다. 장애는 사람들을 분배의 노동기반 체제 또는 요구기반 체제로 분류하는 데 중요한 기준이 되었다. 미국의 경우, 장애는 분명 노동시장과 연동해 정의된다. 예를 들어 노동자 보상법규를 보더라도, 노동자는 각 신체 부위의 장애 정도에 따라 금액이 정해진다.[21] 사회보장법도 장애는 의학적으로 노동 활동에 참여할 수 없음을 인정한다.[22]

여타의 기관(특히 의료 및 사회복지 기관) 역시 역사적으로 장애를 경제 또는 사회의 강제가 아니라 개인적인 문제로 여겼다.[23] 생리적·해부학적·정신적 '결함'과 장애를 동일시하고는 장애인이 우리 사회의 경제적 삶에 전적으로 참여하지 못하는 이유라고 패권적인 해석을 내렸다. 이런 해석은 장애인을 생물학적 열성으로 취급한다.[24] 시각장애, 청각장애, 심신장애 같은 임상학적 특성들은 전 역사에 걸쳐 자연스럽게 나타났음에도, 이를 사회 통제 수단으로 삼아 장애인을 사회에서 격리하거나 배제하는 것이다.[25] 이른바 '비정상'을 치료하고 치유 불능인을 장애의 관리 범주로 격리함으로써, 의학은 자본가의 수익을 극대화하고 착취 여지가 적은 장애인을 노동력에서 몰아냈다.

배제의 이론적 근거는 사회진화론자들이 제공했다. 그들은 생물학을 들먹이며 마르크스주의자들이 환기한 계급 및 경제 문제보다 유전(인종과 장애)이 우선한다고 주장했다. 열등한 존재가 자연에서 살아남을 수 없듯, 경쟁사회에서 생존이 어려운 건 당연하다는 것이다. 사회진화론자들은 19세기 자본가 계급을 위해 잉여 인구는 굶어 죽어도 된다는 기가 막힌 이론적 근거를 마련해 주었다. 자본가들이 생산역학을 내세워 착취의 여지가 적거나 없는 신체를 가치 절하하면, 사회진화론자들은 그들의 처리를 이론적으로 정당화해 주었다. 장애인이 스스로 살아남을 수 없는 게 자연법칙인 이상, 자본가 계급은 마음 놓고 보다 유연한 경제체제를 고안해 낼 수 있었다. 다시 말해 표준 노동자에 미치지 못하는 신체라도 직무 조정을 통해 소유계급의 이윤 창출을 위해 노동하도록 만든 것이다.

사회분석가들은 요구기반 체제를 장애의 특권으로 여긴다. 장애인은 관리 범주에 속하므로 노동기반 체제에서 제외되기 때문이다.[26] 전통적인 관점에서 장애는 '도덕경제의 본질'이라 할 수 있다.[27] 사회자원의 재분배 관련 공청회에서도 노동이 불가능한 사람에 대한 공공 지원은 당연한 것으로 여겼지만, 미국 자본주의 체제에서 공익에 의존하는 장애인은 버젓한 생활을 누릴 객관적 권리가 없으며 그건 특권이 있다 해도 다르지 않다. 장애의 개념은 고정적이지 않다. 스톤이 지적했듯, 정의 자체가 오락가락한다. 국가는 (장애 상태를 평가하는 동시에) 장애인 자격이 있는 사람의 수를 늘리거나 줄이는 방식으로 노동 공급

47

마르크스주의와 장애

을 통제하지만 그 과정에는 대체로 정치적·경제적 동기가 작동한다.[28]

특권이론도 도덕이론도 요구기반 체제의 기능을 적절하게 설명해 주지는 못한다. 정치경제 분석가들은 생산 자동화와 부의 축적을 강화하는 데 공공 장애급여가 어떤 역할을 했는지 묻기도 했다.

사회보장장애보험(SSDI) 수혜자 대부분인, 비자발적으로 임금이 끊기고 실업급여를 수령하는 노동자들을 특권층으로 볼수는 없다. 그들은 부족한 지원 탓에 재정적으로 억압받는다. 공공 장애급여라 해봐야 공식적인 빈곤선을 간신히 면할 뿐이다. 2000년 보건사회복지부는 1인당 빈곤선을 8,350달러로 정했다. 장애인 노동자가 매달 사회보장장애보험에서 받는 평균 수당이 759달러이고, 요구기반의 생활보장금(SSI)이 373달러이므로, 이들 프로그램에 의지하는 1,000만여 명의 장애인이 그해 수령한 연간 지원금은 4,000달러에서 1만 달러 사이였다. 생활보장금 제도의 극빈수당은 노동 경력이 없거나 부족해서 사회보장장애보험 자격을 충족하지 못한 사람들, 요컨대 사회 최하층 계급의 장애인들을 위해 만들어진 것이다.

이들 장애급여 수혜자들이 처한 상황을 제대로 알려면 1960년대부터 지금까지 가난을 어떻게 측정했는지 들여다볼 필요가 있다. 그 후 수십 년 동안 주거비, 의료비, 양육비 등이 급등하면서 평균 가구의 경제 환경을 완전히 바꾸어 놓았지만 정부는 그런 변수들을 한 번도 계산에 넣은 적이 없다. 도시연구소Urban Institute의 결론을 보더라도, 애초의 기준에 맞추려면 현재 빈곤선을 최소 50퍼센트 이상 상향 조정해야 한다. 지금의 시장 상황에 맞춰 빈곤선을 새로 조정할 경우 미국인의 4분의 1 가까이가 빈곤 상태라고 볼 수 있다.[29]

무엇보다 장애와 빈곤을 동일시하는 현재의 공공정책에 따르면, 장애인이 되어 실직할 경우 (공영보험 가입과 상관없이) 바로 재정적 어려움에 처하게 된다. 따라서 노동자들은 장애 상태에 처하게 되면 현실적인 두려움에 빠질 수밖에 없다. 그럼에도 사회안전망이 미비한 이유는 소유계급이 생산수단의 통제력을 잃을까 봐 우려하기 때문이다. 노동에 덧씌워진 포괄적 가치는 부를 생산하는 데 반드시 필요하다. 미국의 직업윤리란 유용한 노동력을 확보하기 위한 노동 통제 메커니즘이며, 자본가들의 이익을 강화하는 것이 그 목적이다. 사회안전망이 있어서 실업, 질병, 장애, 노쇠를 두려워할 필요가 없다면, 노동자들은 보다 확실한 입지를 확보하고 고용 조건을 협상하려 들 것이다. 미국 산업체들은 사회안전망이 든든해지면 약화될 빈곤에 대한 두려움을 이용해 노동계급을 좌지우지한다. 이것은 결국 가치 절하된 비노동 장애인에게 억압이 될 수 있다. (이유야 어떻든) 신체를 제공해 이윤 창출에 이바지하지 못한다면, 경제적 어려움에 직면하거나 아니면 시설에 격리되는 식으로 자본주의 시스템 유지에 이바지해야 한다.[30] 예를 들어 요양원은 장애인을 수용하여, 최악의 생산성조차 경제질서에 도움이 되도록 만든다.

유물론적 분석에 따르면, 자본주의는 강력한 계급사회를 만들었으며 자본주의 사회는 일부의 생산적 노동과 나머지의 배제에 크게 의존한다. 기업주들과 월스트리트 투자자들이라면 당연히 현 체제를 유지하는 데 공을 들일 것이다(현 생산양식이나 잉여 인력은 장애인의 비표준 비용을 요구하지 않기 때문이다). [⋯] 미국에서 노동기반/요구기반 체제는 사회적으로 합법화된 수단이다. 기업주와 투자자들은 이를 빌미로 경제적 차별을 자행하고, 노동 불능인을 주류 노동력 구성원으로 고용하거나 고용을 유지하는 대신, 장애인 비용을 '당당하게' 빈곤기반 정부 프로그램에 전가한다.

결과적으로 현재 노동력을 제공하지 않고 사회보장장애보험 또는 생활보장금에 의존하는 장애인들이 직무 조정으로 노동 현장에 투입된다 해도, 고용주의 사업비용으로 계산되지 않는다. 사회보장 장애 프로그램 할증 보험료를 지불하지 않기 때문이다(직장이 없는 노동연령 장애인을 지원하기 위해 정부와 개인이 지불하는 액수는 매년 2,320억 달러에 달한다). 그 대신 장애인에게는 일자리를 요구할 권리가 없다. 민권법도 시장에 개입해 장애인의 고용을 강제하지 못한다(심지어 그런 취지의 행동을 취하지도 못하며, 독일식 할당제도는 언급도 못 한다). 이들 비용은 오히려 사회보장세 대부분을 지불하는 노동자 계급과 중하층 시민에게 전가되고 기업주와 현 경제체제는 책임에서도 면제된다. 그렇다고 사회보장제도를 폐지해야 한다는 뜻은 아니다. 고용 차별은 공공기금 의존도와 관계가 있다. 공공 지원이야말로 노동시장에서 차별을 받는 사람들에게 더 필요할 것이기 때문이다.[31] 자본주의는 비장애인을 강제로 노동시장으로 밀어 넣거나 몰아내는 시스템이지만, 어느 경우이든 억압은 존재한다.

남은 문제들

마르크스주의 분석에 따르면, 장애인의 고용 장벽은 자본주의의 경제적·사회적 위력으로 가능해진다. 생산양식이란 사회를 조직하고 기존의 계급 생산관계를 유지하는 핵심이다. 장애인이 교육, 이동 등의 사회 영역에서 배제된 것은 독단도 아니고 불합리와도 관계가 없다. 자본가 계급에게 노동자로서 가치가 없는 한 그런 상황은 계속될 것이기 때문이다.

시민권 모델은 장애인이 장애인법의 보호를 받을 필요가 있다고 주장한다. 장애인과 비장애인 사이에 여전히 존재하는 간극을 줄일 필요가 있다는 얘기다. 그리고 이 같은 기회균등 접근방식은 작금의 경제체제 내에서 장애인 고용 차별을 없앨 수 있다고 단정한다. [⋯] 하지만 장애인 민권법에도 불구하고 대다수 장애인들이 여전히 일할 기회를 얻지 못하거나, 최저임금 이하로 일하는 현실이야말로 자본주의 경제가 바라는 바가 아니던가. 그래도 상관없다는 말인가? 장애인 권리운동의 목표가 기껏 장애인 일부만이라도(전부가 아니라) 정상인처럼 '자유롭게' 착취당하도록 두고 보는 데 있다는 말인가?

자유주의자들은 자본주의 체제에서도 합리적이고 자유롭고 자율적인 인간이 존재할 수 있다고 자신하지만, 계급기반의 경제체제가 작동하는 한 억압을 피할 수 없다. 마르크스는 자본주의를 노동자의 자율성을 침해하는 장애물로 보았다. 그에 따르면, 각 개인의 잠재력을 실현하기 위해서는 경제체제를 변화시켜야 하지만, 그가 생각하는 최종 목표는 경제혁명 자체가 아니라 인간의 변화였다.

에리히 프롬의 말을 빌리면, "[마르크스의] 무신론적-근본적 휴머니즘이야말로 인류의 구원이었다. 인간의 자아실현, 소유와 소비에 대한 욕망의 극복, 자유와 독립, 타인을 향한 사랑이 모두 거기에 달렸다."[32] 마르크스에게 개인의 자율성은 사회관계와 더불어, 그리고 사회관계를 바탕으로 가능하다. 노동력은 자본가의 사회관계 유지에 적절한 방식으로 만들어지고 통제돼야 한다. 착취는 계급 분화한 모든 생산양식에 공통된 속성이며, 소외란 인간 삶을 자본주의적 생산관계에 따라 상품화한 결과다. 임노동은 인간의 에너지를 일용품 등의 물질로 전환한 것이다. 마르크스는 소외되고 가치 절하된 노동을 생산적이고 자유로운 노동으로 전환해야 한다고 믿었다. 민간 또는 국가 자본주의에 고용되거나 고임금을 받는 것으로는 충분하지 않다.

자본주의와 장애

우리 사회에서는 인도적 관심조차 시장 독재에 포섭되었다. 포괄적이고 협동적이고 건강한 사회를 만들기 위한 조건이 카메라 오브스쿠라camera obscura적으로 전도된 것이다. 이제 우리가 던져야 할 질문은 이것이다. 경제의 목적은 무엇인가? 시장 주도의 수익을 보장하는 것? 아니면 사회 유대를 강화하고 인간의 참여를 독려하는 것일까? 인간의 생산적 활동을 임노동으로 축소해도 좋다는 말인가? 수익 창출 능력이 인간의 가치를 측정하는 도구인가? 자본가들의 요구대로 생산하지 못한다는 이유로 인간의 신체를 모욕하는 게 정당한가? 그리하여 장애인들을 저임금이나 쥐꼬리만 한 보조금에 허덕이게 하거나, 시설에 격리하는 게? 노동 영역을 어떻게 재조정해야 모두를 위한 편의를 제공할 수 있을까? 그래서 사회 구성원 모두가 노동 여부와 관계없이 서로 포용하고 보상을 받을 수는 없는 걸까?

장애인 권리/자립생활 해방 투쟁은 역사 변화에 강한 동기를 부여한다. 장애 개념을 바로잡고 장애인 억압을 근절할 수 있는 기회가 온 것이다. 우리는 노동 영역에서 장애인을 배제하려는 생물학적 근거에 저항하고 이를 유물론적 사상으로 대체한 뒤 정치경제의 근본적인 전환을 요구해야 한다.

마르크스가 불러일으킨 계급 권력에 대한 근본적인 질문들을 정치투쟁으로 전환해 평등사회라는 장기 목표를 향해 나아가야 한다. 바로 "[비]장애에 따라 일하고 필요에 따라 분배하는 세상"[33]이다.

제2장

신노동예비군?

1999년 10월, 카를 마르크스는 BBC 뉴스의 전 세계 온라인 투표에서 지난 1,000년간 '가장 위대한 사상가' 중 한 명으로 뽑혔다. 마르크스가 100년의 검증을 이겨낸 까닭은 그의 이론이 현대 자본주의를 분석하는 데 여전히 유용하기 때문이다. 자본주의는 '혁명적' 변이를 통해 스스로 변화하는 듯하지만 본질은 변하지 않았다. 마르크스의 이른바 '상대적 잉여 인구' 또는 '노동예비군'을 예로 들어보자. 여기엔 공식적인 실업자와, 현재는 노동력에 속하지 않지만 수요가 있으면 언제든 그 일부가 될 수 있는 모든 분야의 사람들이 포함된다. 마르크스의 설명으로는 "경기의 10년 주기는 견고한 사회구조, 크고 작은 흡수, 그리고 산업예비군/잉여 인구의 재편에 의존한다". 그 까닭은 경제체제 자체가 고용주들이 채용하는 수보다 일자리를 찾는 노동자가 더 많을 것을 요구하기 때문이다.

전통적으로 장애인은 현대 정치·경제체제에 부적합한 존재로 여겨졌으며, 마르크스의 이른바 '정체' 잉여 인구, 즉 일을 할 수도 없고 고용도 거의 불가능한 범주에 속했다. 하지만 장애인법(ADA)의 요구대로 합리적 직무 조정으로 노동이 가능한 장애인이 존재하는 한, 이 정체 그룹 또한 '실질적인' 노동예비군에 편입될 가능성이 충분하다.

1990년 장애인법이 통과되자 《비즈니스위크》는 이런 기사를 내보냈다. "증가 추세의 그룹 하나가 수익성의 숨은 열쇠가 될 것이다. 바로 장애인이다. [⋯] 향후 10년 내에 노동 의지와 능력이 있는 노동자는 찾기 어렵고 지금껏 노동력 밖에 있던 900만 노동 적령기 장애인들이 새로운 고용자원으로 등장할 것이다. 당연하다!"[1] 장애인은 이제 수만 명의 구직자가 되어 서로 경쟁하며 노동자 지위에 합류하게 된다. 예를 들어 노동 적령기의 장애인 구직자 열 명 중 일곱은 일을 하고 싶다고 말한다.[2] [⋯]

빌 클린턴은 대통령의 권한을 이용해 장애인 고용을 국가의 선결과제로 삼았다. 연방기관과 관련 부처에 지시를 내려 잠재적 노동자들을 고용하게 한 것이다. 이를 모범으로 삼아 민간기업에서도 따를 것이라는 계산이었다. 하지만 민간기업은 장애인 노동자를 새로 고용하거나 고용 유지를 하기는커녕 지금껏 장애인 차별 소송에 맞서 극렬하게 싸웠다. 비장애 피고용인과 달리, 장애인 노동자에게는 적절한 직무 조정이 필요하다. 건강관리 비용도 일반 수준을 훌쩍 넘는다(보험회사는 장애 경력이 있는 사람에게 터무니없이 높은 보험료를 청구한다). 장애가 있는 미국인은 자본주의 특유의 경제적 차별에 직면한다. 표준(비장애인) 노동을 기준으로 비표준(장애인) 노동 비용을 산출한 뒤 고용주들이 그에 따라 차별을 일삼는 것이다.

민간기업을 향한 대통령의 요구에 따라 그런 경제장벽을 제거하기 위한 입법이 이어졌다. 막강하면서도 분열된 보건산업, 그중에서도 민간 보험사는 건강관리를 보장해 주지 않는 방식으로 돈을 벌어들였다. 하지만 정부는 그들과 정면으로 싸우는 대신 입법을 통해 장애인 노동자들의 건강관리에 돈을 쓰기로 했다. 장애인 노동자들을 메디케어 또는 메디케이드에 가입하게 하고 (고용주에게 건강관리 비용을 지불하게 하는 대신) 정부가 잠재적 노동자들에 대한 지원금 차원에서 유료 건강관리를 제공한 것이다.

지난 20년간 활동가들은 그 문제를 개혁해 장애인에게도 일할 자유를 주고자 했다. 그런데 지난 20여 년간 이미 입법 완료된 장애인재활법[1973]의 긍정적인 내용까지 거부해 놓고는 도대체 왜 1999년에 와서야 시행하려고 하는 걸까? 최근 동향을 보면, 사실 장애인의 시민권을 개선하기보다 대통령의 의지에 떠밀린 측면이 강하다. 대통령의 의지에도 이면은 있었다.

자본주의와 장애

그의 행정부에 거시적 의제가 하나 있었던 것이다(노동 차별처럼 극히 미시적인 문제와 대조적이다). 노동부 장관 알렉시스 허먼은 전국장애인조직연합과의 만남에서 이렇게 말했다. "인플레이션의 위험을 줄이면서 나라 경제를 튼튼하게 유지할 마지막 그룹은 바로 미국의 장애인들입니다. 그것도 현재 노동력에 속하지 않은⋯." 클린턴 대통령도 낙후 지역을 순방하면서 새로운 노동예비군이 어떻게 거시적 기획에 적합한지 분명하게 밝혔다. "[인플레이션 없이 미국 경제를 살리는 데] 두 가지 선택이 있습니다. 복지 프로그램에서 노동력을 마련할 것인가? 아니면 장애인을 활용할 것인가⋯."

클린턴의 언급은 곧바로 경제계의 논쟁으로 이어졌다. 연방준비은행이 금리를 올릴 것인가 말 것인가? 사실 그들의 속마음은 뻔했다. 어느 정도까지 경기를 부양하고 실업률을 낮춘다? 그 두 개의 조합으로 노동 비용이 치솟으면 곧바로 인플레이션 폭탄이 터질 텐데? 그렇게 되면 클린턴과 주류 경제학자들이 걱정하는 대로 경기 회복은 물 건너가고 만다. 험프리호킨스법에 따라 연방준비제도가 완전고용 실현에 집착한다지만, 연방준비제도의 금융정책은 어느 정도의 실업이 경제에 유익하다는 이론에 기초하고 있다. 은행은 금리를 조정하면서 투자자의 이해에 봉사한다. 당연히 성장은 가라앉고 고용은 바닥을 칠 것이다. 그들의 주장대로라면, 이렇게 하면 인플레이션도 잡고, 더 중요하게는 월스트리트의 투자자들과 수익을 보호할 수 있다.

장애인은 노동력 편입이 가능한 마지막 계층이며, 지난 40년 가까이 실업률이 가장 낮을 시기(어쩌면 전통적 투자자 그룹이 감내하지 못할 정도로 낮을 시기)에 국부를 분배받을 권리를 찾고 있다. 장애인의 고용 기대는, 경제정책 입안자들이 성장에 덧씌운 제약 덕분에라도 물적 소득을 초과할 가능성이 크다. 행정부의 의도는 새로운 산업예비군을 활용하여 노동시장의 임금 상승을 억제하려는 데 있다. 투자자-자본가 계급을 대변하는 세력은 지난 9년간 그렇게 집요하게 장애인 민권법 시행에 미적거리고, 장애인 실업 상황을 외면하다가, 작금의 경기변동 단계에 나서서 장애인들을 이용해 월스트리트의 이익을 맞춰주려 하고 있다. 덕분에 우습게도 장애인의 실업 상태는 나아지고 있지만, 그건 민권법 덕분이 아니라 거시경제가 노동력의 확충을 요구했기 때문이다.

거시경제 문제들: 예비군, 강제 실업, 월스트리트

마르크스의 '자본 축적의 일반법칙'을 보면, 실업은 자본주의의 일탈 현상이 아니다. 오히려 시장경제에 내재된 요소이며, 대다수 사람들이 자기 의지에 반해 실업자가 될 것을 강제한다. 산업예비군은 얼마든지 있다. 그리고 그 일부는 자본 축적 과정의 본질에 해당한다. 바로 그 자원이 자본주의 이전 사회들을

자본주의와 장애

궤멸시키고, 노동을 세분화하고 인간을 상품화하기 때문이다. 연방준비제도의 신용 가용성credit availability 조작과 같은 요소들 또한 국제적인 국가 정책 메커니즘이다. 이제부터 국가가 어떤 식으로 산업예비군을 확대하는지 추적하고자 한다.

연방준비제도의 금융정책을 보면(연방준비은행은 준독립기관으로 대통령이 임명한 운영위원회가 관장한다. 오랜 세월 기준 금리를 결정하고 나라 경제를 책임지고 있다), 현재 미국 자본주의가 산업예비군을 어떻게 유지하는지 알 수 있다. 다만 이야기를 시작하기 전에 예비군이 공식적인 실업자보다 규모가 훨씬 크다는 사실을 명심하자. 예를 들어 2000년 4월, 노동통계국이 발표한 실업자 수는 550만 명이지만, 그중 파트타임이 310만 명이다(대부분 풀타임 노동을 원한다). 직업을 구하지 못한 440만 명은 아예 기록에 잡히지 않는다. 구직을 포기했다며 계산에 넣지 않기 때문이다. 따라서 실제 실업률은 1,300만 명에 가까우며, 이는 전체 인구의 8.9퍼센트에 해당한다. 공식 집계보다 두 배 이상이다.

이처럼 많은 사람들이 실직 상태인 이유는 주류 경제학자들 탓이다. 그들은 인플레이션을 막고, 경제의 건전성을 유지하기 위해서는 어느 수준의 실업이 불가피하다고 여긴다. 자연실업률, 즉 물가안정실업률(NAIRU) 이론은 지난 25년간 거시경제학을 지배했다. 1978년의 완전고용과 균형성장법(험프리호킨스법)은 완전고용의 실현을 위해 노력한다지만 연방준비제도는 험프리호킨스법을 무시하고 저실업과 인플레이션을 연동했다.

신노동예비군?

1970년대 이후 연방준비제도는 금리를 올리는 방식으로 인플레이션에 저항하고 경제 성장 속도를 조절하고 실업률을 통제해 왔다. 실업률이 낮아지면 이율을 올려 인플레이션을 막고 성장(고용)을 억제한 것이다.

일부 중앙은행은 물가안정실업률 이론을 거부하고 대신 '테일러 준칙'을 채택했다. 경제정책 기조를 '지속 가능한 성장'에 맞춘 것이다. 이 이론대로라면 실업률이 3퍼센트 미만이라도 성장을 이어갈 수 있다. 다만 어느 이론이든 주류 경제정책은 산업예비군을 필요로 하며, 인구의 3~6퍼센트는 상시적으로 실업 상태를 유지해야 한다.

연방준비제도가 고용과 실업률을 유지하고, 산업예비군을 확대하는 이유는 임금을 통제하기 위해서다. 마르크스의 설명을 들어보자.

> 임금을 결정하는 것은 절대적 노동인구의 문제가 아니다. 그들은 임금을 통제하기 위해 노동계급을 현역과 예비군으로 나누어 잉여노동의 비율을 조정하며, 그에 따라 노동력을 시장에 흡수하거나 배제한다.[3]

노동시장이 유연하지 않으면, 다시 말해서 '노동쟁의'가 발생하거나 산업예비군이 부족하면 노동시장은 임금 인상 압력을 받게 된다. 실업률이 낮아지면 임금 인상 압력이 커지므로

자본주의와 장애

노동 비용도 증가한다.

마르크스 이전에 애덤 스미스도 그런 메커니즘을 이미 확인하고 노동자와 자본가 사이의 권력관계가 고용 비율에 따라 변한다는 자명한 논리를 제시했다. 스미스의 주장에 따르면, "노동력 부족은 기업주들 간의 경쟁을 불러일으킨다. 노동력 확보를 위해 입찰에 나서는 순간 기업주들의 임금 동결 연대도 깨지고 만다."[4] 노동력이 부족하면 자본가들은 임금을 올려야 한다.

임금 수준과 실업 사이의 역의 상관관계를 보여주는 확실한 증거가 있다. 두 명의 주류 경제학자 데이비드 블랜치플라워와 앤드루 오스왈드가 도출한 결론에 따르면, 모든 조건이 동일할 경우 임금을 낮추는 것은 실업이다.[5] 경제학자 제임스 갤브레이스는 권력, 특히 시장권력이나 독점권력의 변화 요인은 일반적 수요 수준, 성장률, 그리고 실업률이라고 분석했다. "고용률이 높으면 약자가 강자를 압박하고, 실업률이 높으면 강자가 약자를 위협한다."[6] 연방준비제도 이사회 의장이자 월스트리트 투자자들의 대변인 격인 앨런 그린스펀조차 계급관계를 인정한 바 있다. 미국 금융정책의 기본 목표는 임금 억제에 있다는 것이다.[7]

실업률이 내려가면 임금이 올라간다. 따라서 정치경제적 관점에서 산업예비군 양성은 기업 활동에 필수적이다. 노동자들의 군기를 잡아야 하기 때문이다. 일자리를 원하는 사람이 많을수록 구직 경쟁은 치열해지고 임금은 내려간다. 이로써 자본의 궁극적 목표인 이윤을 보호할 수 있다.

산업예비군에 잠정 합류가 가능한 장애인들은 실제로 얼마나 될까? 경제사회연구소The Economic and Social Research Institute의 발표에 따르면 현재 직장이 없지만 작업장의 직무 조정이 있으면 노동이 가능한 장애인이 230만 명이다.[8] 물론 과소평가다. 노동연령대의 장애인은 1,700만 명이고 그중 520만 명이 일을 하고 있다.[9] 그럼 공식적으로 실직 상태이든 노동력에 계산이 되지 않았든, 남은 장애인은 1,180만 명이다. 1998년 전국장애인협회/해리스 조사보고에 따르면, 16~64세의 장애인 실직자 열 명 중 일곱 명이 일을 하고 싶다고 답했다.[10] 따라서 실제로는 830만 명이 산업예비군에 들어갈 수 있다. 더 나아가 장애인들이 필요 이상으로 노동에서 배제되었다는 지표도 있다. 풀타임 직장을 원하지만 정작 취업이 가능한 일은 파트타임뿐이기 때문이다. 1981년에서 1993년 사이에 풀타임으로 일하는 장애인의 비율은 8퍼센트까지 떨어졌다. 반면 이유가 경제적이든 비경제적이든, 파트타임 비율은 터무니없이 증가했다.[11] 임금 인상과 기업 수익 감소를 막기 위해 완충제로 써먹을 수 있는 장애인이 그만큼 많다는 뜻이다.

물론 취업을 원하는 수백만 명의 장애인을 모두 일터에 보낼 생각은 정부도 없다. 그렇게 하려면 일자리 창출 프로그램이라도 만들어야 할 텐데 어디에서도 그런 계획은 들은 바가 없

자본주의와 장애

다. 정부의 의도 자체가 인플레이션과 임금을 통제함으로써 투자자들의 이해를 보호하는 데 있기 때문이다. 이는 복지 혜택에서 취업으로 자리를 바꾸는 장애인도 마찬가지다. 인플레이션과 고임금은 금융자산 가치를 떨어뜨리고 계급권력의 요새, 즉 월스트리트를 위태롭게 만든다.

행정부의 궁극적인 목표는 '신경제'의 붕괴를 막는 데 있다. 이미 투자자 계급에 특혜를 부여하고 노동자들을 저 뒤로 밀어내지 않았던가. 예를 들어 지난 20년간 노동인구 60퍼센트의 실질임금이 떨어졌다. 7년간의 회복기 인플레이션을 감안하면 1997년 평균 노동자 임금은 1989년에 비해 3.1퍼센트 감소했다.[12] 대공황 이후 가장 처참한 수준이다. 그와 반대로 소위 신경제는 자본가들의 배를 불렸다. 소수의 손아귀에 돈을 몰아준 것이다. 예를 들어 주식시장은 1995년과 1996년에만 60퍼센트 성장했다. 더욱이 뉴욕대학의 경제학자 에드워드 울프에 따르면, 1989년과 1997년 사이 주식시장의 수익 증가분 약 40퍼센트가 1퍼센트의 갑부에게 돌아갔다.[13] 갑부 1퍼센트가 국가 자산 40퍼센트를 주무르는데, 이는 20년 전의 두 배에 달한다. 1983년 이후 주식시장 가치는 열세 배나 증가했다. 다만 어떤 형태로든 주식을 보유한 사람은 절반에도 미치지 못하며, 보유자의 4분의 3 정도는 주식 투자 금액이 5,000달러 이하였다. 행정부와 연방준비제도는 이 경제 괴물, 자본가의 황금알을 깨뜨릴 의사가 없다. 요컨대 임금을 올릴 생각이 없다는 뜻이다.

미시경제적 방해: 사업주의 장애인 채용 거부

정부가 장애인 활용 전략을 잘 세우면 인플레이션을 잡을 수 있을까? 여기 기업주의 미시경제학적 이해와 투자자들의 거시경제학적 이해가 충돌할 가능성이 있다.

전미제조업협회, 상공회의소, 미국은행협회, 독립사업자연맹은 처음부터 장애인법의 시행을 달가워하지 않았다. […]

사업가라면 누구나 알듯이 사업은 수익을 내기 위해 존재한다. 자본 축적이 가능한 것은 사업가들이 잉여노동력을 돈으로 환원하기 때문이다. 사업 회계는 고용 비용을 수익 창출에 반하는 개념으로 여긴다. 생산 노동 또는 노동 착취를 단순하게 해석하면, 잉여가치를 만들기 위해 노동자를 부린다는 뜻이며, 잉여가치는 노동자의 생산으로 얻은 수익에서 임금, 보험료, 수당 등(다시 말해 표준 고용 비용)을 뺀 개념이다. 생산의 잉여가치는 자본가들이 사유하고 노동자는 대신 임금을 받는다. 노동자는 임금으로 생계를 유지하는데, (이론적으로는) 그로써 매일 노동력을 재생하는 것이 가능해진다.

기업주에게 장애인 고용이나 고용 유지는 여분의 비표준 비용을 의미한다. 실제든 우려든, 고용주들은 적절한 직무 조정을 제공하면 당연히 비용이 증가하리라고 여긴다. 장애인 노동자는 또한 노동자의 평균 보상비를 올린다. 능력 미상의 비표준 노동자를 고용할 경우 추가 관리비 지출은 불가피하다. 장애인

자본주의와 장애

노동자를 고용할 경우 고용주가 보험 할증료까지 내야 할 것이다. 보험사와 공공 관리의료 보건 네트워크는 이따금 보장 항목을 삭제하거나 만성질환을 빌미로 보장을 삭제하는 식으로, 병력이 있는 사람들에게 높은 할증 보험료를 부과한다. 물론 고용주들은 보험료 부담을 피하려는 경향이 있다. 게다가 장애인 노동자를 고용할 경우 위험 부담이 증가하고 생산성이 떨어진다고 단정하기 일쑤다.[14] [⋯]

정부는 장애인 노동자를 산업예비군으로 끌어들여 인플레이션을 잡겠다고 큰소리를 쳤다. 그런데 어떻게 했기에 실제로 사업주들이 장애인을 고용하고 수익까지 챙길 수 있었을까? 우선, 정부가 고용주에게 공공기금을 지급한다. 정부는 이미 장애인을 지원하기 위한 공중보건 정책을 마련했다. 메디케어와 메디케이드에 가입하게 함으로써 일을 하는 동안 건강을 관리하게 한 것이다. 이렇게 해서 한쪽의 불만을 해소했다. 기업주가 보험료를 지급하지 않아도 될 뿐 아니라 오히려 비장애인의 건강관리가 더 비싸게 보이는 효과까지 있었다. 기업주는 그 비용으로 적절한 직무 조정을 제공하거나 자기 입맛에 맞게 다른 식의 지원도 가능하다. 노동부 또한 소수자 우대정책 위탁사업의 일환으로 장애인을 포함할 수 있었다(지금은 그저 고용주들에게 고용을 '권고'하는 수준이다).

그 밖에도 장애인의 노동 비용을 합법적으로 낮출 방법은 많다. 예를 들어 경제학자 리처드 엡스타인은 "[장애인들은] 시장에서 부당한 처우를 받을 수밖에 없다"라고 하면서도 그 책임을 정부에 돌렸다. 정부가 시장 경쟁에 개입해 장애인의 노동을 통제하려 든다는 것이다. 엡스타인의 주장에 따르면, "장애인은 어떤 가격, 어떤 조건이든 자신에게 적합한 방식으로 노동력을 팔 수 있어야 한다". 그는 자유시장을 적절한 메커니즘이라고 지적하면서, "최저임금법과 여타의 안전과 건강 규범 탓에 [장애인들이] 다른 사람들보다 더 큰 부담을 떠안게 되었다. 이들 법도 폐지해야 한다."[15] 엡스타인은 경쟁시장 규제가 없어지면 장애인들의 노동은 최저임금 이하로 곤두박질칠 것이라고 확신했다. 최저임금의 가치도 없기 때문이다.

장애인법은 임금 차별을 금하고 있지만, 직장에 다니는 장애인 520만 명은 소위 규제시장에서조차 임금 격차에 시달리고 있다. […] 그뿐 아니라 최저보다 낮은 수준의 임금을 정당화하는 전례도 있었다. 1973년의 재활법 제504절에 따라, 연방의 금융지원을 받는 기관은 장애인에게 '공정한' 임금을 지불해야 하지만, 현실적으로는 최저임금 기준을 준수하라는 요구조차 없었다. 전통적인 보호작업장은 장애인이 평균 노동자도 따라잡지 못한다는 가설 아래 나름의 원칙을 정하고 있다. 연방법에 따르면 장애인 노동자에게 최저임금 이하를 지불해도 아무런 문제가 없으며, 이를 위해 장애인의 생산 능력이 미흡하다는 사실을 고용주가 증명하기만 하면 된다.

장애인법이 통과된 지 6년 후, 캘리포니아주 공화당 의원

스콧 보는 1996년의 법령을 소개하면서 장애인 노동자의 최저임금 미달을 옹호했다. 그 법령에 따르면, 고용주는 '특수최저임금'으로 장애인 노동자를 고용할 수 있다. 심지어 해당 피고용인이 비장애인 노동자보다 "생산성이 떨어진다"라는 사실을 보고하는, 매우 주관적인 '보호조치'조차 취할 필요가 없었다. 어느 장애인도 생산성이 낮을 수밖에 없다. 따라서 어느 기준이든 최저미달 임금이나 장애인의 임금은 최저임금 인상을 억제하는 수단이 될 수 있다.[16]

1996년 클린턴이 개인 책임 및 노동 기회 조정법The Personal Responsibility and Work Opportunity Reconciliation Act에 서명했을 때, 정부는 연방 사회보장 프로그램을 종료하고, 대신 연방 복지정책의 기본 목표에 따라 복지 수혜자를 노동으로 이동시키기 시작했다. 200만에서 1,200만의 새로운 노동력을 강제로 구직시장으로 밀어내는 것인데, 복지 수혜 인구를 이용해 인플레이션을 통제하고 임금을 억제하기 위해서였다. 1999년 7월, 700만 명의 여성이 복지에서 저임금으로 이동했지만 대다수의 경우 빈곤선을 넘지 못했다. 장애인도 비슷한 노동그룹으로 전락했다. 대부분 고졸 이하 학력이지만, 장애 학생들은 대체로 중졸이 고작이었다.[17] 복지개혁과 장애인 일자리 복귀 프로그램으로 노동 비용도 전반적으로 낮아졌다. 경제정책연구소The Economic Policy Institute도 저임금 노동시장이 노동자에게 이미 큰 고통을 주고 있으며, 복지 수혜자를 노동시장으로 내모는 전략 또한 빈민 노동자의 임금을 더 떨어뜨린다고 경고한 바 있다. 복지 노동자를 모두 흡수하면, 최하위 노동력 3분의 1의 임금이 전국적으로 11퍼센트 떨어진다.[18]

노동시장의 경직을 막기 위해서라도 기업주들은 기꺼이 장애인을 받아들일 것이다. 노동력이 부족하게 되면, 보통 때라면 차별했을 노동자들도 감지덕지 받아들인다. 물론 필요하기 때문이다. 예를 들어 전국도시연맹The National Urban League의 보고서를 보면, 아프리카계 미국인들의 고용과 소득이 노동시장에서 전례 없는 수준으로 상승했다.[19]

우선 마이크로소프트가 최근 장애인 고용 가능성에 주목했다. 이를 계기로 북미의 21개 주요 기업이 '에이블 투 워크 Able to Work'라는 이름의 프로그램을 만들었다. 장애인의 일자리를 만들기 위해 전략을 공유하겠다는 것이다. 마이크로소프트는 소외된 특정 노동자 집단을 고용해 수익을 낼 묘책을 알고 있었다. 예를 들어 워싱턴 먼로의 트윈리버스 교도소의 재소자들에게 윈도와 마이크로소프트 오피스 소프트웨어를, 하도급 회사인 엑스마크를 통해 마이크로소프트 마우스 수천 개를 포장하게 한 것이다. 물론 재소자들은 쥐꼬리만 한·임금을 받았다. 마이크로소프트는 담당 관리기관도 없고, 의료 비용, 퇴직금, 지방세, 산업재해보상보험 등의 책임을 질 필요가 없었다. 납세자들이 사업비용을 흡수한 덕이다. 장애인들은 고정 임금 노동에서 쫓겨난 뒤 필사적으로 일자리를 찾았지만, 지금도 여

자본주의와 장애

전히 정부 보조금에 의존해 살면서 값싼 노동력을 제공하고 있다.

노동시장이 경직되면 과거 노동력에서 배제된 사람에게도 일자리가 생기겠지만, 결국 고용 안전망은 거의 없다. 밀워키에 있는 위스콘신대학의 존 파와사라트 교수가 노동에 복귀한 복지 수혜자의 근무 기간을 조사한 결과, 75퍼센트가 9개월 만에 일자리를 잃었다.[20] 28퍼센트만이 2분기 연속 약속한 연봉 1만 달러를 유지했지만 그런 직종은 대체로 파트타임이거나 저임금이며, 그마저도 금세 끝이 났다. 어린이 보호기금 및 전국 노숙인연합이 1998년 복지 수혜자 현황을 재점검한 결과, 복지를 떠난 사람의 50~60퍼센트만 일을 하고 있으며 임금은 시급 5.50달러에서 7달러 수준이었다.[21] 가난에서 벗어나기엔 터무니없이 낮은 수준이다. 2차 세계대전 당시 신체 건강한 남자들이 해외로 파병 가 있는 동안 미국 산업은 여성과 거동이 불편한 사람들을 대규모로 채용해 공장을 돌렸다. 전쟁이 끝나고 군인들이 돌아오면서 이들 노동자, 특히 장애인 대부분이 직장을 잃었다. 경기 호황기에 채용된 장애인 노동자들을 장애인법이 해고나 일시해고로부터 보호해 줄지는 두고 볼 일이었다.

마르크스의 설명대로, "자본이 낳기라도 한 듯 예비군은 자본계급의 소유가 된다. 대규모의 인간 자원은 언제나 착취당할 준비가 되어 있다."[22] 정체 범주가 가장 주무르기 좋은 분류다. 경기가 조금이라도 나빠지면 언제든 잉여로 전락한다.

신노동예비군?

하지만 이런 시나리오들은 결국 불이익을 당하는 노동자들 사이에 갈등을 초래하며, 시민 모두에게 생활임금 일자리와 건강보험을 누릴 권리를 제공하지는 않는다. 실업률이 4퍼센트, 6퍼센트, 아니면 10퍼센트이든, 자본주의 시스템은 실직/무직의 재앙을 만들어 내고 만다. 그건 마치 인구의 1퍼센트가 게임에서 밀려나야 하는 피라미드 구조와도 같다. 실업예비군(복지 수혜자는 물론, 적절한 직무 조정이 있으면 일을 할 수 있지만 여전히 장애 지원금에 의존하는 사람들을 포함)은 자본주의 사회의 무명용사다. 처참할 만큼 가난하게 살면서 전 체제를 지탱하고 있지 않은가.

장애인에 대한 경제적 차별을 멈춘다고 해도 모두에게 생활임금 직장을 보장해 주지 못한다. 그건 시민권도, 소수집단 우대정책도 마찬가지다. 자본주의는 발전 단계에서 인간이 어떻게 되든 개의치 않는다. 그런 배려는 물질적 생산양식으로서의 역사적 역할에 포함되지 않기 때문이다. 경제·사회·정치구조에 근본적인 변화가 없는 한, 자본주의의 불안정성을 초월한 경제 솔루션은 영원히 불가능하다. 예비군 그 자체가 임시직 개념이다.

자본주의와 장애

제3장

장애와 자본주의의 세계화

1990년대《비즈니스위크》가 예견하고 장애인 그룹들이 인정한 바에 따르면, '정보화 시대'에는 장애인 노동자들의 고용 기회가 대폭 확대될 것이다. 첨단기술의 발달로 중증장애인도 컴퓨터를 사용할 수 있기 때문이다. 정보기술(IT)은 사무실 업무 비중을 늘릴 것으로 전망되었다.

장애인법 초기에《비즈니스위크》는 이제 장애인들이 "수익성을 위한 전략이 될 것이다. 노동력 확보 경쟁에서도 여러 가지 이점이 있다"[1]라고 했다.

현실은 그렇지 못했다. 바로 그 기술 덕분에 장애인을 비롯해 미국인 노동자들을 버리고, 더 저렴한 노동력을 찾는 게 가능해졌기 때문이다. 정부 일자리의 민영화와 IT 아웃소싱(일거리를 해외에 넘기는 것)이 노동 비용을 낮추기 위한 수단으로 등극했다. 컴퓨터 관련 업무는 아웃소싱으로도 충분했다.

기업은 부시 행정부의 승인을 받아 멀리 인도, 말레이시아, 동유럽, 심지어 중국으로 전망 좋은 일자리를 내보냈다. 그곳 노동자들은 미국 노동자 임금의 10퍼센트만으로도 고용이 가능하다. 은행, 기업, 월스트리트, 정부가 일제히 아웃소싱이라는 이름의 시류에 올라탔다.

백악관 경제자문위원회가 대통령의 2004년 2월 경제보고서를 발표했는데, 첫 문장이 "해외에서 보다 저렴한 가격으로 재화나 용역 개발이 가능하다면, 국내에 묶어두는 것보다 수입하는 것이 타당하다"[2]였다.

경제학자이자 경제자문위원회 의장인 그레고리 맨큐는 아웃소싱을 "좋은 일"이라고 말했다. 맙소사, 아웃소싱이란 국내 노동자를 해고하고 그 일자리를 해외로 넘기는 것이 아닌가.

일자리를 외국에 넘기고 미국 노동자들을 실업자로 만드는 게 경제적으로 얼마나 타당한지 모르겠지만, 전 국민이 실업자가 되든 말든 개의치 않겠다는 뜻이다. 오히려 부시 측근은 캘빈 쿨리지의 언급을 당연하게 받아들였다. "미국의 사업도 사업이다." 미국인을 고용하면 비싼 사업비용까지 물어야 한다. 그런데 이제 성가신 법규에 얽매이지 않아도 되니 기업들이야 얼마나 좋겠는가. 그들이 추구하는 것은 수익의 극대화일 뿐이었다.

부시 행정부는 아웃소싱의 장점을 홍보하면서, GE(제너럴일렉트릭)의 잭 웰치 같은 CEO들의 뒤를 따랐다. 이미 수년 전에 소프트웨어 개발과 백오피스(뒤에서 일선 업무를 지원하고 도와주는 업무 또는 그런 부서_옮긴이) 업무를 인도에 넘긴 장본인이 아닌가. 오늘날 맥킨지, A. T. 커니 같은 회사들은 연구 부문 대부분을 인도의 뭄바이, 첸나이 등으로 옮겼으며, J. P. 모건체이스는 뭄바이 지사에서 젊은 주식 분석가 등 여타의 연구 직원들을 채용했다. 시티뱅크 같은 미국 은행, 메릴린치 같은 중개업, 상호회사, 그 밖의 금융서비스 회사 들도 몇 년 사이에 50만 개의 일자리와 노동력 8퍼센트를 해외로 이전할 계획을 세우고 있었다. 2012년 4월 딜로이트리서치에 따르면, 전 세계 금융직 15퍼센트가 값싼 노동력을 제공하는 나라로 옮겨 갈 것이라고 한다.

책상 앞에 앉아서 하는 일이라면 아웃소싱이 제격이다.

이런 경향은 비단 기업뿐만이 아니다. 부시의 백악관은 85만 개의 연방 일자리를 인도, 말레이시아, 필리핀, 심지어 러시아의 관청들과 경쟁을 붙였다. 그 규모 또한 해외에 쉽게 넘길 수 있는 민간 부문에서, 정치적으로 연줄이 튼튼한 하도급까지를 망라한다.

타국에서 외국인 노동자를 채용한 곳은 이미 40여 개 나라에 달하며, 업무는 그저 푸드 스탬프나 복지 프로그램 관련 질문에 답하는 수준이다. 인도가 제일 많은 이유는 그 나라 국민들이 영어를 하기 때문이다. 공공·민간 콜센터는 대량으로 해외 이전 중이며 인도는 현재 미국으로부터 정보경제 업무를 받아 텔레마케터와 폰뱅킹이 붐을 이루고 있다.

기술 발전 탓에 장애인 구직자들은 폭탄을 맞은 형국이다. 자본이 IT와 눈이 맞아 더 많은 돈을 벌겠다며 떠났으니 왜 아니겠는가.

노동시장의 몰락에는 다른 요인들도 있다. 대량 실직, 미국 노동력의 탈기술화와 저임금 서비스 분야 일자리, 규모 축소, 공장 폐쇄, 해외로의 일자리 아웃소싱, 북미자유무역협정(NAFTA) 등이 65~70퍼센트에 달하는 장애인 실업률에 한몫을 했다.

이는 당연히 1,470만 명의 무직 노동자들에게 심각한 위협이 된다. 행정부는 최근 실업률이 하락했다고 주장하지만, 0.2퍼센트포인트 낮아진 것은 그들이 취직을 해서가 아니라 53만 8,000명의 노동자들이 노동시장을 떠나 더 이상 노동력으로 잡히지 않기 때문이다. 구직을 아예 포기한 탓에 실업자로 계산하지 않는다는 뜻이다.

정부가 발표하는 실업률은 5.9퍼센트이지만, 이는 적극적으로 구직활동을 하는 실업자만을 대상으로 조사한 수치일 뿐이다.

우선 870만 명의 실업자가 있다. 실제로 구직활동을 하는 무직자로 정의되는 사람들이다. 하지만 490만 명의 파트타임 노동자들도 풀타임으로 일하고 싶어 하는데 그건 지난 10년간 최고 수치다.

일자리를 원하면서도 지난달에 구직활동을 하지 않은 150만 명도 있다. 이 그룹의 3분의 1은 취업 가능성이 거의 없어 구직활동을 포기했다고 말한다. 공식적으로 '구직 포기자'들인데 그 수만 해도 1년간 20퍼센트가 치솟았다.

이들 그룹을 더하면 미국의 실업률은 총 9.7퍼센트에 달하며, 이는 전해의 9.4퍼센트보다도 높다.

사실 임금 직장은 조지 W. 부시가 백악관에 들어간 후 200만 개가 훨씬 넘게 줄었으나 부시의 경제정책으로는 그동안의 부족분을 메우기에 역부족이다. 부시는 [2004년 1월 20일의] 국정연설에서 일자리 창출의 필요성을 역설했지만 1월의 경제지표를 보면 기껏 1,000개의 일자리가 늘었을 뿐이다. 이른바 고용 없는 성장이다.

고용 없는 성장은 항상적인 일자리 감소 성장이 될 수도 있다. 더그 헨우드에 따르면 연방준비은행의 연구 결과 지난 수년간 일자리 감소의 원인은 단순한 경기변동 때문이 아니라 구조적인 문제에 있었다.

대개 경기 회복은 일자리 창출을 동반한다. 일시해고는 임시이니까 경제가 잘 돌아가면 노동자들이 복귀한다. 헨우드에 따르면, "현재 경기변동을 보면, 일자리 감소의 원인은 대부분 직종 자체가 없어진 것이다".[3]

구조적 변화는 잠재적 장애인 노동자들에게도 좋지 않은

조짐이다. 국내 노동력 수요가 줄어들면, 비집고 들어갈 여지가 거의 없기 때문이다. 장애인 노동자에게 불변의 변수가 있다면, 고용은 마지막, 해고는 제일 먼저라는 사실이다.

대통령이 앞장서서 해외에서 상품을 제조하고 기술자들을 고용하는 장점을 역설한 이상, 정부가 일자리 감소에 사회적 책임을 질 가능성은 더욱 멀어졌다.

그래도 우리의 지향성은 분명해야 한다. 실업급여 확대와 공공 부문에서의 일자리 창출 요구가 더욱 커질 것이다. 미국이라는 나라가 노숙자와 가난한 사람들로 가득하기를 원치 않는다면, 빈곤선 이상의 지원이 뒤따라야 한다.

제4장

월마트와 장애인 차별의 역사

월마트는 최근 장애인 고용 차별로 몸살을 앓았다. 벌써 두 번째다. [2004년] 1월, 고용기회균등위원회(EEOC)는 미주리주 리치먼드의 거대 소매 기업 월마트를 상대로 소송을 제기했다. 스티븐 J. 브래들리가 구직 지원 과정에서 차별을 당했다는 것이다. 브래들리는 뇌성마비 장애인이라 이동수단으로 목발이나 휠체어를 사용한다.

월마트가 합의하지 않겠다고 버티는 통에, 고용기회균등위원회는 장애인법(ADA) 위반으로 소송을 걸어, 브래들리에게 임금과 장애급여, 보상적·징벌적 손해배상, 그리고 일자리를 제공하라고 압박했다.

월마트와 고용기회균등위원회는 이 사건 이전인 2001년에도 이미 680만 달러의 동의 판결에 합의한 바 있었다. 이로써 미주리를 포함한 11개 주에서 고용기회균등위원회가 월마트를 상대로 낸 13개 소송은 모두 일단락되었다.

장애인법이 제정된 지 10년, 월마트가 지원자들에게 "기본 업무 기능 매트릭스"라는 질문지를 제시한 것은 장애인법의 고용 차별 조항을 위반한 것이었다. 조건부 채용 제안을 하기 전에 지원자의 장애 여부를 확인하려 했기 때문이다.

장애인법 제1장은 민간 고용주, 국가 및 지방 정부, 채용 대리인, 그리고 노동조합은 채용 과정, 채용, 해고, 승진, 보수, 직업훈련 등 여타의 고용 협약 및 조건에서 자격 요건을 갖춘 장애인을 차별해서는 안 된다고 규정하고 있다. 불행하게도 "자격 요건을 갖춘"이라는 단서가 장애인 차별 사건에 적용된다. 성별이나 연령 관련 민권법에서 늘 불리한 해석을 낳는 것이다.

합의의 일환으로 월마트는 당사의 장애인 정책과 절차를 바꾸고, 장애인법 담당 부서를 만들어 장애인법 준수 훈련을 강화할 것이며 장애인 응시자들에게도 일할 기회를 주겠다고 약속했다.

그 후 머지않아 애리조나 지방법원의 한 판사가 월마트가 동의 판결을 어겼다며 중형을 선고했다. 판결에 따르면 월마트는 72만 200달러의 벌금을 내고 TV 광고를 통해 당사가 장애인법을 위반했음을 알리고 당사가 저지른 차별 사안을 설명하도록 했다. 또한 청각장애 직원인 윌리엄 다넬을 접수·하역 업무에 풀타임 복직시키고, 회사 측은 그가 일을 제대로 할 수 있도록 직무 조정을 제공하라고 명령했다.

청각장애인들이 전국 매장에서 일하도록 새로운 훈련교재를 만들어야 하는데 월마트는 그 의무를 이행하지 않았다. 컴퓨터 기반의 신입사원 학습 모듈을 수어 버전으로 제작해야 했다. 고용기회균등위원회가 주장하고 월마트가 인정한 바에 따르면, 월마트는 법원의 명령도 준수하지 않았다. 즉 관리 직원들에게 장애인법 교육을 하지 않았던 것이다.

"고용기회균등위원회가 법원에 나가 고용주를 몰아붙이는 모습은 굉장히 이례적이었어요." C. 이매뉴얼 스미스가 말했다. 그는 고용기회균등위원회의 피닉스 지부 지방검사이며 피닉스 지부에는 애리조나 재판권이 있다.[1]

2001년 6월, 고용기회균등위원회는 월마트를 상대로 열여섯 번째 소송을 걸었다. 이번에도 장애인법 위반이었다. 세계 최대의 소매 기업 월마트 애리조나 피오리아 지점에서 장애인 노동자에게 적절한 직무 조정을 제공하지 않았다는 이유였다.

월마트의 차별 대상은 앨리스 레버그였고, 그녀의 장애에 필요한 직무 조정을 회사는 제공하지 않았다. 앨리스 레버그는 장시간 서 있는 능력에 한계가 있었다. 그런데도 월마트는 업무 수행 중 이따금 앉게 해달라는 요청을 거부하고, 장애인법이 요구하는 상호소통도 게을리했으며 무엇보다 해고 과정에 적극 가담했다.

월마트와 장애인 차별의 역사

법원은 보상적 손해배상, 징벌적 손해배상, 복직, 금지명령 구제는 물론, 월마트 측에 직원 교육을 통해 더 이상의 장애인법 위반이 없도록 명령했다.

고용기회균등위원회는 다른 장애인 차별 소송에서도 월마트를 상대로 승소한 바 있다. 출납원 응시자가 휠체어를 탄다는 이유로 채용을 거부한 것에 대해 법원은 피해보상으로 350만 달러 이상을 지불하라고 명령했다(보상액은 장애인법의 법정 최고액 조항에 걸려 삭감됐다. 하지만 그 조항은 다른 소수자 보호에는 적용되지 않는다). 법원은 또 다른 응시자에게 15만 7,500달러를 보상하게 한 적도 있다. 월마트가 면접에서 팔 절단 장애를 이유로 채용을 거부했기 때문인데, 판결에는 징벌적 손해배상 10만 달러가 포함되었다. 이는 장애인법 소송에서 불법으로 의료 관련 질문을 했다는 이유로 기업에 물린 사상 최고액이다.

민간 부문 및 정부가 법을 지키게 하려면 감시를 게을리하지 않아야 한다.

그런데 왜 그렇게 적대적 환경의 월마트에서 일하려고 하는 걸까? 장애인 차별 말고도 월마트는 임금을 체불하고 급여 수준은 19세기 수준이다. 시급 2~3달러는 비슷한 업무에 종사하는 조합원들보다도 낮은 수준이다. 그즈음 비숙련 노동자의 평균 시급은 6달러 정도였다.

이를 월마트 창업자 샘 월튼의 소득과 비교해 보자. 그는 세계 최고 부자 10인 중 5위를 차지했다. 그의 순자산은 2001

자본주의와 장애

년 175억 달러에서 188억 달러로 증가했는데, 모두 소비자들이 더 싼 음식, 더 싼 셔츠, 더 싼 시트, 더 싼 진, 더 싼 모터오일, 즉 뭐든 싼 것만 구입하려 들기 때문이다. 그러니 노동자들을 얼마나 혹사하겠는가.

월마트는 직원들에게 표준 40시간 이상 일하게 하면서 추가 수당은 지불하지 않았다.[2] 비장애인 노동자라 하더라도 관리자와 충돌을 빚으면 괴롭힘을 당하거나 해고되었다.

월마트가 필요에 맞게 직무 조정을 제공할 리 없지만, 장애인 노동자들은 이 사실을 외부에 알리는 순간 일자리를 잃을까 두려워하고 있다. 윌리엄 다넬은 청각장애인에게 맞게 직무 조정을 요구했다는 이유로 관리자에게 해고당했다.

월마트는 미국 최대의 소매상이며, 전 세계 4,000개 매장에서 110만 4,000명의 노동자를 고용하고 있다. 현재 미국에서 중증장애인은 세 명 중 한 명만이 직장이 있으며, 장애인 대부분이 빈곤선 이하의 장애급여로 연명하고 있다. 부시 행정부에서 구직 시장이 위축되면서 취업은 더욱 난망해졌다. 중증장애인, 아니 비장애인 노동자들도 요즘에는 어떤 일이든 할 수만 있다면 감지덕지다.

현실이 그렇다.

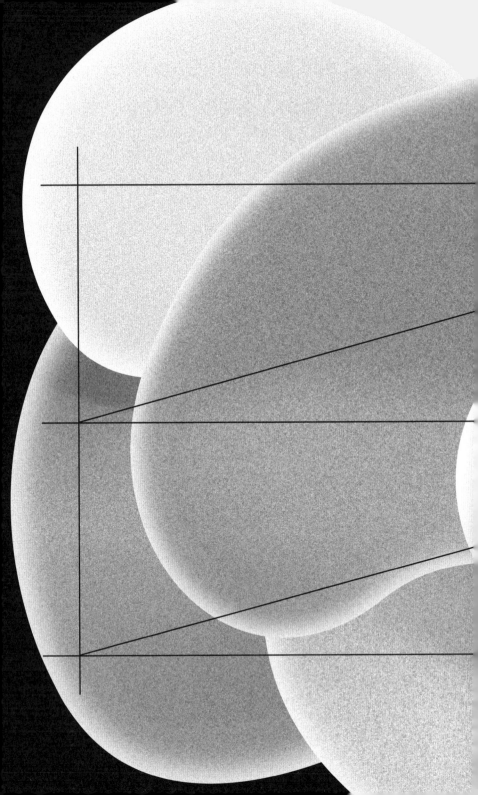

2부 시민권과 퇴보

제5장

반발과 구조적 불평등

서론

장애인법(ADA)은 시민권이자 [⋯] 경제법안이며, 기울어진 경기장을 바로잡아 장애인의 임금을 인상하고 고용을 확대하기 위해 만들어졌다.[1] 하지만 1964년의 공민권법 이후 소수자들과 여성들이 일자리를 빼앗아 간다며 백인 남성들이 저항했듯, 장애인법 역시 대중과 선출직 관리, 법원의 반발에 직면해야 했다.

장애인법에 대해 가장 확실하게 적대감을 드러낸 집단은 기업주들이다. 다만 산업 부문이야 애초부터 이 법안에 반대했다는 점에서 저항과 어느 정도 개념 차이는 있겠다. 그렇다 해

자본주의와 장애

도 기업주들의 저항은 법안 반대의 경제적 본성을 드러냈다는 점에서 시사하는 바가 크다. 장애인법이 통과되던 해, 보수적 싱크탱크인 카토연구소Cato Institute는 조지 H. W. 부시 대통령을 만나 이 법을 재고해 달라고 요청했다. 자유기업 제도의 취지에서 볼 때 그 법안이 경제구조의 재편성을 의미하므로 사업에 해롭다는 이유였다.[2] [⋯] 릭 칼러는 「장애인법, 규제의 블랙홀 ADA Regulatory Black Hole」이라는 보고서에서, 장애인법을 지키느니 차라리 사업을 때려치우는 것이 훨씬 더 낫겠다며 혀를 찼다.[3] 한편 트레버 암브리스터는 장애인법이 터무니없는 불공정과 불합리를 만들어 냈다고 주장했다.[4] 1995년, 카토연구소의 규제 연구 부문 책임자는 다음과 같이 썼다.

> 의회가 진심으로 규제 부담을 덜어주려면, 장애인법부터 (폐지까지는 아니더라도) 크게 손을 봐야 한다. 또한 그 법안으로 지금까지 입은 손해를 보상하려면 개인, 민간기업, 대기업이 장애인법 규제로 인해 감당해야 했던 비용을 보전해 주는 수준까지 고려해야 한다.[5]

이 보고서는 특히 기업의 입장에서 정치·정책·경제 관계를 분석함으로써, 장애인법에 대한 반발과 적대감을 그대로 드러내고 있다. 내가 보기엔 장애인법에 대한 반발은 자본가의 저항으로 촉발되었다. 이들의 저항을 시작으로, 장애인법 시행으로 가능했을 잠재적 복지를 억눌렀을 뿐 아니라 노동자 집단의 반발까지 이끌어 냈다. 법령이 시행되면 자신들의 이해가 위기에 처할까 봐 불안했던 것이다.

논쟁을 시작하기 전, 자유주의적 정책 설명이 (형식이 진보적이든 보수적이든 상관없이) 경제·사회정의에 필요한 조건들을 제대로 짚어내지 못했다는 점을 먼저 지적해야겠다. 그와 반대로 급진 이론은 자본주의하의 사회·역사적 정치·경제 과정을 분석한 뒤, 자본주의로 하여금 사회·윤리적 목표를 이행하도록 하는 것은 불가능하다고 결론짓는다. 물론 윤리적이기 위해서는 그 목표가 지속적이어야 하며, 재분배와 공동체에 초점을 맞추어야 한다.[6] 장애인 차별 철폐에 성공하려면 경제체제 자체가 큰 변화를 수용해야 한다. 여기에서 살펴보겠지만, 경제체제는 민권법(특히 장애인법)에 대한 저항, 법 집행에 대한 의지 부족, 장애인의 빈곤화에 중요한 요소가 된다.

경제 호황에도 불구하고 신자유주의 시대의 불평등은 더욱 심화되고 노동자들의 생활수준은 떨어지고 일자리 불안은 더 커졌으며 경제 불안도 더 심각해졌다. 소득과 부의 격차는 대호황 이후 최대 수준이다. 가난과 역경이 미국 전역에 마름병처럼 드리워졌다. 이 글에서는 제 잇속만 챙기는 의사결정 계급이 어떤 식으로 이 결함 있는 정치경제 구조를 유지하는지, 어떻게 빈곤·불평등·실업 및 체계적인 강제 실업을 고착화하는지 상세히 밝힐 것이다. 이 결함투성이 경제가 보편적인 물적 요구

자본주의와 장애

에 전혀 관심이 없으며, 더불어 어떻게 노동자들 사이에 분열을 조장하는지도 살펴볼 것이다. 노동자들은 가뜩이나 부족한 일자리, 의료 서비스, 쪼그라들기만 하는 복지를 두고 경쟁하느라 눈이 멀었다. 마지막으로 이 난국을 타개하기 위해 왜 접근방식을 달리해야 하는지 설명하고자 한다.

기회균등 이데올로기와 임금, 그리고 노동자 집단 사이의 고용 격차

미국이 민권법을 제정한 이유는 취약계층과 소수자, 즉 여성·유색인·장애인 등이 직면한 제약을 극복하도록 돕기 위해서다. 역사적으로 그런 집단은 임금, 소득, 취업 기회 등에서 광범위한 차별을 겪었다.[7] 미국에서는 1,700만 명의 노동인구가 장애인으로 분류된다.[8] 장애인법이 장애인 노동자들의 경제적 차별을 조금이나마 개선하리라는 기대감이 없지는 않으나, 그 전에 먼저 따져볼 문제가 있다. 지난 30년 이상 시민권을 시행하려는 노력이 있었지만, 실제로 소수자와 여성들의 임금 및 소득 격차를 줄이고 경제적 균형을 이루기는 한 건가?

여성, 소수자, 장애인의 고용 및 임금 차별은 그들을 사회경제 피라미드의 밑바닥에 가둬놓았다. 차별이 일어나는 이유는 생산성이 동일한 두 집단의 평균 임금이 다르거나,[9] 고용 기회 수준에 차이가 있기 때문이다. 빈곤은 일정 수준의 장애가 있는 5,400만 미국인의 보편적 현상이다. […] 1998년 전국장애인협회(NOD)/미국장애인 해리스 조사에 따르면, 장애가 있는 성인의 3분의 1(34퍼센트)이 연 소득 1만 5,000달러 이하의 가정에서 자랐다. 이에 반해 장애가 없는 경우는 8분의 1(12퍼센트)에 불과했다.[10] 게다가 최하위 소득 가계의 장애인과 비장애인 사이의 격차도 1986년 장애인법이 제정된 이후에도 전혀 변화가 없다.[11]

전국장애인협회/해리스 조사의 연 소득 1만 5,000달러만으로 일부 장애인이 겪는 가난이 얼마나 처참한지 제대로 이해할 수는 없다. 예를 들어 장애인 노동자가 1998년 사회보장장애보험(SSDI)에서 매달 받은 평균 수당은 720달러이고, 저소득층을 위한 생활보장금 지원이 평균 480달러이므로, 이들 프로그램에 의존하는 1,000만 장애인[12]의 실소득은 5,000달러에서 1만 달러 사이이다. 즉 1만 5,000달러에 훨씬 못 미친다는 뜻이다.

분석가들은 대체로 이들 격차의 원인으로 차별을 지목하고, '기회균등' 또는 고용과 임금의 균등에 초점을 맞춰 개선하려 한다. 1964년의 공민권법,[13] 소수집단 우대정책, 1963년의 동일임금법,[14] 그리고 장애인법[15]은 공히 임금 책정과 고용 관리 시스템에서 성별, 인종, 장애인 차별을 없애기 위한 법적 수단으로 제정되었다.

자본주의와 장애

그런데 20세기 말 데이터가 보여주는 실상은 어떤가? 인구 조사국의 '현재 인구조사'를 보면, 소득 격차는 1993년과 1997년 사이에 흑인의 경우 변화가 있었다. 흑인 중산층 가정의 소득이 백인 수준의 57퍼센트에서 61퍼센트로 소폭 증가했으며, 최하위층 80퍼센트는 나머지와 비슷한 수준의 증가 폭을 보였다.[16] 하지만 1979년에서 1997년 사이 히스패닉계 노동자들의 경우 중산층 가정의 소득이 백인 기준, 69퍼센트에서 60퍼센트로 하락했다.[17]

연구 보고서에 따르면, 1964년 공민권법 제정과 그에 따른 소수집단 우대정책이 시행된 이후 어느 정도 의미 있는 변화를 보여, 1965년과 1975년 사이에 인종 차별 사례가 줄기는 했다.[18] 하지만 인종 간 기회균등 운동이 정체되더니 1970년대 중반부터는 말 그대로 쇠퇴일로였다.[19] 1972년(데이터를 구할 수 있는 원년)부터 1999년까지 흑인의 실업률은 7.1퍼센트에서 21.7퍼센트까지 요동쳤다.[20] 같은 기간 백인의 실업률은 10.2퍼센트에서 3.3퍼센트 수준이었으며, 히스패닉인은 16.9퍼센트에서 6.1퍼센트 사이였다.[21] 흑인과 히스패닉인의 실업률은 꾸준히 증가했으며 임금도 백인보다 낮은 수준이었다. 1997년 중산층 백인 노동자는 평균 1만 9,393달러를 벌었으나, 흑인은 1만 5,348달러, 히스패닉인은 1만 3,150달러에 머물렀다.[22]

남녀 간 임금 격차가 줄고는 있지만 그 원인을 동일임금법에서 찾기는 어렵다. 1973년 이후, 대부분의 임금 격차 변화는 남성의 실수익 하락이 주도했다. 백인과 흑인의 소득이 조금씩 하락한 반면, 백인 여성의 소득은 점차 증가해 1991년에는 흑인 남성의 소득을 추월했다.[23] 노동부 자료를 보면, 여성의 소득은 1980년대 남성의 소득에 비해 가파른 상승 곡선을 그렸다.[24] 다만 1990년대 초 경기침체 이후 상승 폭이 둔화되었는데 이는 동일 임금 운동이 쇠퇴했기 때문이다. 동일 임금의 수준은 평균 시급에서 확인할 수 있다. 1997년 여성의 평균 시급은 9.63달러인 데 반해, 남성은 14.39달러였다.[25] 격차가 크든 작든 그 차이는 45년 이상 이어졌는데 동일임금법이 시행된 것은 자그마치 36년 전이다.[26]

임금 격차 연구는 대체로 장애인 데이터에 관심이 없다. 다만 인구조사국 존 맥닐의 미발간 데이터를 보면, 소득과 장애 사이에 부정적인 관계가 있음을 확인할 수 있다. 1995년 파트타임 장애인 노동자(장애인은 파트타임의 비율이 높다)는 비장애인 노동자 소득의 72.1~72.6퍼센트에 불과했다.[27] 이 같은 임금 격차는 풀타임 직종에서도 별로 다르지 않았다. 1995년 장애인의 평균 월급은 1,511달러(여성)에서 1,880달러(남성) 사이였으며, 이는 비장애인의 1,737~2,356달러보다 20퍼센트 정도 낮은 수준이다.[28]

더 심각한 문제는 장애인이 처한 만성적 실업이다. 1998년 해리스 조사에 따르면, 노동 적령기(18~64세)의 장애인 10분의 3(29퍼센트)이 풀타임 또는 파트타임 직장이 있었지만, 그에 반해 비장애인은 10분의 8(79퍼센트)로 무려 50퍼센트 격차를 보였다.[29] 장애인의 실업률은 국민 전체에 비해서도 훨씬 낮아 일자리가 있는 중증장애인은 4분의 1에 불과했다.[30] 장애 정도와 상관없이 장애인의 총 고용률은 65~71퍼센트 수준이다.[31] 하지만 노동 적령기의 장애인 중 79퍼센트가 일자리를 원한다.[32] […]

여성과 소수자를 위한 물리적 개선 역시 부차적인 수준이다. 비슷한 기술 수준의 노동자와 비교해 임금 불균형, 소득 격차, 임금 격차, 빈곤도 여전하다. 연방 차별금지법이 제정되고 30년, 1964년의 공민권법이 인종차별과 성차별을 어느 정도 완화해 주기는 했지만 민권법도 소수집단 우대정책도 일할 권리의 옹호자들이 바라는 완전한 고용 균등을 이루지는 못했다.[33] 소수집단 우대정책의 지지자들은 법안 폐지에 반대하면서도, 프로그램이 소수자들의 경제 평등을 이루지 못하면 지금까지의 성과도 의미가 퇴색할 것이라 경고한다. 소수집단 우대정책은 주요 빈곤 해결책도 아니고 평등으로 가기에 적합한 수단도 아니다.[34]

장애인법이 통과되고 10년이 지났건만 그사이에 장애인 처우가 상당히 개선되었다고 믿을 만한 근거는 없다. 민권법과 소수집단 우대정책 이후의 여성 및 소수자와 비교해도 마찬가지다.

민권법을 포함해 재분배 조치는 종류를 막론하고 공공과

대기업 간의 정치적 타협을 전제로 하지만, 특히 장애인법은 특별한 한계에 직면해 있다. 그 법이 만들어지고 시행됐을 당시의 정치적 한계와 직접적인 관계가 있기도 하다. 1960년대 사회정의를 촉구하는 분위기는 공민권법과 차후의 진보적인 판결을 끌어냈다.[35] 그 철학적 모멘텀은 1990년대 쇠퇴기까지 이어졌다. 예를 들어 1957년, 1960년, 1964년, 1968년 민권법의 후속 조치들이 이어지는 시대에 공화당 진영은 교묘하게 민주주의의 전리품에 침투했다. 그러고는 민권운동을 날조해 경제기회국Office of Economic Opportunity을 설립하고, 위대한 사회Great Society(1960년대 존슨 대통령이 추구한 빈곤 추방 정책 및 경제 번영 정책_옮긴이) 내내 가난과의 전쟁을 선포했다.[36] 그 후 레이건과 부시 대통령은 지역사회 서비스 행정 전체를 붕괴시키고, 1960년대 사회 변화 의제들을 파기하고, 대신 인적 서비스, 일자리 안정, 소비자 보호, 환경법 등을 추진했다.[37]

시민권과 사회보장 프로그램은 떠나고, "크고 나쁜 정부"를 축소하겠다는 보수파의 보복이 그 자리에 들어섰다. 1970년대와 1980년대의 지배적 의제는 기업의 의도를 지원했다. 기업주들은 세계화를 강조하면서 정치가 지나치게 경제를 지배하고 있다고 주장했다.[38] 자본의 국제 이동이 잦아지고 국제무역이 자유화되면서 노동 비용에도 보다 강력한 통제가 가해졌다.[39] 보수 정권은 규제들을 폐지하거나 축소했다. 그들이 보기에 국가가 경제에 지나치게 개입한다는 이유였다.[40] 1979년 이

자본주의와 장애

후의 경제정책은 분명 자유방임의 탈규제 경제를 폭넓게 허용하는 쪽으로 움직였다.[41] 운송·통신 분야의 규제는 풀리고, 안전·건강·환경 규제·최저임금·정부 지출(복지)·실업보험제도 등 사회 보호 장치는 축소되었다. 장애인법도 예외는 아니다. 법의 정신은 크게 약화해 끝내, 1990년 의회의 동의와 부시 대통령의 재가가 있을 때까지 기다려야 했다.[42]

1997년 장애인법 이전과 이후의 연방 장애인 차별금지법을 비교 연구한 결과, 민권법은 장애인의 고용률, 임금률, 고용 기회에서 지지자의 기대만큼 성과를 내지 못했다.[43] 장애인법이 통과되고 9년 후에 실시한 전국 고용 조사에 따르면, 고용은 늘지 않았다. 노동 적령기의 장애인 고용자는 1986년 이후로 줄어들었지만, 그해에도 고작 3분의 1(34퍼센트)만이 일자리가 있었다는 조사 결과도 있다.[44]

장애인 민권법은 장애인법 이후 강제적 소수집단 우대정책이 충분하지 않았다는 점에서 그 빛이 바랠 수밖에 없었다. 소수집단 우대정책이 여성과 소수자의 시민권에 얼마나 기여했는지는 논란의 여지가 있겠지만, 적절한 집행이 뒷받침되었다면 과거의 닫힌 문을 여는 데 긍정적인 역할을 했으리라는 것은 거의 의심할 여지가 없다.[45] 이는 고용주들이 장애인 차별로 법정에 섰을 때 원고가 대체로 패소했다는 사실에서도 확인할 수 있다. 복수의 연구 결과에 따르면, 처음 8년간 재판과 항소심을 포함해 장애인법 소송에서 피고인들(기업)의 승소가 압도적으로 많았다.[46] 법학 교수 루스 콜커에 따르면, "이런 결과는 비슷한 영역의 기존 사례보다 나쁘다. 비슷한 결과가 있다면 재소자 권리 사건뿐이다."[47]

정말로 '평등'해지려면 모든 불평등을 철폐해야 한다. [⋯] 어디에서 교육을 받고, 부모의 재산이 어느 정도이며, 사는 동네가 부촌인지 아닌지 같은 전통적인 불평등이나 사회 영향력은 차치하고라도,[48] 장애인 노동자들(여성 및 소수자와 대비되는 존재로서)은 경제적 불평등과 노동시장 차별을 겪을 수밖에 없다. 기업 위주의 셈법에서는 표준(비장애인) 노동 비용을 비표준(장애인) 노동 비용보다 우선하기 때문이다. 그런 셈법은 장애인들의 임금과 고용 격차를 고착화한다.

지난 30년간 연방의 기회균등법을 무기로 자유주의적 개혁을 시도했으나, 미국 경제에서 인종, 성, 장애 기반의 불평등은 여전히 심각하다. 고용과 소득 측면에서 인종과 성의 불평등은 1960년대 민권법 이후 크게 완화되었으나, 그런 식의 불평등 완화는 여전히 불균등하고 불완전하고 불안정하다. 따라서 언제든 되돌릴 수 있다.[49] 상황을 고려해 보면, 여성, 유색인종, 장애인의 불평등 수준은 자유주의 이데올로기의 척도로 볼 수 있다. 법원과 정부 사법기관들이 자유주의 규범들을 발전시키거나 퇴보시키는 데 이바지하기 때문이다.

경쟁: 노동시장과 구조적 불평등

인종과 성별 간 임금 및 고용 기회 불평등에 대해 주류 경제학자들이 내놓는 설명은 두 갈래다. 먼저, 개별 노동자는 인적 자본human capital, 즉 생산성 기준의 특성에 격차가 있다. 두 번째, 차별에 근거한 대우 차이도 분명 존재한다. 인적 자본 견해에 따르면 개인이 기능적·교육적 차이를 드러내는 까닭은 기능 편향의 기술 변화 때문이며, 그로써 임금 격차가 더욱 커진다. 따라서 교육과 기술 교육을 확대하면 이런 격차를 극복할 수 있다.[50]

경쟁에 대한 신고전주의적 '수요와 공급' 이론의 핵심은, 노동시장 스스로 임금 격차와 고용 차별을 줄여나간다는 데 있다. 임금 불평등은 정보기술(컴퓨터 혁명)의 확대가 기술 격차를 만들어 내면서 자연스럽게 나타난 결과다. 이 새로운 영역에서 숙련된 노동자가 좋은 열매를 따 먹고 그렇지 못한 노동자는 뒤처진다는 것이다.[51] 수요와 공급 이론에 따르면, 그 이유는 시장의 압력, 즉 애덤 스미스의 이른바 '보이지 않는 손'이 임금, 물가, 생산을 위한 자율적 메커니즘으로 작동하기 때문이다. 실제로 첨단기술 분야에서 숙련 노동자의 수요가 늘면서 노동자들이 교육을 원하고 궁극적으로는 임금 격차를 줄이게 될 것이다.

일자리가 충분하다면 인적 자본, 교육의 질, 수년간의 근무 경력이 현 경제의 임금 차별과 고용 패턴을 결정한다[52]는 애기도 다 헛소리가 된다. 예를 들어 로런스 미셸, 재러드 번스틴, 존 슈미트 등의 경제학자들을 보아도 기능 편향의 과학기술 발전만으로 임금 불평등을 설명할 수는 없다. 1990년대 내내 노동시장에서 대졸자, 첨단기술 경력자 및 컴퓨터 운용 가능자의 평균 초봉은 7퍼센트가량 하락했다.[53] 신기술의 엔지니어와 컴퓨터 과학자들은 1989년에 시장에 진입한 노동자들보다 각각 11퍼센트와 8퍼센트 적은 임금을 받았다.[54] 이것만 보아도 교육과 기술 훈련으로 임금 불평등을 해결한다는 주장은 의미가 없다는 것을 알 수 있다. 게다가 컴퓨터 혁명 덕분에 첨단공학 기술이 막대한 보상을 받으면 생산율도 폭증해야 하는데, 실제로 1990년대나 1980년대나 별 변화가 없다.[55] 제임스 갤브레이스, 클로디아 골딘, 로런스 카츠 등의 경제학자에 따르면, 노동력 전체에 기술 수준을 균등 분배하는 식으로 소득을 재조정하려는 노력은 과거에도 실패했고 앞으로도 먹히지 않을 것이다.[56]

1964년 공민권법(이 법은 연방이 차별금지법을 채택하기까지 유지된다)[57]에 이르는 수십 년 동안, 경쟁 시장의 지배력도 차별적 관행을 없애지 못했다. 미국뿐만 아니라 다른 나라에서도 차별은 수 세대에 걸쳐 집요하게 살아남았다.[58] 마틴 카노이에 따르면, 흑인은 백인과의 교육 격차를 줄여나갔지만 평균 소득은 더욱 뒤로 밀려나기만 했다.[59]

불평등 격차에 대해 개인의 무능력보다 노동 차별 책임이 더 크다고 주장하는 분석가들도 있다. 매사추세츠 사회경제연구소의 제임스 L. 웨스트리치는 심각한 불평등을 수치로 보여주면서, 노동력 내에서도 계급 분화가 존재한다고 폭로한 바 있다. 예를 들어 경제 피라미드 최하층에는 여성이 많고 위로 갈수록 적어진다. 23.7퍼센트의 여성은 (저임금 및 파트타임 탓에) 소득이 1만 달러인 반면 남성은 12.8퍼센트에 그친다. 여성의 58.7퍼센트가 2만 3,000달러 이하를 벌지만, 남성은 36.3퍼센트다. 남성은 9.9퍼센트가 7만 5,000달러 이상을 버는 반면, 여성은 2.6퍼센트에 불과하다.[60]

노동부 유리천장위원회의 도널드 토마스코빅-데비의 연구에 따르면, 교육·경력·근속 연수의 차이가 임금 격차를 유발한다 해도, 여전히 그런 요소만으로는 핵심을 설명해 주지 못한다.[61] 그의 설명에 따르면, "인적 자본, 교육 투자, 개인의 숙련도 차이만으로는 성별과 3분의 1에 달하는 인종 간 소득 격차를 제대로 설명할 수 없다. 성이나 인종, 교육, 경력, 근속은 오히려 소득 불평등의 부차적 요소다."[62] 차이의 근본 원인은 바로 노동의 사회적 차별, 구조적인 저임금, 직장 내 성차별과 인종차별에 있다.[63]

토마스코빅-데비는 이렇게 말한다. "인종과 성의 차별이 개인에게만 가해지는 건 아니다. 고용 차별의 결과로서, 특정한 인종 및 성 범주와 관계있는 직업은 애초에 그에 따라 가치가 매겨지는 경향이 있다."[64] 일자리가 여성이나 소수와 연관이 있으면 대부분의 작업장에서 저임금을 제시하고 기술 훈련과 승진 기회도 줄어든다. 그는 이렇게 결론을 짓는다. "'(업무 능력과 무관하게) 질 나쁜 일자리는 여성과 소수인종 남성에게' 성 및 인종 간 소득 불평등을 낳는 가장 직접적인 원인이다."[65]

경제학자 제임스 갤브레이스는 생산하는 가치에 비례해 임금을 받는다는, 소위 수요와 공급 이론에 반기를 든다. 그에 따르면 권력, 그중에서도 시장이나 독점권력은 일반적인 수요 수준, 성장률, 그리고 실업률에 따라 변한다.[66] [⋯] 불평등은 기술 수준 차이가 아니라 차별 권력의 산물이다. 이 개념은 애덤 스미스와도 일치한다. "주인[자본가]은 보이지 않을 뿐 만물에 편재한다. 존재 이유는 단 하나, 노동자가 자신의 실제 가치 이상으로 임금을 올리지 못하게 하는 것이다."[67] 스미스는 자본의 독점권력을 향한 경향을 분명히 인지하고는 "자본가들은 툭하면 노동자의 임금을 심지어 노동자의 가치 아래로 끌어내리려 혈안이 되어 있다"라고 썼다.[68] [⋯]

마르크스주의 경제이론이라면 더 많은 것을 이해할 수 있다. 마르크스의 잉여가치론에 따르면, 이윤은 자본가의 능력에서 비롯하며 그 능력이란 노동자들이 일용품 생산에 쏟는 실제 노동력 가치보다 임금을 적게 지불하는 것을 뜻한다.[69] 따라서 이윤은 본질적으로 낮게 지불된 노동에 귀속한다. 마르크스에게 경쟁이란 이윤 추구와 다름없으며, 경쟁의 결과는 독점으로 귀결될 뿐 그 반대는 절대 아니다.[70]

마르크스주의 해석은 경제 경쟁과 노동 현장에서의 차별을

자본주의와 장애

연계한다. 경제학자 윌리엄 대리티와 패트릭 메이슨의 설명처럼, "인종차별과 성차별은 고임금 지위 경쟁에서 일부 노동자의 힘을 약화하는 데 이용된다. 요컨대 직업 내/직업 간 더 좋은 일자리에 접근할 때 지속적 차별의 주요 원인, 즉 인종·성차별이 작동한다는 뜻이다".[71] 그러므로 인종 불평등은 불평등을 야기하는 경제체제에 그 원인이 있다.[72] 장애인들도 노동시장에서 그와 유사한 차별에 직면한다. […]

신고전주의 시각으로 보면, 시장은 부를 생성하고 배분하는 효율적이고 윤리적인 수단이다. 이 이론에 따르면 임금 격차의 책임은 개인에게 있다. 노동 현장에서의 변화를 따라잡지 못하면 노동시장 기능보다 개인의 잘못이 더 크다는 뜻이다. 노동자의 생산성이 떨어지면 최저임금을 받지 못해도 결국 그의 잘못이다. 그와 반대로 유물론적 분석에 따르면, 노동시장은 사회구조이므로, 일정 집단의 소외가 발생하는 이유는 그것이 사업주 계급의 이익에 이바지하기 때문이다. […]

기업주의 반발, 노동과 이윤

미국 시민권위원회 보고서는 장애인법(ADA)을 집요하게 비판하면서 고용 규칙을 따르기 위해서는 고용주들이 너무 비싼 대가를 지불해야 한다고 주장했다.[73] 고용주가 장애인법 비용을 지불해야 한다는 이유만으로 장애인의 인권을 짓밟을 수 없는 것만은 분명한 사실이다. 한편 사업주들의 거부 반응은 체계적일 뿐 아니라, 자본주의의 풍토병으로서 노동시장 메커니즘의 병폐를 여실히 드러내고 있다. 기업 활동이야말로 장애인 고용 장벽의 원인이 경제구조 그 자체임을 보여준다. 그리고 바로 이 지점에서 기회균등 원칙은 경제적 차별을 치유하기 위한 개선책을 제시하지 못했다. [⋯]

실제든 예외든 고용주들은 직무 조정 형태로 비용이 증가하는 것에 대해 지속적으로 우려를 나타냈다.[74] [⋯] 오늘날처럼 경쟁이 치열한 분위기에서는 기업 경영인과 소유주들이 도덕적·자선적·사회적 대의명분을 이유로 자신들의 이윤을 축소하고 장애인 고용을 확대할 가능성은 거의 없다. [⋯]

시민권은 전통적으로 평등을 지향하며, 장애인과 비장애인을 동등하게 대우할 것을 요구한다. 하지만 장애인의 고용 문제에 대해, 자본주의 패러다임 내의 시민권 개념은 머릿속으로만 평등을 생각할 뿐 경제적 차별의 실상은 애써 외면하려 든다. 이 치명적인 외면 탓에 장애인법조차 고용 목표를 달성하는 데 한계를 드러낸다. 정말로 기회균등을 원한다면, (경제적 불평등을 포함해) 기울어진 운동장부터 바로 세워야 한다. 운동장을 고치고 고용주들이 저지른 경제적 차별도 보상해야 한다. 그러면 현재 장애인 건강관리에 건강보험을 보장하고(이왕이면 고용 상태와 관계없이, 장애인 우선의 보편적 건강보장 체제 내에서), 직무 조정을 지원하고, 장애인 노동자를 고용하거나 고용을 유지하는 기업도 여타의 보조금으로 후원할 수 있다. 고용주들(정부 기관 포함)이 직무 조정에 저항하면 강력하고 단호하게 처벌해야 한다. 그럴 때 비로소 장애인 노동자의 취업 향상을 돕는 보조 수단으로 기여하게 될 것이다.

보조금 기반의 접근과 시민권 기반의 접근 사이에는 이데올로기적 긴장이 존재한다. 시민권 기반은 고용주로 하여금 차별금지법에 협조하도록 강제하기 때문이다. 장애인법에 따라 고용주는 일자리와 직무 조정을 인권 차원에서 제공해야 한다.[75] 반대로 보조금은 정부(그리고 사회)의 관심이 장애인 고용에 있기 때문에 사업체의 비용을 대신 메워주는 방식이다. 장애인 인권단체와 활동가들(나를 포함해서)은 지금껏 시민권 기반의 접근방식을 선호했다. 하지만 자본주의 본유의 경제적 차별을 감안한다면? 예를 들어 장애인이 법정에서 고용 보상을 주장할 때에도 과연 시민권이 도움을 줄 수 있을까? 너무 순진한 판단이 아닐까? 법정이 경제 혁명을 일으켜 기업주들에게 직무 조정을 강제하는 게 가능할까? 핵심 쟁점을 다룰 때면 장애인들은 늘 난공불락의 난관에 부딪히기 일쑤인데? […]

연이은 패소 판결을 장애인법에 대한 자본의 반동으로 봐도 무방하다. 그것도 매우 악독한 반동이다. 법정에서는 여전히 고용주들이 승소한다. 미국변호사협회의 심신장애법위원회 보고서를 보면, 고용주들이 장애인법에 의해 부당한 취급을 받고 있다며 불평하지만, "사실을 살펴보면 실상은 정확히 그 반대다. 오히려 피고용인들이 그 법으로 부당한 취급을 당하고 있다. 법이 지나치게 전문적이고 복잡해 대체로 고용 차별 문제를 본안으로 심리하는 것조차 어렵게 만들고 있다".[76] 루스 콜커의 결론에 따르면, 법정은 사실심리 생략 판결을 남용하는 식으로 노골적으로 고용주 편을 들고 있다. 배심원들이 해야 할 판결을 판사가 내리는 것인데, 이러한 절차는 고용주에게 유리할 수밖에 없다.[77] 그 이유는 배심은 사건을 심리하지 않으며, 전통적으로 시민권에 보다 호의적이기 때문이다.[78]

콜커 외에도 이 문제를 지적한 사람은 많다.[79] 간단하게 설명하자면, 법원이 장애인의 "원고 적격"(원고로서 소송을 진행하여 본안 판결을 받을 수 있는 자격_옮긴이)을 인정하지 않고, 또 장애인에게 왜 동등한 권리를 적용해야 하는지, 왜 직무 조정이 필요한지를 이해하지 못하면, 당사자 적격(특정 소송 사건에서 정당한 당사자로서 소송을 진행하고 본안 판결을 받기에 적합한 자격. 원고 적격과 피고 적격이 이에 속한다_옮긴이) 사건은 위협을 받을 수밖에 없다.

고용주가 장애를 의심하거나 접근성 개선, 적절한 직무 조정, 노동 장벽 제거 따위를 거부하면 노동자는 당연히 큰 대가를 치러야 한다. 예를 들어 직무 조정 없이는 일을 할 수 없는데 고용주가 제공을 거절할 경우, 노동자는 업무 수행을 이행하지 못해 해고당한다.[80] 그 후 직무 조정 권리를 확보하기 위해 장기간의 법정 다툼에 들어가지만, 임금을 받지 못하면 마지막으로 의지할 곳은 장애 지원금밖에 없다. 하지만 고용주는 노동자의 장애 지원금 자격을 악용해 차별 소송을 장애인에게 불리하게 끌고 가려고 한다. 사회보장국의 장애인 정의에 따라, 노동자는 일을 할 수 없어야 지원금을 받을 자격이 있다. 고용주가 적절한 직무 조정을 제공했을 때 노동자가 계속 일할 수 있는지의 여부까지 사회보장국이 고려하지는 않는다. 고용주는 노동자의 차별 소송에 시비를 걸며 이렇게 주장하는 것이다. '노동자가 장애 지원금을 타낼 목적으로 일을 할 수 없다고 우긴다면, 어차피 일을 할 수 없으니 차별 소송은 무효다.'[81]

1999년 봄, 이 문제는 '클리블랜드 대 폴리시 매니지먼트 시스템' 사건으로 대법원에 올라갔다.[82] 원고는 장애인으로 적절한 직무 조정을 요구했으나 거절당했으며, 결국 임무를 완수하지 못했다는 이유로 직장을 잃었다. 원고는 그 후 사회보장 장애인 지원금을 신청했고, 장애인법을 준수하지 않았다는 이유로 고용주를 고발했다. 대법원은 사건 이송 명령을 보내, 장애인법의 원고가 [사회보장국에] 자신이 중증장애인으로 진술했다고 해서 그 후의 증언, 즉 해당 시기에 적절한 직무 조정이 이루어졌다면 직무 수행이 가능했다는 내용을 법적으로 무효화하는 것은 반박할 수 있는 추정이라고 판결했다.[83]

'클리블랜드 사건'에서 법원은 사회보장장애보험(SSDI) 기금을 신청하고 수령했다는 이유로 장애인법상의 권리를 추구하지 못하거나, 수혜자의 장애인법 소송을 기각할 사유가 되지 않는다고 판시했다.[84] 다만 약식재판 청구를 면하려면 장애인법의 원고는 사회보장장애보험에서 장애가 심해 일할 수 없다고 한 자신의 진술을 무시할 수 없으며, 또한 그 주장이 왜 직무 조정이 있을 경우 업무 수행이 가능하다는 장애인법 주장과 양립하는지 그 이유를 설명해야 한다고 덧붙였다. 더 나아가 대법원은 양측에게 원고의 해명을 제시하거나 반박할 기회를 주었다. 그뿐 아니라 대법원 판시, 원고는 중증장애에 대한 사회보장장애보험 진술이 직장에서 적절한 직무 조정이 노동 능력에 미치게 될 효과를 고려하지 않는 분위기에서 이루어졌다고 주장해도 좋다. 또한 그 진술이 해당 시점에는 신뢰할 수준이었다고 주장해도 무방하다.[85]

대법원의 판결은 원고의 입장을 많이 반영해 주었다. 그렇다고 노동자 해고를 막지는 않았으며 장애인 피고용인에게 유리한 판결을 보장해 주지도 않았다. 법원은 "몇몇 경우에서, 초기의 장애보험 진술이 장애인법 진술과 실제로 충돌할 가능성이 있다"라고 경고했다.[86] 이런 판결에 비추어 장애인 노동자들이 어떻게 해낼지는 앞으로 지켜볼 일이다.

클리블랜드 판결이 진일보했다면 연방 대법원은 두 걸음이나 뒷걸음질을 했다. 그다음 세 건의 장애인법 고용 사건, '서튼 대 유나이티드항공',[87] '머피 대 UPS',[88] '앨버트슨스 대 커킹버그'[89]가 그 예다. 이들 사건에서 핵심은 장애인법이 말하는 장애란 무엇인가였다. 법원은 이 세 건의 경우 법 해석을 크게 축소해, 교정 가능한 신체 한계(예를 들어 근시안이나 고혈압 등)는 장애인법의 보호를 받는 장애가 아니므로, 원고들이 그 이유로 해고되었는지 여부와 상관없이 고발 자격이 없다고 판결했다. 교정 장비나 약으로 장애를 완화할 수 있는 장애 노동자와 그렇지 못한 노동자를 구분한 것이다.

도대체 '완화'가 무슨 뜻이지? "서튼" 소송에서 반대 의견을 낸 판사들은, 그 사건의 다수 의견으로 인해, 장애인법이 보호한다고 법원이 판단한 당사자들까지 포함하는 것으로 해석될 가능성이 있다며 우려했다.[90] 스티븐스 판사는 브라이어 판사의 지원을 받으며, 다수 의견대로라면 산업재해 또는 군 복무로 팔다리를 잃은 사람들도 장애인법의 보호를 받지 못하게 된다고 지적했다. 그는 다음과 같이 덧붙였다.

"인공수족과 물리치료, 의지의 도움이 뒷받침해 준다 해도, 이들 중증장애인들은 기껏 소파에 누워 TV를 보는 정도의 일상생활을 영위할 것이다. 장애인법이 그저 현재의 사회 참여 능력에만 관심을 둔다면, 이들 개인의 신체적 결함은 장애로 여겨지지 않을 수 있다. [그리고] 이들 상당수는 인공수족 때문에 차별을 받더라도 법적 보호를 받지 못할 수도 있다."[91]

반대 진영에서는 법원이 오히려 장애인법의 안전장치를 "제거"했다며 비난했다. "특정 방식을 채용하여 신체적·정신적 한계를 극복할 수 있다면 개인은 고용 기회를 늘릴 수 있다"라는 점에서 말이다.

실제로 '서튼 사건'의 다수 의견대로라면, 노동자들은 미래의 고용주-노동자 갈등에 대처하기가 쉽지 않다. 명상, 휠체어, 인공기관, 보청기, 인슐린 등으로 교정이 가능하다는 이유로 장애인 자격을 잃는다면 어떻게 합리적인 직무 조정을 기대할 수 있겠는가. 직무 조정 자체가 장애인으로 판정받아야 가능한데? 하지만 고용주들은 직무 조정은 뒷전에 두고 '비장애인' 노동자의 일처리 미숙을 이유로 계속 해고할 것이다. 이뿐만 아니라, 장애 정도가 미미해 장애인법의 보호를 받지 못한다 해도 고용주는 노동자가 장애가 심해 직무 수행이 불가능하다고 판단할 수 있다. 따라서 판결은 장애인법 소송 원고들에게는 딜레마일 수밖에 없다. 고발할 정도로 장애가 심하면 일을 할 수 없다. 고용주는 장애인 노동자를 해고하고 장애인법은 그 법이 보호해야 할 노동자들을 쉽게 외면한다. 일을 할 수 있으면 고발할 이유가 없기 때문이다.

상공회의소 소송지원센터는 그 판결을 "고용주와 산업 공동체의 기막힌 승소"[92]라고 불렀다. 산업체들은 법정에 의견서를 제출하면서 "이번 판결이 소송 당사자들의 직접적인 이해관계를 넘어 미치게 될 충격"[93]을 고민해 보라고 법원에 촉구하기까지 했다. 전미제조업협회는 다음과 같이 말했다. "지난해의 성추행처럼, 올해는 장애 차별이 대법원의 심리 예정표에 오른 주요 사법 사건이다. 약이나 교정 렌즈로 일상생활이 가능한 사람들에게까지, 제조업자들이 피해보상(징벌적 피해보상 포함)을 하

자본주의와 장애

도록 강제해서는 안 된다."[94] 전미트럭협회와 평등고용자문위원회The Equal Employment Advisory Council(315여 개 대기업으로 구성된 비영리 단체) 역시 의견서에 이름을 올렸다.

이 위기의 시기에 정부가 적극적으로 개입할 필요가 있다. 장애인 노동자들에게 보다 나은 결과를 가져올 수도 있다. 현재 정부의 건강관리 지원, 직무 조정 비용 등 여타 비용만으로도 장애인을 고용하거나 고용을 유지할 경우, 고용주의 추가 비용 문제를 해소해 줄 수 있다. 개입이 적절하면 장애인의 부담도 덜게 된다. 그렇지 못할 경우, 법정에서 다투어야 하는데, 법원은 장애인의 권리에 지극히 적대적이며, '장애인 평등권'을 사업주가 부당하게 지불해야 하는 비용 정도로 여기고 있다.

하지만 이런 제안들이 성공하려면 두 가지 선결조건이 있다. 첫째, 그런 식의 개혁은 임시방편으로 장애인의 일자리를 만들 수 있지만 (다음 단계가 보여주듯) 그것만으로는 정치경제 전반에 걸친 장애인 실업에 큰 영향을 미치기 어렵다. 둘째, 보조금은 노동력 내부의 독단과 분열을 가속화할 위험이 크다. [⋯]

일자리 불안과 고정 파이 증후군

1998년 러트거스대학의 하이드리히 노동력개발센터와 코네티컷대학의 서베이 리서치&분석센터가 공동 연구한 전국 분기별 조사에 따르면, 응답자의 59퍼센트가 현재 근무 중인 사람들의 일자리가 "매우 염려스럽다"라고 답했으며,[95] 28퍼센트는 "다소 염려스럽다"라고 답했다.[96]

미국의 직업 경향 조사를 보면 노동자들의 염려에는 이유가 있었다. 과거에는 장기 고용, 정기적인 임금 인상, 상여금, 안정적인 일자리를 약속했지만 더 이상은 아니다. 1990년대 들어 직장이 흔들리면서 '장기 고용' 노동자(근속 기간이 10년 이상) 비중도 1979년 41퍼센트에서 1996년에는 35.4퍼센트로 떨어졌다. 이는 1980년대 말 이후 가장 큰 낙폭이었다.[97] 기업 합병과 구조조정이 일자리 축소와 직장 폐쇄로 이어졌는데, 그로 인해 1990~1995년 사이 미국 노동자의 약 30퍼센트가 직장을 잃었다.[98] […]

불완전 고용은 노동시장에서 넓은 의미의 취업 실패를 뜻한다. 불완전 고용 비율은 1995년 10.1퍼센트 수준에서 오락가락했는데,[99] 일부 경제학자는 이를 매우 위험한 수치로 보았다. 이는 풀타임 직장을 구하지 못한 파트타임 노동자와, 일자리를 원하지만 반복된 실패로 낙담한 '구직 포기자'를 뜻하기 때문이다. 이들은 결국 노동력에서 제거되고 실업률 통계에도 잡히지 않는다.

일자리 불안을 이해하려면, 해고된 노동자가 처하게 되는 현실을 살펴볼 필요가 있다. 우선 새 직장을 구하기가 어렵다. 실직 후 1년에서 3년 사이의 노동자를 면담했더니 3분의 1 이상이 여전히 실업 상태였다.[100] 그리고 과거의 임금을 회복하기가 거의 불가능하다. 직장을 얻기 위해 노동자들은 보통 예전 임금의 13퍼센트 정도를 희생해야 했다.[101] 부업을 두세 가지 뛰면서 부족분을 충당하기도 했다. 1995년 790만 명의 사람들이 두 가지 이상의 일을 했다.[102]

1990년대 '불완전' 고용이 증가했다. 1997년 30퍼센트에 가까운 노동자들이 비정규직으로 고용되었다. 독립계약 등 자기 고용 형태로 임시 파견 노동 또는 날품팔이 일을 하는 것이다.[103] 임시 파견 노동자의 수는 1989년 1.3퍼센트에서 1997년 2.4퍼센트로 뛰었다.[104] 대개의 경우 임시 노동자는 비슷한 능력과 배경을 가진 정규 풀타임 노동자보다 임금이 적으며 대체로 의료보험이나 연금 혜택도 받지 못한다.[105]

실직자들은 재취업 불안이 커지고 경력과 임금 기대치는 낮아지며 미래의 삶에도 자신이 없어진다. 그런 식의 경제 경향은 직업 간의 긴장과도 관계가 있다. 경제 상황이 악화되고 자원 경쟁까지 치열해지면서 직업 간 불화와 분열이 증가하기 때문이다.[106] 일자리 불안은 결핍 감정scarcity mentality, 다시 말해 '나에게까지 돌아올 일자리가 없다'라는 생각으로 전이할 수 있다.

차별금지법 때문에 고용주가 장애인을 고용할 의무는 없다 해도, 일자리를 찾는 장애인(780만 명 정도), 사회보장 직장 복귀 프로그램을 통해 잠재적으로 공공부조가 끊기는 장애인들이 새로운 경쟁 집단이 되어 노동시장에 합류하게 된다. 공공복지

반발과 구조적 불평등

에서 일터로 복귀하는 여성들[107]의 입지도 크게 다르지 않다. 잉여 인구에서 일터로 자리 이동하는 잠재적 노동자이거나 교육을 받지 못한 노동력인 것이다.[108]

1996년, 개인 책임 및 노동 기회 조정법[109]은 연방의 사회보장 계획을 끝내고 '복지에서 일자리로welfare-to-work'를 복지정책의 기본 목표로 설정하지만 머지않아 역풍을 맞게 된다. 복지개혁은 결국 제로섬 게임이다. 요컨대 미국 자본주의 체제에서 누군가 혜택을 받으면 누군가는 피해를 봐야 한다. 빼앗는 자가 있으면 빼앗기는 자도 있는 법, 누군가 직장을 얻으면 쫓겨나는 사람도 있다. 마르크스 부류의 진보이론에 따르면, 고용주들은 의도적으로 인종 갈등을 악용하여, 노동자들을 분열시키고 이윤을 착복하고 최저임금을 끌어내린다.[110]

복지개혁이 실행되고 2년 후, 실직과 노동력 착취가 위력을 발하기 시작했다. 존 제터의 기사를 보면, 복지가 끊긴 여성들이 '고용 보조금' 정책하에서 다른 저임금 노동자들과 경쟁하며 서로 실직으로 내몰고 있다.[111] 이 정책은 정부가 기업에 돈을 주고 최저임금으로 노동자를 고용하게 하는 구조다. 볼티모어의 옴니이너하버 호텔을 예로 들면, 사회복지사들이 직업이 없는 여성 열세 명을 고용 지원 직장에 넣었다. 여성들은 90일간의 수습기간 내내 일주일에 5일, 하루 8시간 내내 쓸고 닦고 청소를 했다. 시급 6달러 10센트를 받는 전문 도우미들과 하는 일은 똑같았지만 그 대가로 정부 복지기금에서 한 달에 410달

러, 옴니이너 호텔에서 주급 30달러를 받았다. 물론 그 차액은 호텔이 챙겼다.[112]

제터에 따르면, 고용 지원 노동자들의 유입은 호텔의 동료 노동자들과 갈등을 키워, 정규 저임금 노동자 300명이 노동조합을 결성하기도 했다.[113] 벨보이, 객실 청소부, 도어맨, 주방 노동자들이 임금과 복지를 위해 직접 나선 것이다. 동료 노동자들에게 이중의 위협이 가해진 셈이다. 고용 지원 노동자들이 정규 노동자들의 임금을 끌어내리고, 조합의 목표(더 높은 임금과 복지)를 훼손할 뿐 아니라, 더 나아가 고용주가 고용 지원 수혜자들을 고용하고 기존의 직원들을 해고하려 하기 때문이다.[114] '복지에서 일자리로' 프로그램은 메릴랜드뿐 아니라 전국의 가난한 노동자들 사이의 불편한 공존에 불확실성을 더했다. 그들 역시 더 값싼 노동력에 일자리를 빼앗길까 봐 두려워한다.

복지 지지자 로라 리비에라Laura Riviera는 위스콘신 고용 지원 프로그램의 고용 효과를 설명하면서 클린턴 행정부에 복지개혁 모델을 요구했다. "여성들은 다른 피고용인에게 W-2('복지에서 일자리로' 프로그램) 참가자로 소개된다. 공짜 노동 탓에 기존 노동자들은 위협을 느낄 수밖에 없다. 따라서 W-2가 아무리 노력해도 기존 인력과 좋은 관계를 맺기는 불가능에 가깝다."[115]

리비에라는 직장에 다니면서도 복지개혁의 도움이 있어야 겨우 생계를 유지할 수 있는 여성들의 얘기도 들려주었다. "정부가 제공한 값싼 노동력 때문에 직장에서 쫓겨난 사람들이다.

그런데 이제 그들이 W-2 프로그램에 들어가 있다."[116]

그와 유사한 실직 현상이 뉴욕시의 노동 복지workfare(빈곤층이나 취약 계층이 생산활동에 참여하여 근로소득을 받도록 유도하는 복지정책_옮긴이) 보조금 프로그램에서도 발생했다. 수혜자는 미리 정해진 임금을 받고 사회복지사가 할당한 '자원봉사' 일을 수행했다. 스티븐 그린하우스가 50여 명의 복지 연계 노동자들을 면담하고 20여 곳의 일터를 방문해 본 결과, 복지 연계 노동자들이 시청 소속 노동자들의 일자리를 빼앗고 있었다.[117] 그의 보고는 다음과 같다.

시는 대행사들의 정규 노동력을 대폭 줄이고 대신 복지 연계 노동자의 수를 확대했다. 데이비드 N. 딘킨스 시장 재직 당시 위생국의 노동력은 1990년 8,296명에서 1994년 7,528명으로 줄었으며, 줄리아니 시장이 취임한 뒤에는 16퍼센트 더 줄여 6,327명이 되었다. 최근 위생국은 5,000명 이상의 복지 연계 노동자들을 채용했다. 그들은 밝은 오렌지색 조끼를 입고 길거리를 청소하는 등 온갖 허드렛일을 하고 있다.[118]

그린하우스에 따르면, 복지 연계 노동자들은 예전에 시청 소속 노동자들이 해오던 업무를 주로 담당한다. 직업체험 프로그램에 참여한 3만 4,100명이 도시의 저임금 노동을 담당하는데 그중 상당량이 시청 소속 노동자들의 몫이었다. 줄리아니 시장은 노동자 약 2만 명의 임금을 10퍼센트 가까이 삭감했다.[119]

존 제터도《워싱턴포스트》에 비슷한 기사를 쓴 바 있다. 볼

자본주의와 장애

티모어의 패터슨고등학교는 그동안 건물 청소를 담당해 오던 용역회사와의 계약 갱신을 포기하고 복지 연계 노동자들을 구하는 중이다. 물론 "비용이 덜 들기 때문"[120]이다. 앨라배마의 직업훈련 프로그램에서도 노동 복지 대상자들을 요구한 뒤, 몽고메리 인근의 조면기 공장 콘티넨털이글 같은 회사에 보내 4개월 이상 공짜로 부려먹고 있다.[121]

노동 복지의 예는 얼마든지 있다. 뉴욕시 줄리아니 행정부는 노동 복지를 노숙자 보호소까지 확대할 계획이다. 뉴욕시의 노숙자 보호소에 의존하는 4,600가구와 7,000명의 독거인을 보호하는 조건으로 노동 복지 등의 요구사항을 내건 것이다.[122]

복지개혁이 복지 수혜자를 일터로 내보내면, 연방과 시는 복지 비용을 줄이고 참여 기업들은 수익률을 높인다. 장기적으로나 단기적으로, 저임금 노동력을 확보해 임금을 낮추고 기업 이윤을 높이는 것이다. 물론 정부의 국고에도 득이 된다. 정규 노동자의 임금을 깎아 용역 예산을 줄이고 잉여를 챙길 수 있기 때문이다. 가장 가난한 사람들을 이용해 이룬 사악한 성과다.[123] [⋯]

기사 대부분이 통계에 잡히지 않는 인력에 초점을 맞추며 복지개혁의 초반 성과를 부풀리는 한편, 국가와 지역 관료들 사이에서는 수혜자 모두에게 일자리를 주는 계획이 비현실적이라는 인식이 커지고 있다. [⋯]

일단 복지에서 내몰린 여성들에게 맡길 최저임금 일자리가 많지 않다. 일자리를 원하거나 공공복지에서 일터로 이동하는 장애인들의 사정도 다르지 않다. 복지개혁 경험으로 깨달았듯, 산업체를 지원할수록 동료 노동자들과의 갈등은 커져만 간다. 하지만 장애와 고용의 경우, 적절한 직무 조정과 건강관리가 뒷받침되면 기업 본유의 경제적 차별을 해소하는 데 큰 도움이 될 수 있다. 부양아동가족부조(AFDC)의 여성들이 일자리 경쟁과 일자리 불안을 악화하듯이, 장애인 구직자들도 기존 노동자들의 반감을 살 수 있다. 장애인 노동자에게 주는 보조금 때문에 자신들의 입지가 위협받는다고 여기기 때문이다.

장애인 상당수가 (고등교육의 기회가 적은 탓에) W-2 수혜자처럼 저임금 노동력에 편입되더라도, 세계 경제를 살펴보면 전통적인 식자층 역시 일자리 불안을 피하지 못하는 듯하다. 변화는 엘리트 노동자의 실직 빈도에서 확인할 수 있다. 대통령 직속의 경제자문위원회에 따르면, "심층 분석해 본 결과 실업률은 식자층에서도 증가하고 있다. [⋯] 블루칼라나 무교육 노동자의 경우 여전히 다른 계층보다 해고될 가능성이 높지만 과거 실직 위협에서 자유로웠던 노동자들의 실직률이 증가한 것도 사실이다".[124]

경제학자들도 그런 경향을 감지하고 있다. 신자유주의 정책으로 자유시장 질서를 강조하고 노동자 풀을 확대하려는 한, 노동자들은 실직에서 자유롭지 못하다. 앤 콜라모스카와 윌리엄 울먼 등의 경제학자가 지적했듯, 세계화 덕분에 숙련 노동자들이 급속히 전 세계로 퍼져 나가면서 "미국 노동자들과 치열한 경쟁을 치러야 하는 환경"[125]이 만들어졌다. 게다가 금융시장의 세계화 탓에, 고용주들이 지구 끄트머리에서 값싼 노동력을 찾아 최저임금을 더욱 끌어내리고 있다. 그에 따라 미국 노동자의 임금도 쪼그라들었다. "자본이 저임금 지역으로 이동하면서, 선진국도 자본을 지키기 위해 임금을 얼마나 낮추느냐를 고심하고 있다."[126]

요약과 미해결 과제들

부분적으로 장애인법에 대한 반발은 우리 경제체제의 기획에 그 뿌리가 있다. 차별금지법에도 불구하고 임금, 소득, 고용기회의 차별이 노동시장에서 근절되지 않고 있다. 사적인 편견과 차별행위에 맞서기 위해 여전히 시민권이 필요하지만, 지금으로서는 실직, 소득, 임금 불평등을 사회 전반에 걸쳐 마구 퍼뜨릴 뿐이다. 만인이 동등한 교육과 직업훈련을 받고, 시민권을 완전히 보장받는다고 해도, 자본주의 체제에서는 수백만의 인구는 실직과 불완전 고용으로 허덕일 수밖에 없다. 차별금지법으로도 고용 격차를 메울 수 없으며 개인의 권리만으로는 경제구조가 만들어 낸 차별의 뿌리에 결코 닿지 못한다. 물론 시장도 민권법도 불평등의 구조를 바로잡거나 그 재생산을 막지 못

한다. […]

　반발을 효과적으로 막으려면 사회관계의 본질을 들여다보아야 한다.[127] 노동이란 무엇인가? 누가 노동을 통제하는가? 노동의 목적은 무엇인가? 노동을 통제하는 주체가 연방준비제도이고 투자자가 월스트리트인 세상이다. 그들은 체제를 모두에게 이롭게 만들려 하지 않고 사람들의 고혈을 짜내 높은 이윤으로 바꾸려고 한다. 따라서 우리는 패러다임 자체에 문제를 제기해야 한다. 경제가 왜 존재하는지 따져 물어야 한다. 시장 중심의 이윤을 지원하기 위해서? 아니면 공동체 유대를 다지고 인간의 참여를 고양하기 위해서?

　세계 경제에서 노동자들이 일자리를 잃을수록 저항은 거세질 것이다.[128] 저항을 피하려면 경제가 사람을 위해 움직여야 한다. 경제가 가치가 있다는, 근본적이고 진보적인 원칙을 재확인할 필요가 있다. 경제는 만인의 건강관리와 기본 임금과 안전한 생계와 소득을 보장해야 한다. '완전고용'을 자유주의적으로 정의하면서 인구의 3퍼센트를 고용에서 배제한다는 논리를 어떻게 참아야 한단 말인가?[129] 민간기업이 실업을 '정상적인' 자본주의 체제의 일부로 보는 한(자본주의는 임금과 인플레이션을 낮추고, 실업을 필연적인 것으로 만든다), 우리는 민간기업에 대항해 누구나 생계를 유지할 기본권(생활임금을 보장하는 완전고용과 장애인 중심의 보편적 건강관리)을 갖고 있음을 정부가 확실하게 인지할 것을, 바로 그것을 우리 경제정책의 시금석으로 삼을 것을 요구해야 한다.

완전고용을 이루려면 경제를 재구성해 유용하고 생산적이고 보람된 유급 고용이나 자기고용 기회 중 모든 국민이 자유롭게 선택하도록 허용해야 한다. 기본 임금을 최저생활 수준에 맞추고, 장애인이든 비장애인 노동자든 임금이 그 아래로 떨어지지 않도록 해야 한다.

산업체에서 고용을 기피하는 장애인이라도 당연히 공동체에서 생산활동을 하고 싶어 한다. 배제된 사람들을 더 많이 일터로 데려오려면, 자본주의의 이윤 동기 너머까지 노동 환경을 확대하고, 연방과 주정부도 최후의 고용주로 남아 통제해야 한다. 그뿐 아니라, 유급 일자리를 찾지 못하는 사람에 대해서도 정부의 사회보장 프로그램으로 적절한 생계를 보장해야 하며, 그 기준도 사회의 부 및 생산성과 정비례하여 인상해야 한다.

권력 문제

그레고리 만치오스의 글을 인용해 본다.

미국의 계급구조는 경제체제, 즉 자본주의의 산물이다. 자본주의는 공공 소유와 영리사업 통제가 아니라, 사적 소유에 기초하며, 소유하고 통제하는 집단과 그렇지 못한 집단 간의 계층 분화에 뿌리를 둔다. 자본주의 체제에서 이들 기업의 관리

는 소유주의 이윤 생산 필요에 따라 작동하며 공공의 요구는 무시된다.[130]

불평등을 추적해 들어가면 경제체제[131]는 물론, 사적 이해와 정부의 상호작용을 만나게 된다. 자유주의적 접근법은 정부에게 지속적인 완전고용, 최저임금 인상, 금리 인하, 물가 안정 등을 요구하는 식으로 변화를 모색하며, 이런 통제 수단들이 자본주의의 근간을 건드리지 않고 가능하다는 허구에 매달린다. 하지만 계급권력 관계는 그런 긍정적 결과를 실현하는 데 심각한 장애일 수밖에 없다.

아무리 민주사회라도 정치권력과 금융정책, 부의 불평등 관계를 따질 필요가 있다. 이들 이론가들은 (진보적이든 자유주의적이든) 정부가 불평등을 억제하는 데 실패하면서 노동 세력이 약화됐다고 지적한다. 사적 자본을 통제해야 할 의무를 방기했다는 것이다. 노동자의 퇴화는 기업 인수·합병의 시대에 발생하며 투기자본이 불을 지핀다. 자본이 정부를 통제하므로 아무런 통제를 받지 않는다.[132] 사적 자본이 정부에 미치는 엄청난 권력은 장애인법에 대한 기업의 반발로도 충분히 증명된 바 있다. 연방준비제도의 인플레이션 관리는 기본적으로 월스트리트를 위해 존재하며, 보험산업은 보편적 건강관리 프로그램을 막기 위해 수백만 달러를 쏟아붓는다. 1996년 클린턴 대통령이 복지개혁법을 인준했을 때도 그들은 법안 통과뿐 아니라 그 내용까

자본주의와 장애

지 집요하게 물고 늘어졌다.

수백 년 동안 자본주의 체제를 겪었건만 우리 사회는 여전히 지속적인 완전고용을 허용할 기미가 없다. 역사를 돌이켜 보아도, 방해자는 당연히 의사결정 계급이다. 1940년대, 미국은 실업률이 1퍼센트로 역사상 최저였지만 곧바로 매카시즘이 치고 들어왔다. 공평한 분배가 공산주의 이념이라며 조직적으로 저항한 것이다. 1970년대에는 임금과 생계 기준이 추락하고 동시에 노조의 힘이 쇠퇴했다.[133] 경제학자 미하우 칼레키에 따르면, 이윤을 늘리려면 자본계급은 독재를 하고 노동의 힘을 꺾어야 한다.[134] 정부가 완전고용을 추구한다 해도 자본주의 체제에서는 결국 노동계급의 궤멸로 끝나고 만다. '안정'을 회복하고 노동자의 경제생활을 통제할 필요가 있기 때문이다.

자본주의의 방식으로는(보수적인 자유시장 옹호자든 복지 자유주의자든) 수백만 장애인들이 직면한 차별에 대응하지 못한다. 노동 현장의 차별과 맞서 싸우려면 현재의 체계적이고 만성적인 경제 불평등이 어떻게 가능한지 이해해야 하지만 현실은 그 반대다. 장애인들이 법의 보호를 받으며 노동력에 편입될 가능성은 거의 없다. 실업률이 낮고 기업의 구조조정과 시장 세계화가 절정에 달할 때 장애인들도 경제 평등을 기대한다. 하지만 기업들은 경제 상황이 좋을 때는 법적·정치적 타당성, 일터와 시장의 효율성을 내세우며 노동자를 차별한다. 결국 분배 정의를 위한 우리의 투쟁은 험난하기만 하다.

제6장

장애인 권리운동도 하지 못하는 일

서론

장애인법(ADA)이 제정된 지 10년, 영국 장애인 차별금지법 시행 이후 5년이 지났으니, 더 거대해진 정치경제 상황에 대항해 민권법상의 고용 난맥상을 실험할 적기라고 할 수 있다. 미국의 장애인 고용 현실과 관련해 그 구조적 문제들을 상세히 짚어보려 한다.

장애인 민권법이 장애인 고용 확대에 전혀 힘을 쓰지 못한다는 건 이제 명백해졌다. 경제가 크게 성장하고(장애인 고용 확대를 위한 최적의 시나리오), 지난 9년간 장애인법의 고용 규정이 효력을 발휘한 동안, 전국의 공식 총 실업률이 낮았음에도 불구하고

(4~5퍼센트), 노동 적령기 장애인의 실업률은 70퍼센트를 오르내리는 만성적 상태에서 거의 헤어나지 못했다.[1] [...]

최근 연구에 따르면, 지난 7년간(1992~1998) 경제가 꾸준히 성장하고 새로운 일자리가 크게 늘어나고, 임금이 인상되었음에도 불구하고 장애인과 여성의 고용률은 계속 추락해, 1998년에는 1992년 수준을 밑돌았다.[2] 《보스턴 글로브》의 머리기사 「진입과 닫힌 문: 연방법에도 불구하고 장애인 실업자가 늘고 있다」에서 보듯, 1998년 노동 적령기의 장애인 71퍼센트가 실직 상태이며, 연구를 처음 시작한 1986년에 비해서도 5퍼센트 높았다(해리스 여론조사소 인용).[3]

1990년대 경제 팽창기에 장애인법 고용 규정의 효력이 정점일 당시의 자료가 그렇다. 도대체 무슨 일이 있었던 걸까? 의회 조사국에 따르면, 18세에서 64세까지 일할 수 있다고 보고한 장애인 중에서 고용 상태에 있는 사람은 1992년 70.2퍼센트에서 1996년 72.3퍼센트로 소폭 증가했다. 같은 기간, 노동 적령기의 비장애인 중 직장이 있는 사람은 78.5퍼센트에서 80.5퍼센트로 늘었다. 장애인의 취업 기대치가 비장애인 수준으로 향상되었음에도 고용률의 격차는 줄지 않았다는 얘기다. 연구의 저자인 린다 러빈의 결론을 들어보자. "장애인법은 1990년대 중반 내내 노동 적령기의 장애인 고용 상황에 추가 조치를 전혀 취하지 않았다."[4]

미국의 장애인 권리운동(DRM)은 대체로 장애인을 소수집단으로 자리매김하게 했다. 이는 다수의 공민권 지위를 인정하지 않는다는 뜻으로 장애인에게는 오히려 실이었다.[5] 장애인 권리운동은 또한 장애인 실업의 원인을 고용주의 차별에서, 물리적 장애를 노동 환경에서 찾으려 했다. 그에 따라 '기회균등^{equal} opportunity'이라는 자유주의 이념으로 개인의 법적 권리와 배상을 모색하고, 장애인의 노동력 배제를 개선하려 했다. 말인즉슨, 근본적으로 일자리에 대한 진입권이 모두에게 동등한 것은 아니라는 의미다.

1990년 장애인법[6]은 고용 차별을 종식하기 위한 기획이자 노동자를 위한 경제법안으로 장애인의 임금과 고용을 개선하는 데 목적이 있다. "장애인 개인과 관련해 국가의 적절한 목표는 […] 경제적 자립을 보장하는 데 있다. 차별은 […] 의존과 비생산성에서 비롯하는 비용으로 수십억 달러가 불필요하게 들어간다"[7]라는 게 법안의 취지였다. 장애인법은 헌법과 법규 제정을 통해 장애에 근거한 차별을 금지하며, 취업 시장에서 장애인 지원자를 위해 "기울어진 운동장"을 바로잡고, 또한 고용주가 장애인을 고용하도록 유도한다. 노동기반의 장애인 차별이 발생할 경우 법원과 고용기회균등위원회(EEOC)를 통해 고용주는 장애인에게 배상해야 한다.

하지만 학자와 분석가들도 인정하다시피, 시민권 제안자로서의 법원은 장애인법을 원래 취지대로 집행하는 데 실패했으며, 고용기회균등위원회 역시 의욕이 부족했다. 예를 들어 미

자본주의와 장애

국변호사협회의 심신장애법위원회 연구 자료를 보아도 장애인 노동자들이 차별 관련 소송에서 승소한 비율은 극히 낮았다.[8] 1992~1998년 사이 장애인법 고용 관련 1,200건의 소송 중에서 장애인 노동자들이 이긴 경우는 8퍼센트에 불과했다. 반면 2000년까지 고용주의 승소율은 95퍼센트에 달했다. 오하이오 주립대학 법대 교수 루스 콜커의 연구 결과도 비슷하다. 장애인법의 고용 차별 사건 중 고용주는 예심에서 93퍼센트 이상, 항소심에서 84퍼센트의 승소율을 기록했다.[9]

지금껏 장애인 원고들은 핵심 사안마다 패소의 늪에 빠져야 했다. 미국 시민권위원회의 판단에 따르면, 장애 전문가들은 종종 법원과 행정부의 갈등을 고용법의 해석 차이로 돌렸다.[10] 매슈 딜러 교수가 보기에도, 원고 적격 사건이 종종 터무니없는 이유로 좌절을 겪고 있으며(예를 들어 법이라는 미명하에 장애가 '장애'로 인정받지 못하는 경우), 법원은 장애에 한정된 개념으로서의 평등권과 합리적 직무 조정을 이해하지도 수용하지도 못했다.[11] 장애권리교육 및 방어기금(DREDF)의 변호사 알린 메이어슨은 "장애인법 판례가 법 자체를 지나치게 기술적, 비논리적으로 대변하며 그 때문에 판례까지 혼란스러운 경향을 보인다"라고 지적한 바 있다.[12] 장애인법 초안 작성에 참여한 로버트 버그도프 또한 "법 해석이 한참 엉뚱한 길로 빠져들었다"라고 결론을 내렸다.[13] 버그도프의 지적에 따르면, 재판 경향 자체가 장애인법 소송 원고를 정당한 권리가 아니라 '특혜'나 특별대우를 요구하는 사람들로 규정한다.[14] 보니 터커는 시민권 패러다임이 장애인 평등권과 맞물릴 경우 본질적인 결함을 드러낸다고 진단했다. 판사들이 합리적인 직무 조정 조항 자체를 '특별한' 요구로 보는 경향이 있다는 것이다. 요컨대 전형적인 시민권 개념을 확대해석해, 평등권 규정을 빌미로 장애인 권리의 합법성에 제동을 걸고 있다는 뜻이다.[15]

그 결과를 설명하기 위해 기업의 이윤과 정치와 정책, 경제의 관계를 실험해 보기로 했다. 빅터 핑클스타인, 마이클 올리버, 콜린 반스, 폴 애벌레이, 니르말라 에레벨레스, 레너드 데이비스, 브렌던 글리슨 같은 장애학자들은 자본주의 체제, 특히 노동의 상품화가 장애인의 경제 개선에 지대한 걸림돌이라는 입장을 더욱 발전시켰다. 어니스트 만델은 마르크스의 절대빈곤 이론으로 돌아가, 자본주의가 실업자, 노인, 장애인, 병자 등의 무산계급을 "생산과정에서 내몬다"라는 마르크스의 견해를 인용하기도 했다.[16] 마르크스는 이들 집단이 바로 저항계급이며 "임금노동의 상흔을 간직하고 있다"라고 묘사했다. 만델의 말처럼 "이런 분석은 오늘날의 '복지 자본주의' 체제에서조차 큰 가치가 있다."[17]

다른 사람들은 자본주의와 장애의 관계를 들여다보았지만 나의 목적은 현대 자본주의가 어떤 식으로 이 체제를 영속화하는지 고발하는 데 있다. 그것도 장애인들이 미국 노동력으로 자리매김하기 위해 투쟁하는 와중에 그렇다. 자본주의는 체계적

자본주의와 장애

으로 장애인을 차별해 왔으며 장애인법은 그 사실을 제대로 다루지도 해결하지도 못했다(이 문제는 다시 언급할 것이다). 또한 장애인법의 소송 패배가 자본가들의 술책 탓이며 이는 신자유주의 시대에 더욱 강력해졌음을 토로한 바 있다. 보수 세력은 '자유방임주의'를 정치적으로 보다 공고히 했으며, 기업 활동을 위축시키는 것으로 보이는 규제들을 가차 없이 공격해 무너뜨렸다.[18] […]

이들 세력이 여전히 건재하다는 최근 증거를 보자. 대법원은 개럿, 서튼, 머피, 앨버트슨스의 장애인 고용 판결로 장애인법을 무력화했다. 키멜 대 플로리다 판결에서도 장애인법을 저격하고, 미국 대 모리슨 사건으로 여성폭력방지법을 짓밟았다.

민권운동의 선구자 마틴 루서 킹 주니어는 1950~1960년대에 활동가로 헌신한 끝에야 겨우 자유주의적 견해를 극복할 수 있었다. 민권법 제정으로 흑인의 경제 정의가 가능하다고 믿었지만, 그 법이야말로 불법적으로 인종에 따른 고용 차별을 하도록 만들어졌다. 시민권으로는 (경제 호황일 때조차) 흑인의 대량실업 문제를 해결할 수 없었다.

1967년 킹은 남부 기독교 지도자 회의 대회에 참석해 다음과 같이 호소했다.

"미국 사회를 통째로 재건하는 문제를 고민해 보죠. 이곳에 가난한 사람이 무려 4,000만입니다. 언젠가는 이렇게 물어야 하지 않겠습니까? 미국에 가난한 사람이 왜 4,000만 명이나 될까? 그리고 그 질문을 던지기 시작하면 경제체제에 대해서도 생각하게 될 겁니다. 어떻게 해야 부를 더 공평하게 분배할 수 있을까? 이런 질문을 던지다 보면 우린 자본주의 경제에 물음표를 달게 될 것입니다…."[19]

킹에게 자본주의 경제에서 일자리 창출 문제는 정의를 위한 투쟁에서도 핵심에 속한다. "우리에게는 경제의 권리장전이 필요합니다. 일하고 싶고 일할 수 있는 모든 사람에게 일자리를 제공해야 합니다…."[20] 1964년 공민권법이 제정된 지 40년이 지났지만 경제적 권리는 쏙 빠진 채였고 흑인의 실업률은 전국 평균(4.2퍼센트)보다 두 배나 높았다(8퍼센트). 민권법 이후 소수집단 우대정책 조치를 발효해 고용을 촉진하고 과거의 인종차별을 치유하려고 했음에도 그렇다. 장애인법조차 장애인의 소수집단 우대정책 조치를 강제하지 않았으니 장애인의 시민권이 그보다 더 나으리라고 볼 이유는 전혀 없다.

실제로 시민권은 기본적으로 태도와 편견에 초점을 둔 터라, 경제구조와 권력관계가 장애인의 고용을 어떻게 막는지에는 별 관심이 없다. 이 글은 고용을 위한 자유주의적 '기회균등' 접근방식의 단점을 고발할 것이다. […] 계급 이해는 기업 회계의 제도적 활용과 그에 따른 강제 실업을 통해 노동 현장에서 장애인을 영구히 퇴출하려고 한다. 만일 장애를 자본주의 사회의 경제적 착취구조가 빚어낸 결과로 규정한다면 […] 차별금지법 제정만으로 장애인의 실업 문제를 해결하지 못한다는 것도 자명해진다. 계급기반의 (불평등) 사회에서 기회균등을 주장하는 것 자체가 어불성설이라는 것을 깨닫지 못한 탓이다. 자유주의적 권리 모델은 오히려 장애인 고용 배제와 불평등의 중심에 있는 권력관계를 비판하지 못하도록 기능할 뿐이다. 이 글은 바로 그 비판을 제공할 것이다.

정치경제의 개입

정치경제는 300년 가까이 회자되는 개념으로, 국정의 정치와 경제 관계를 표현한다. 경제와 관련해 자유주의자들은 현 체제가 기본적으로 정당하다고 믿는다. 그들에게 불공정과 실업, 저임금, 불평등, 빈곤은 기껏해야 자애로운 경제체제를 운용하는 과정에서 나온 예기치 못한 부작용일 뿐이다. 따라서 전반적인 불평등도 입법이나 '시장의 실패'를 조정하기 위한 여타의 조치를 통해 바로잡을 수 있다. 미국 같은 국가들에서 장애인 권리운동(DRM)은 대체로 자유시장 이데올로기라는 바탕 위에서 전개되었다. 장애인도 기존 노동시장에서 동등한 대우를 받을 자격이 있다는 식으로 정의 논쟁의 틀에 갇힌 것이다.[21] 대조적으로 좌파 정치경제는 그 법들을 물적 축재 시스템의 재생산과 확대에 바탕을 둔, 온갖 해악의 근원으로 여겼다. 급진 경제학자들은 경제체제 자체가 문제라고 보았다. 이윤 체제는

장애인 권리운동도 하지 못하는 일

사회질서에 불행한 사고가 일어나기를 바라지 않으며 사람들이 겪는 고통은 체제의 특성일 뿐이다. 아니, 체제가 제대로 굴러가기 위해 누군가의 고통은 필연적이다. 그 체제 속에서 장애인을 비롯해 사람들은 일터에서 배제당하며, 빈곤에 내몰리고 심지어 생명까지 위험에 빠진다. 체제가 망가져서가 아니라 정확히 의도대로 돌아가기 때문이다.

미국의 능력주의 사회는 개인의 실패를 개인적 결함의 결과로 여긴다. 따라서 이데올로기적 입지로서 군침을 흘릴 만하다. 인내하면 뭐든 가능하다는 식의 가혹한 개인주의 또한 미국의 전통이며 어쩌면 사람들에게 위안을 줄지도 모르겠다. 하지만 발전과 성취를 가로막는 장벽은 사실 개인의 노력, 능력, 동기와 무관한 경우가 많다. 장애인 민권법(민권법이 대개 그렇듯)은 그런 가설을 도전의 조건으로 여기지 않는다. 예를 들어 민권법들은 개별 시민을 법 앞에서 평등한 존재로 여기며, 따라서 소송을 통해 불공정을 시정할 법적 자격이 있다고 전제한다. 하지만 바로 그 개인이 변호사를 고용할 능력이 안 되거나 그 권리를 확보할 교육이나 환경을 확보하지 못했다면? 성별과 인종 또한 법에 호소할 가능성을 결정짓는 요인이다. 게다가 권리란 애초에 법원의 해석에 의존한다. 법정의 정치적 분위기 자체를 그 권리의 이데올로기적 전제를 거부하는 판사가 좌지우지한다면? 권리가 직접적인 계급 갈등의 일부라면? 예를 들어 기업가들이 바로 그 정치권력을 장악하고 민권은 법정에서 패배에 패배를 거듭하며 누더기가 되었건만, 변호사들 또한 승소 가능성이 희박하다는 이유로 거론조차 하지 않는다면(그러고도 돈은 받으니까)? 이런 상황에서 개별 행위와 사적 '권리'는 개인의 통제를 벗어난 외부 계급과 정치세력에 의해 봉쇄되고 폐기되고 만다.

…["권리를 보유한 사람들이"] 제대로 경쟁할 힘과 자원을 결여할 경우, 권리는 현 상태를 강화할 수밖에 없다. 이는 무기력한 사람들이 산발적이고 상징적인 요구밖에 하지 못하는 것과 같다.[22]

경제체제 역시 유사한 장벽들을 제공한다. 우리 시대의 지배적인 경제모델인 '순수경제학'(종종 신고전주의 경제학이라는 엉뚱한 이름으로 불리기도 하는[23])은 '방법론적 개인주의'다. 이는 사회를 개인들의 비정치적 군집 정도로 여기며, 경제구조에서 사회적 맥락을 완전히 제거해 버린다. 이곳엔 오로지 개인의 행동과 계획의 상호작용만 있을 뿐이다. 순수경제학과 좌파 경제이론은 각 개인이 독립적으로 의지를 갖고 행동할 수 있다는 사실을 인정하는 반면, 좌파 경제학에서는 이들 개인적 의지 이면에 포괄적인 재생산 구조가 버티고 있으며, 그 구조의 요구가 개인의 사적 이해를 실천하기보다 그 개인을 통제한다는 사실 또한 인지하고 있다. 순수경제학이 남들보다 잘살고 싶으면 능력을 키우라고 주장하는 반면, 좌파 경제학자들은 구조적 장벽이 개인의 의지를 지배한다고 믿는다. 경제학자 사미르 아민이 지적했듯, "실제 사회는 개인 행동들이 직접 충돌하면서 생기는 것이 아니라, 사회 계급, 국가, 대기업, 집단 기획, 정치적·이데올로기적 권력이 결합하면서 만들어진 훨씬 복잡한 구조다".[24]

좌파 경제학은 장애를 사회적 태도의 구조로 보지 않는다. 부적절한 태도를 제거하거나 편견 기반의 고용 차별을 금지한다고 해서 바뀌지 않는다는 뜻이다. 킹이 호소했듯이, 좌파 경제는 조금 다른 질문들을 제기한다. 우리 경제는 왜 수백만의 사람들이 일하고 싶어 하는데도 실업 상태를 만들어 내는 것일까? 장애의 여부와 상관없이 말이다. 왜 세계 최고의 부자 나라에서 사람들은 여전히 가난에 시달리고 최저임금 이하로 일을 해야 할까? 왜 장애인들은 부당하게 생계 수단에서 배제되어 장애인 빈곤수당이나, 그 이하의 지원을 받으며 허덕여야 할까? 좌파 정치경제는 이러한 질문들에 답하기 위해 시장의 한계를 고민한다. 이 글에서 택한 접근방식이 그렇다.

강제 실업

자본주의 경제는 본질적으로 '기회균등'을 완전고용에 적용하기를 꺼린다. 실업이 자본주의의 한계는 아니기 때문이다. 오히려 많은 사람이 자기 의지에 반해 실업 상태에 놓이기를 요구하는 것이야말로 시장경제의 내재적 본질이다.[25] 모든 사람을 고용해서도 안 되고 고용을 통해 모든 이의 물질적 요구를 충족해서도 안 된다. […] 다수의 사람들이 실직자가 되는 것은 부분적으로 주류 경제학자들이 인플레이션을 억제하고 미국 경제를 건강하게 유지하기 위해 실업이라는 안전장치가 필요하다고 믿기 때문이다.[26]

예를 들어 1999년부터 2000년 5월까지, 연방준비제도는 금리를 2포인트가량 인상했다. 연방준비제도 이사회 의장 앨런 그린스펀은 경제가 너무 건강하고 실업률이 너무 낮아 임금 상승 압박이 우려된다고 말하면서 인플레이션 가능성을 제기했다. 그린스펀은 의회에 나가 이렇게 보고했다.

> 일자리를 원하는 노동자 수를 지속적으로 축소하고, 수요와 공급의 시장법칙을 강화하면 어느 시점에서 임금이 생산성 증가를 웃돌게 됩니다. 이는 인플레이션 위험을 가중하거나 이윤 창출을 위협하는데, 어느 쪽이든 국가 번영을 가능하게 한 성장도 멈추게 됩니다.[27]

연방준비제도의 견해에 따르면, 대출 금리를 올리고 경기 팽창을 억제하고 고용을 줄이고 실업률을 높여 임금 인상에 제동을 걸 필요가 있다. 이는 자동 반복의 과정이기도 하다. 연방준비제도는 실업률을 높여(낮추는 것이 아니라) 노동자 고용과 임금 인상에 제동을 걸고자 했다.

이유는? 경직된 노동시장, 즉 '노동력 부족' 또는 적극적인 예비군의 축소는 노동 세력의 임금 인상 압박을 뜻한다. 실업률이 낮아지면 임금 인상 압박이 커지기에 노동비가 증가한다. […]

완전고용이 노동 규제와 경영진의 입지를 위협할 수 있기 때문에, 정치경제학자 미하우 칼레키의 주장대로 자본가들은 실업을 "정상적인 자본주의 제도의 총체적 일부"로 여긴다.[28] 경제학자 마이클 피오레는 정부가 완전고용을 꺼리는 이유를 객관적으로 설명한다. 그런 정책은 노동자들의 기대감을 크게 올려놓지만, 그런 기대는 결코 이루어질 수 없기 때문에 결국 사회와 정치 불안을 야기할 것이다.[29] 실업률의 축소는 따라서 소득과 정치력의 분배를 두고 계급투쟁을 부추기고 말 것이다.[30] […]

어떻게 이 문제가 장애인 실업률에 영향을 미칠까? 의사결정 계급이 경기 후퇴를 촉발한다는 말은 구직 중이든 직업이 있든 상관없이 장애인에게 더 큰 충격을 줄 것이다. 극도로 경직된 노동시장에서는 대체로 실직 중인 사람이 직장을 얻기에 유리하다. 노동자 공급이 부족하면 예전에는 고용을 꺼리거나 피했을 노동자라도 채용해서 훈련을 시켜야 하기 때문이다.[31] 하지만 경제가 하락하면 직장이 있는 장애인 노동자들은 해고될 가능성이 그만큼 커진다. […] 대체로 중증장애인들이 경기 침체 때 피해를 입으며 이는 경기 침체기에 장애급여 지출이

증가하는 것으로도 증명이 된다.[32] [···]

본질적으로 연방준비제도의 인플레이션 억제 정책은 고용을 통제한다. 그 바람에 2,000만 명의 노동자들이 강제 실업이나 저임금 고용의 피해를 떠안게 된다. 그 의미는 분명하다. 경제적 고통, 저임금, 빈곤은 개인의 도덕적 실패 때문이 아니라 현대 자본주의의 구조로 인한 문제다. 노벨상 수상자 윌리엄 비크리가 1993년 전미경제학협회 회장 취임 연설에서 '자연' 실업률을 "인류가 만들어 낸 가장 사악한 완곡어"라고 말한 이유가 무엇이겠는가?[33] 순수경제학은 실업을 '자발적인 것'으로 합리화하면서 진짜 원인인 경제체제나 사회관계는 애써 모른 체한다.

미시경제적 문제: 자본가의 계산법

주류 경제학자들은 전통적으로 평등과 시장 효율성 사이에서 줄다리기를 했다. [···] 자유주의 사회는 사회적·정치적 권리를 확립하는 식으로 평등을 추구한다. 이론적으로는 그럴듯하지만 현실에서는 그 권리들이 동등하거나 보편적으로 실행된 적이 없다. 개인의 권리를 시장 규칙보다 우선해서 고려해야 하지만, 시장 상황, 불평등, 기회균등 사이에는 트레이드오프 관계가 존재한다.

장애인 권리운동도 하지 못하는 일

정책 입안자들은 권리가 경제 기능에 영향을 미치는 동시에, 시장의 영향을 받으며 작동한다는 사실을 정확히 꿰고 있다. 예를 들어 사회보장 프로그램은 상대적으로 비용이 낮을 때 비로소 권리로서 자리 잡을 가능성이 크다. 의회는 장애인법을 제정할 때 전통적인 시민권 모델이 실제 노동 현장에서 장애인들에게 동등한 기회를 제공하지 못하리라는 사실을 깨달았다. 장애인 권리운동은 일터에서 직무 조정이 필요하다고 역설했으며, 의회는 적절한 직무 조정이 장애인 민권에 반드시 필요한 요소라고 결정했다. 그래야 장애인들이 주류 고용에 합류할 수 있기 때문이다.

장애인법 토론 중에 언급된 주제 중 하나가 비용이었다. 장애인에게 동등한 고용 기회를 제공하려면 비용이 얼마나 들 것인가. 예를 들어 상원의원 폴 사이먼은 청문회에서 비용이 아무리 많이 들더라도 장애인법 제정은 올바른 일이라고 역설했다.[34] 당시 조지 부시 대통령도 비용을 감수할 생각이 있었다.[35] 다만 실제로 '합리적 직무 조정'의 권리는 기업의 우려를 완화하기 위해 '부적절한 어려움' 항목을 끼워 넣으면서 크게 훼손되고 말았다. 직무 조정 비용이 기업에 '부적절한' 재정 위기를 초래한다고 판단될 경우 그 이행을 강제하지 못한다는 것이다. 결국 장애인의 권리는 이론적 권리에 불과하며 고용주의 계산기에 달려 있을 뿐이다. 장애인법의 이런저런 유보 조항들이 소유계급에 아부를 하는 이상 내가 보기에 그 법은 자유시장 권리장전 그 이상도 이하도 아니다.[36] 기업가의 재산권(부)이 장애인의 직무 조정, 즉 고용권보다 더 소중하기 때문이다.

그렇다 해도 [···] 워싱턴의 싱크탱크인 전략·국제문제연구소의 공급자 우선주의 경제학자 폴 크레이그 로버츠는 법안이 발효된 바로 그날, "[장애인법의] 엄청난 비용 때문에 기업의 이윤이 크게 삭감될 것이다"라고 경고했다.[37] [···]

자본주의는 사회관계 시스템이며, 그 속에서 이윤을 극대화하고 지속적으로 생산력을 혁신하는 것이 생존의 기본 조건이자 필수조건이다. 이런 시스템은 어떤 형태의 사회에서도 없었다. 노동의 유일한 목표는 자본이며, 자본이 물질적 부를 늘려줄 것이다. [···]

순수경제 이론가들의 결론은 이렇다. 직접 생산자들의 장애가 생산비만 늘리고 이윤을 증가시키지 않을 때 소유주나 경영자는 장애인을 차별할 수밖에 없다. 장애인을 고용하기 위해 들어가는 직무 조정 비용은 고정자본 비율을 높이기 때문에 저항에 부딪힌다.[38] [···]

제7연방 항소법원의 리처드 포스너 판사는 1995년 고용주-피고 사건을 다루면서 기업의 비용과 이익을 분석하여 장애인법 원고 측에 다음과 같이 설명했다.

고용주들이 잠재적으로 4,300만 장애인에게 무제한의 재정 의무가 있다면 장애인법은 국가 채무보다 더 많은 간접세를 부과하는 셈이 될 것이다. 하지만 법 조항에서든 법 역사에서

장애인 권리운동도 하지 못하는 일

든, 그런 급진적인 결과를 초래한 어떤 의도도 찾아볼 수 없다. 법의 전문에서는 사실 비용 절감 효과로 장애인법을 "마케팅" 하고 있으며, "의존과 비생산성에서 비롯되는 비용으로 수십억 달러가 불필요하게 들어간다"라고 지적하고 있다(ß12101(a)(9)). 만일 고용주가 장애인에게 일자리를 제공함으로써 절약하는 금액보다 수십억 달러를 직무 조정에 더 써야 한다면 비용 절감은 환상에 불과할 뿐이다.[39] […]

민권법은 고용주들의 '불합리한' 행위를 통제하기 위해 역사적으로 늘 동등한 대우를 주문했다. 고용과 장애의 경우, 인권법은 하나같이 자본주의 노동시장 내에서만 작동한다. 하지만 시장은 이윤 극대화가 '합리적'인 곳이다. 민권법은 동등한 대우를 상상하지만 자본주의 경제를 관통하는 경쟁과 효율성의 엄청난 위력을 전혀 이해하지 못하고 있다. 시장은 거의 모든 자유주의 권리를 침범한다. 직무 조정 따위는 아무것도 아니다. 게다가 자본가의 부의 축적 중심에 생산성이 있다는 사실을 잊지 말자. 자본은 늘 그렇듯 노동을 '선험적' 요인, 즉 생산성을 저해하는 요소로 여긴다. 점점 가속화하는 이윤곡선의 생산 기대치를 초과하기는커녕 비슷하게 따라가지도 못하기 때문이다. 따라서 장애인의 노동은 영원히 이윤 극대화라는 명분에 미치지 못하는 것으로 여겨질 것이다.

장애인법과 같은 기회균등법은 장애인의 고용 장벽을 허물 수 없다. 기회균등이 실제로 작동하기 위해서는 경제적 편견 등이 제거되어야 한다.[40] 하지만 역사적으로 자본주의는 물적 생산 체제이므로, 그 발전 단계에서 인간이 어떻게 되든 절대 고려하지 않는다. 현대 생산양식이 지속되는 한 장애인 차별 또한 근절되기 어려울 것이다.

기회균등을 넘어서

일부 경제이론가들[41]은 파괴적인 자본주의 구조를 애써 외면한 채, 신고전주의가 장애인 노동자의 가치를 과소평가하지 말아야 한다는 식으로 장애에 대한 편견만 바꾸려 든다고 주장한다. 시장의 실패를 피하려면 자본가들의 불합리한(전형적인) 태도를 시정할 필요가 있다는 얘기다. 이들 이론가를 괴롭히는 것은 특정 시장들의 '불공정'이다. 이들은 고용주에게 합리적으로 대응하라고 주문하는 식으로 완전경쟁의 '공정한' 시장을 만들고 싶어 한다. 의도야 어떻든 당연히 부질없는 시도다. 시장은 이미 기울어진 운동장이며, 장애인 노동자들은 경쟁적 노동시장의 밑바닥에 있기 때문이다. 게다가 노동시장은 태생적으로 수백만의 노동자들을 불완전 고용이나 실업 상태로 방치할 수밖에 없다.

경제학자 아민에게 순수경제학은 비합리적이며 사이비 과학(자신들은 과학이라고 주장할지 몰라도)과 다름없다. 따라서 현실 기

장애인 권리운동도 하지 못하는 일

반의 접근법으로 바꿀 필요가 있다. 기업가들이 '합리적으로' 대응하라고 설득하는 것도 이미 그들에 대한 특혜가 아니던가. 정치적으로 순수경제학은 단 하나의 집착에 기초하고 있다. 아민은 다음과 같이 썼다.

[순수경제학은] 시장이 자연법칙의 힘으로 작동한다는 가설에 집착한다. 따라서 단순히 '보편적 균형'이 아니라 최상의 균형을 만들어 내며, 자유 상태에서 완전고용과 '최적의 사회'를 보장한다. 하지만 이런 식의 집착은 이데올로기의 근본적인 한계, 즉 자본주의가 그 자체로 합리적인 체제라고 합리화하려는 욕구를 반영할 뿐이다. 이는 부르주아 이데올로기의 울타리 안에서, 이윤의 사적 추구를 위해 저들만의 합리적인 수단을 이용하는 것 이상도 이하도 아니다.[42]

그와 반대로 좌파 정치경제학은 다음과 같이 주장한다.

그 시스템에 기회균등을 위한 것은 전혀 없다. 계급투쟁으로 이미 실재하는 균형이 전복되는 것도 아니고, 심지어 이미 실재하지만 잠정적인 불균형도 바뀌지 않는다. 요컨대 마르크스 정치경제는 현실적이다. 순수경제학에는 현실적 판단이 결여되어 있다. 계급, 국가, 국제 체제 등 현실을 외면한 탓에 그들의 담론은 공허한 우화로만 남을 뿐이다.[43]

자본주의와 장애

장애인법과 기회균등(이라는 허구)은 자본주의 사회를 위한 '수요 측면'의 솔루션이다. 그 속에서 장애인 노동자와 잠재적 노동자는 경제적 이익을 실현할 사회적·정치적 힘을 갖고 있지 않다. 권력은 생산의 몫이며 자본가의 편이다. 생산 자본은 사적으로 소유되고 소유주에게는 자본을 투자해 타인의 노동을 고용할 의무가 없다. 따라서 자본의 독점은 자본가의 핵심 재산권에 속하지만 노동자들에게는 그와 등가로서의 법적 권리가 없다. "일자리를 얻을 권리"가 없기 때문이다.

자유주의가 실패한 이상 자유에 대한 새로운 논의가 필요하다. 우리에게 필요한 것은 근본적으로 다른 접근법이다. 장애는 사회 계급의 반영이므로(이 경우 노동력에서 밀려난 무산계급), 노동과 우리 사회의 합법성에 대한 보다 광범위한 토론의 계기가 될 수 있다. 우리는 사회경제의 사적 소유권을 외면할 수 없다. '기회균등' 따위도 존재하지 않는다. 투자, 기술의 선택, 작업 과정, 노동 자체의 조직 등 가장 중요한 경제 결정권이 소수 엘리트 기업가들과 금융정책 입안자들의 손에 있기 때문이다. 경제 민주주의는(아니, 어떤 형태의 민주주의도) 가능하지 않다. 이들 엘리트 계급이 진보적인 대중정책을 효과적으로 봉쇄하기 때문이다. 이들은 보수적인 미국 법원이 장애인법의 고용 지원을 훼손했을 때와 같이, 진보적인 판결에 투자 중단을 선언하거나 이미 실행하고 있다.

순수경제학과 자유주의 민권법의 솔루션은 '원자적 개인'

장애인 권리운동도 하지 못하는 일

에 기초하고 있으며, 따라서 부르주아 이데올로기의 산물로 치부할 필요가 있다.

　장애인이 노동에서의 동등한 위치를 확보하려면 반드시 계급의식으로 무장해 장애인 고용 장벽에 맞서야 한다.

제7장

대법원의 이상한 정의:
장애와 사법기관

1

블랙피트네이션의 엘루이즈 코벨은 『당장 민주주의! Democracy Now!』[1]라는 책에서 연방정부가 어떻게 그들을 속여 국영 신탁자금 수입을 갈취했는지 토로한 바 있다. 그 얘기를 들으며 아메리카 원주민과 장애인이 정부의 법 운영에 대해 느끼는 불만이 똑같다는 생각이 들었다.

의회에서 법을 만들어도 여타의 정부 기관들이 그 법을 지킬 이유는 없는 듯 보인다. 법을 제정해도 법 집행은 제멋대로다. 아예 무시해 버리기도 한다. 태만하고 무능한 탓도 있겠지만, 의도적으로 법을 지키려 하지 않으며, 오히려 회피하고 우회하고 무력화하고 아예 쓰레기로 만들어 놓으려고 한다.

우리에게는 강력한 정부 조례 대신 민사소송이 있다. 다만 장애인법(ADA)을 제대로 지키라는 민사소송 과정 역시 적대적인 대법원 앞에 납작 엎드린 지 오래다.

소송사건이 대법원으로 갈수록 그 결과가 지방정부에 미칠 영향을 최소화하는 데 급급했다. 예를 들어 1년 전[2001년] 대법원 판결을 보면, 주정부 소속 노동자들이 고용 차별 관련 소송을 걸었지만 민권법은 꺼내지도 못했다. 법원은 이렇게 판결했다. 장애인 민권법이 헌법에 명시된 주정부 면책권을 앞서지는 않으며 따라서 연방법원에 손해배상 청구를 할 수 없다('개릿 대 앨라배마').

장애인법이 통과되고 10여 년, 미주리의 하반신 마비 환자 제프리 고먼은 컨트리웨스턴 주점에 침입했다는 이유로 구치소로 끌려가다가 큰 부상을 입었다. 캔자스시티 경찰서가 장애인법을 따르지 않은 탓이다. 고먼은 휠체어를 타고 있었다. 따라서 구치소까지 가려면 안전한 밴이 필요하다고 밝혔다. 고먼의 변호사에 따르면, 경관들은 그의 말을 무시하고 그를 휠체어에서 끌어내려 의자에 앉힌 후 그의 혁대를 풀어 그를 자동차 천장에 매달았다. 고먼은 바닥에 떨어져 어깨와 등을 다쳐 수술까지 받아야 했으나 재판에서는 이러한 사실들이 전혀 고려되지 않았다.

생각해 보자. 비장애인을 순찰차에 태워 교도소로 이송하는데, 경관이 그의 옷에서 혁대를 풀어 그를 자동차 천장에 매달았다. 그런데 바닥으로 떨어져 부상을 당해 수술까지 받았다. 그럼 판사가 경찰에 막대한 배상금을 물렸을까? 당연하다. 그런 어처구니없는 불상사가 재발하지 않도록 하기 위해서라도 어떻게든 처벌을 했을 것이다. 시 소속 변호사들이 달려와 배상이 부당하다고 외쳤을까? 아니, 경찰이 그런 식으로 시민의 원성을 자초하지는 않을 것이다.

고면의 사건에서, 판사는 보상적·징벌적 손해배상을 판결했다. 캔자스시티는 보상적 손해배상은 받아들였으나 징벌적 손해배상은 과하다며 제8지방법원에 항소했다. 법원은 징벌적 손해배상이 적절했다고 고면의 편을 들었지만, 제6지방법원은 유사한 사건에서 다른 판결을 내렸다고 지적했다. 대법원에 보내는 불길한 신호였다. 대법원이야말로 장애인 권리에 매우 적대적인 곳이 아닌가.

고면은 대법원이 "피고[캔자스시티]가 아무리 정부라 할지라도 법 위에 군림하지는 않는다"라고 판결하기를 희망했다.[2] 지방정부는 법을 어겨서라도 소송에서 보호받기를 원했다. 캔자스시티는 자세를 잔뜩 낮추면서도, 고면이 교정 장치, 즉 휠체어를 타고 이동했기에 연방의 인권 프로젝트인 장애인법에 의거하는 장애에 해당하지 않는다고 주장했다. 장애인이 장애인법의 원고 부적격 처분을 받은 적은 그 전에도 종종 있었다. 약, 장치 등의 보조수단으로 장애를 완화할 수 있다는 이유였

대법원의 이상한 정의: 장애와 사법기관

다. 캔자스시티 소속 변호사들은 역겹게도 고먼이 기능적으로 장애가 없으며, 따라서 장애인법에 의거해 소송할 자격이 없다는 논리를 내세웠다. 휠체어로 장애를 완화했다는 이유였다.

[2002년 중반] 대법원은 반스 대 고먼 사건에서 캔자스시티의 편을 들어 징벌적 손해배상 소송을 각하했다. 장애인법과 재활법으로는 개인에게 그런 피해 보상이 가능하지 않다는 논리였다. 장애인법은 폭력에 대해 징벌적 손해배상을 청구할 수 있다고 적시하지 않았지만 1964년 공민권법처럼 정착한 이후 의회 차원에서 타이틀 6에 의거해 징벌적 손해배상이 가능하다는 인식이 있었다.

하지만 캔자스시티와 부시 행정부의 지방정부 소속 변호사들은 시정부가 대규모 소송에 휘말리는 일은 애당초 의회의 입법 취지와 거리가 있다며 반박했다. 스컬리아 판사는 법원을 대변해, "장애인법 소송 사건에 징벌적 배상을 추가하면 재앙이 될 수 있다"라며 연방기금 수혜자들도 "그런 비이성적이고 불명확한 책임에 얽매이기를 원치 않을 것"이라고 덧붙였다.

조합주의자로서의 법원은 계약법을 자의적으로 해석해 징벌적 손해배상을 내동댕이쳤다. "치료가 적절한 지원이 되려면, 연방기금을 수령함으로써 수령인에게도 당연히 그에 대한 책임이 있다는 사실을 알아야 한다." 또한 "타이틀 6에 치료를 언급하지 않았기에 계약 위반이라도 징벌적 손해배상을 보편적으로 적용할 수는 없다"라고 유추해석했다. 따라서 장애인법 또는 재활법하에서는 어떠한 피해도 유효하지 않다는 것이다. 타이틀 6의 경우 여성과 소수자에게는 징벌적 손해배상이 여전히 가능하다. 법원은 그 판결을 어디까지 확대 적용할 것인가?

장애인 공동체는 정부 기관들과 이런 문제를 반복적으로 겪었다. 물론 저들도 고먼 사건이 예외적인 사건이 아니라는 정도는 알고 있다. 장애인법은 1990년에 통과됐지만, 연방 및 지방정부는 여전히 그 법을 따르지 않고 있다. 반스 대 고먼 사건의 의미는 장애인이 부당하게 교도소에 끌려갔다는 사실에 그치지 않는다. 지방정부는 운송, 건강, 복지, 교도소, 지방법원 등의 공공서비스에 무한책임이 있다. 정부가 법을 어기고도 장애인의 징벌적 손해배상 청구 권리를 부정한다면, 장애 관련 공무를 처리하고 프로그램과 시스템을 개방한들 도대체 무슨 의미가 있단 말인가.

더 큰 문제는 사회적 배제, 그리고 사회적 배제를 조장하는 사회관계에 있다. 장애란 사회가 기본 활동을 특정한 방식으로 운영하는 데서 비롯하는 사회적 경험이다. 노동, 운송, 레저, 교육, 가정생활에 대한 접근이 어려울 때 사람들은 장애 상태가 된다. 우리는 사회가 운영되는 방식 때문에 장애인이 된다.

민권법이 제대로 작동해도 장애인은 이등시민 또는 삼등시민 취급을 받는다. 공동체의 행사와 삶에 전적으로 참여하는 것도 쉽지 않다. 대법원은 사법 해석의 권한을 무기로, 특정한 상황에 적용할 법의 목적과 범위를 결정한다. 그런데 지금까지는 우리를 여전히 장애인으로 만드는 데 일조할 뿐이다.

2

[2002년] 3월, 샌드라 데이 오코너 판사는 대법원의 2001~
2002년 회기가 "장애 소송 회기"로 기억될 것 같다고 말했다.
물론 (장애인) 민권법 사건들을 가리킨 것이다. […]

대법원은 어떤 사건을 다루고 어떤 사건을 보류할지 결정
한다. 법원이 다루기로 한 장애인 사건의 경우, 지방법원이나
항소법원은 모두 장애인 측이 승소했다. 대법원 판사들도 굳이
긁어 부스럼을 만들 이유는 없었으나 오히려 전통적 지배를 자
임하며 민주적 다수를 억누르고 사적 계약과 사유재산을 보호
하고 나섰다. 판사들이 하급법원의 결정을 검토한 후 서로 짜기
라도 한 듯 장애인들에게 등을 돌린 것이다.

엘라 윌리엄스(토요타)는 승소하여 일자리를 유지하고 손목
터널증후군 관련 직무 조정을 얻어냈다. C형 간염에 걸린 마리
오 에차자발(셰브론)은 정유공장에서 일할 권리를 인정받고, 척
추질환자 로버트 바넷(US항공)은 우편실에 남아 계속 일할 수 있
었다. 그런데 조합주의 집단인 대법원의 횡포 앞에서 합리적인
직무 조정권을 모두 잃고 말았다.

이들 고용 차별 사건의 경우 패배한 기업들, 즉 켄터키의

토요타 공장, 셰브론 텍사코, US항공사는 즉시 대법원에 항고했으며, 대법원은 보란 듯이 적절한 직무 조정을 원하는 노동자들을 좌절하게 만들었다.

기업들은 승리를 예감했다. 대법원이 과거에도 여러 차례 장애인들에게 타격을 입힌 바 있기 때문이다. 전해에는 장애인법의 '장애' 정의에 철퇴를 가했다. 서튼 3연전에서 대법원은 장애의 정의를 축소하고 장애인법에 의거해 보상을 원하는 사람들을 내팽개쳤다(서튼 대 유나이티드항공, 머피 대 UPS, 앨버트슨스 대 커킹버그).

법원 판결에 따르면, 생활습관, 도구, 투약으로 완화가 가능하면 장애도 장애가 아니다. 서튼 판결에 따라 하급법원들도 이제 당뇨, 심장질환, 간질, 암, '정신질환'이 있는 사람들로부터 장애인법의 고용 차별 소송 자격을 박탈했다. 그들의 한계가 투약으로 완화될 수 있다는 이유였다.

이런 처지의 노동자들은 꼼짝없이 딜레마에 갇히고 말았다. 신체 기능이 너무나 좋아 장애가 될 수 없는 한편 '비장애인' 조건에 따라 해고가 가능하게 된 것이다. 대법원은 말 그대로 장애라는 개념을 물거품으로 만들었다.

루스 오브라이언의 말을 빌리면, "대법원은 장애인법의 머리를 거꾸로 돌려놓고" 고용주에게 "차별할 권리"를 부여했으며, "제한적 장애인을 고용하지 않을 자유"까지 선물했다.[3] […]

2001~2002년 회기에 판사들은 대기업을 지원할 기회를

다시 얻었다. '켄터키 토요타 대 윌리엄스' 사건에서 장애의 개념을 무력화한 것이다. 판사는 엘라 윌리엄스에게 장애가 있다고 하면서도 장애인법의 보호를 받는 장애인 자격을 박탈했다. 손목터널증후군으로는 일상생활에서 '근본적인 불편'을 겪지 않고 "어렵지 않게 칫솔질을 하고 세수와 목욕을 할 수 있다"라는 이유였다.

법원이 내린 판결이 그렇다. 노동을 장애인법 자격 획득에 필요한 '주요 생계활동'으로 인정하지 않겠다는 것이다! 요컨대 앞으로 직무 수행이 어렵다는 이유만으로는 장애를 인정받지 못한다는 의미다.

법원에 제출한 의견서에 따르면, 상공회의소와 전미트럭협회는 토요타 판결을 "장애인법 소송에 재갈을 물린 것"으로 표현했다. 전미트럭협회와 평등고용자문위원회(315여 개 대기업으로 구성된 비영리 단체) 역시 의견서에 참여했다. 1999년 170만 곳의 일터 중 3분의 1에서 반복 운동 손상이 발생했으나 이들 노동자들은 장애인법에 근거한 직무 조정을 요구할 수가 없었다.

로버트 바넷은 척추 손상으로 화물을 다루지 못하면서 US항공 우편실에서 일했다. 그러나 나중에 상급 노동자 두 명이 우편실로 옮기고 싶어 한 탓에 바넷은 일자리를 잃었다. 바넷은 장애인법 위반으로 US항공을 고소했다.

의회가 장애인법을 제정했을 때, 전통적인 시민권 모델로는 노동 현장에서 장애인들의 기회균등을 보장하지 못한다는 사실을 인지했다. 장애인 권리운동은 작업장에서의 직무 조정 필요를 강조했으며, 의회는 '적절한 직무 조정'이 장애인 민권에 반드시 필요한 부분이라고 판단했다. 그래야 주류 노동 현장에 합류할 수 있기 때문이다.

의회는 "적절한 직무 조정" 범주에 "공석으로의 재배치"를 포함했다. 그런데 스컬리아 판사가 반발한 것이다. "도대체 법령 어디에 다른 노동자의 합법적 기대치를 저버려도 된다는 말이 있는가?"(US항공 대 바넷)

변호사 클라우디아 센터는 이 경우 아무도 일자리를 잃지 않았으며, 오히려 바넷이 일자리를 잃을 가능성에 직면해 있을 때 전술한 상급 노동자들은 이미 자기 자리가 있었다고 주장했다. 다른 노동자가 조합의 사다리에 오르기 위해 누군가를 경제적으로 짓밟는 것이 과연 '정의'일까?

제9항소법정의 바넷 판결을 뒤집은 후, US항공과 대법원은 장애인 직무 조정을 피하기 위해 (조합이 아니라) 회사의 선후임 체계를 활용할 수 있다고 주장했다. 직무 조정이 경영에 위협이 될 경우 불허할 수 있다는 뜻이다.

가장 가혹한 판결은 마리오 에차자발 사건일 것이다(셰브론 대 에차자발). 그는 텍사스의 셰브론 공장의 계약직 노동자로 20여 년간 성실하게 근무했다. 하지만 정식 직원이 되려고 했을 때 정유공장 근무가 위험하다는 판단이 떨어졌다. 건강검진 결과 C형 간염 진단을 받은 것이다.

에차자발의 주치의는 업무 수행에 아무런 지장이 없다고
했으며, 셰브론 측도 그가 계약직으로 일하는 동안 건강 상태를
빠짐없이 보고받았다. 그런데도 셰브론은 그에게 일을 주지 않
으려 했다. 그를 고용할 경우 완전복지 제공에 어쩌면 할증 보
험료까지 내야 하기 때문이다. 회사는 셰브론에서의 노동이 에
차자발의 건강에 유해하다며, '자기 위협threat to self' 개념을 꺼내
들었다.

대법원이 고용기회균등위원회(EEOC)에 사건을 넘겨 결론
을 정하게 한 경우는 거의 없었다. 하지만 이 경우 불행하게도,
법원은 고용주 중심의 고용기회균등위원회에 근거해 장애인법
에도 없는 '자기 위협' 조항을 포함했다. '자기 위협'이라고 명
명한 것은 물론 오로지 고용주의 방어권을 위해서였다.

화학물질이 가득한 환경에서 일하는 것은 어느 누구에게나
해롭지 않은가? 왜 한 사람만 물리적으로 착취당하고, 다른 사
람과 마찬가지로 서서히 살해당할 권리를 박탈당해야 한단 말
인가?

국가장애인위원회(NCD)는 즉시 법원의 판결을 "납득하지
못할 온정주의"라며 비난했다. 마르카 브리스토 역시 대법원의
판결이 "장애가 있는 사람은 가치 있거나 안전한 삶을 선택할
자격조차 없다"라는 인상을 심어주었는데, 그것이야말로 장애
인법이 금지하는 가장 오래되고 집요한 차별 양상이다.

상공회의소는 셰브론 판결을 "기업 공동체의 중요한 승리"

라며 환영했다. 사실이 그랬다. 그리고 그 승리는 더욱 확대될 것이다.

고용주들은 발생학적 특성에 기초해 특정인들의 고용 기회를 영원히 박탈하려 한다. 《슬레이트》편집장을 역임했던 마이클 킨슬리도 궁극적으로는 발생학적 검증을 고용 자격으로 활용해야 한다고 제안한 바 있다.[4]

킨슬리가 물러났을 때 파킨슨병 때문이라는 얘기가 있었다. 발생학적 고용주 밑에서 킨슬리 자신도 고용 차별을 당했을 수 있었다. 십중팔구 편집자로서의 가치를 인정받기 오래전에 직장에서 쫓겨났을 것이다.

법원이 얼마나 자본가를 편애하느냐고? 판사들은 제프리 고먼 재판에서 아홉 명 모두 기업의 손을 들어주었다. 엘라 윌리엄스와 토요타 소송에서도 9 대 0이었고, 마리오 에차자발 역시 9 대 0이었다. 로버트 바넷 사건에서는 5 대 4로 US항공편을 들었는데, 보수파 둘(스컬리아와 토머스), 자유주의자 둘(긴즈버그와 사우터)이 반대표를 던졌다.

클린턴이 임명한 대법관인 자유주의자 스티븐 브라이어와 루스 긴즈버그는 모두 철저한 조합주의자였다. 저자 마이클 패런티의 말로는, 긴즈버그가 하급 연방법원에 근무할 때 자유주의자보다는 보수파에 더 가까웠으며 대법원에 있을 때도 여전했다.[5] 브라이어는 철저히 대기업 옹호자였다.

랠프 네이더의 말마따나, 브라이어는 "규제법에 적대적"이었다. 클린턴이 "법정을 반ᄠ소비자, 반ᄠ노동자, 반ᄠ환경 분위기로 만들어 버린 것"이다. 그의 말이 옳았다.

이제 저 쓰레기 집단에 "반ᄠ장애인 분위기"를 추가한들 뭐가 이상하겠는가?

장애인법과 기회균등은 자본주의 사회에서 해결책이 되지 못한다. 그 사회에서 장애인 노동자, 잠재적 노동자들은 자신들의 경제적 욕구를 실현할 사회적·정치적 힘이 없기 때문이다. 권력은 생산과 자본가의 편이다. 대법원은 바로 그 권력의 수문장이다. […]

자본주의와 장애

제8장

장애자본주의의 등장

전국적으로 장애인법을 향한 역공이 기승을 부릴 즈음,《월 스트리트저널》은 장애인을 "미래의 소비자"[1]로 묘사한 바 있다. 미국의 또 다른 지배계급 아이콘인《포천Fortune》은 "미국 장애인은 거대한 시장이다"라는 테마[2]를 기획했다. 그리고 얼마 지나지 않아 포천 500이 CBS에 인포머셜(구체적 정보를 제공하는 상업 광고_옮긴이)을 실어 장애인의 구매력이 총 1조 달러에 달한다고 선언했다.[3] 장애자본주의Handicapitalism는 그런 식으로 매체에 등장했다.

장애자본주의는 조니 투이텔(장애인 저술가, 그 용어를 상표화하려 한다)이 만든 조어이며 자유시장 이데올로기에 기초하고 있다. 장애자본주의는 장애인법이나 장애인의 고용권과는 전혀 관계가 없다. 그보다 장애인을 자선 대상이나 규제해야 할 짐이 아니라 괜찮은 마케팅 대상으로 보고 있다.

1995년 인구조사 자료를 보면, 미국의 15세 이상 장애인은 4,850만 명이며, 연간 후원으로 받는 재량소득(실소득에서 기본 생활비·수업료 등 계약성 지출, 생명 보험료 등 계약성 저축 부분을 제외한 나머지 소득_옮긴이)이 1,750억 달러에 달한다. 장애자본주의자들은 재화와 용역이 장애인법을 준수하는 것이 아니라, 그 수치로 드러나는 잠재적 이윤에 따라 움직여야 한다고 주장한다.

"순전히 이타적인 이유로 장애인을 대하면 투자 배당을 받을 수 없다. 돈 되는 프로젝트로 생각하면 돈을 벌 수 있다." 버지니아의 장애 상담회사인 W. C. 듀크 어소시에이츠가 《월스트리트저널》에서 한 말이다.[4]

장애자본주의자들은 권리의 가치를 무시한 채, 장애인이 자본주의 사회에서 외면당하지 않으려면 권리마저 이윤에 종속되어야 한다고 말한다. 이런 식의 철학이라면 구매력 있는 소비자의 지위를 획득해야 장애인도 사회적으로 성공한 격이 된다. 하지만 구매력이 어디에 있다는 말인가? 누가 구매력을 통제하고 누가 이익을 얻는가?

장애자본주의자들의 소위 1조 달러 구매력 운운은, 장애인이 하나의 계급으로 경제적 부를 이루었다는 환상을 대중의 마음속에 심어준다. 전혀 사실이 아니다. 구매력 자료는 엄청나게 높은 장애인 실업률과 소득 격차를 외면하고 있으며, 대다수 장애인의 경제생활을 지배하는 것은 바로 그런 수치다.

장애인 상당수는 심지어 직업도 없다. 경제가 크게 성장하고 29년 사이 실업률도 최저이건만, 잠재적 장애인 노동자들은 만성적 실업 상태에 빠져 있다. 장애인법이 제정된 지 10년이 지났지만 전국 고용지표를 보면 장애인의 실업률은 여전히 70퍼센트를 오르내린다. 비장애인과의 경제적 평등 운운은 그저 헛소리일 뿐이다. […]

예를 들어 장애인과 비장애인 노동자 사이에는 임금 격차가 존재한다. 1995년 장애인 노동자들은 […] 비장애인 노동자들의 72.4퍼센트를 벌었다. […] 가난은 장애인 사이에서도 불균형하게 남아 있다. 1995년 인구조사 자료를 보면 비장애인의 빈곤율은 13.5퍼센트였으며, 장애인은 20.2퍼센트였다. […]

그런데 장애자본주의자들이 말하는 구매력 찬란한 소비자는 어디 있다는 말인가? 노동 적령기의 1,700만 장애인 중에 직업이 있는 사람은 550만 명에 불과하다. 그나마 일자리가 있으면 집세, 일용품, 식량 등 일반적인 비용 외에(가난한 사람도 어느 정도 구매력은 있다) 여분의 돈이 있을 것이다. 나머지 4,850만의 장애인은 18세 이하이거나 65세 이상이다. 장애인 자녀를 둔 부모, 그리고 장애인이 되기 전에 돈을 좀 벌었던 노인이라면 어느 정도 구매력이 있을지 몰라도, 노동 적령기의 시각장애·청각장애·발달장애·이동성장애를 가진 1,100만 명의 실직자는 구매력을 갖기 어렵다. 사회보장장애보험(SSDI)이나 보조

적 보장소득(생활보장금)에 의존해 생계를 이을 뿐 신분 상승 트
랙에서 고연봉을 받는 이들이 아니지 않는가.

따져볼 문제가 하나 더 있다. 장애인에게 필요한 상품을 구
매하는 데 들어가는 금액 중 어느 정도가 장애인 개인의 소관
일까? 실제 구매는 사회보장, 메디케어, 메디케이드, 재활국 같
은 프로그램의 소관이며, 따라서 정부 기관이나 민간 보험회사
가 대행할 가능성이 크다. 장애인 '소비자'에게 구매력이 있어
서가 아니라, 이들 기관이 장애인 고객 대신 구매를 한다. 장애
인은 의사결정권을 빼앗긴 지 오래다.

결국 《월스트리트저널》의 허구는 [지금은 사라진] WE 미디
어가 자극한 것이다. WE는 인터넷 포털 회사이며 파트너가 바
로 HotJobs.com, 그러니까 장애인을 대상으로 상품과 부동산
구매를 강요하는 직업 검색 사이트다. HotJobs.com은 "예전에
는 찐따, 병신으로 불렸지만 우리의 새 이름은 지체장애인"이
라는 뉴욕시 광고판으로 유명한 회사이며 잡지 《WE》를 발간
하기도 한다. 《WE》는 여피yuppie(도시 주변을 생활 기반으로 삼고 전문
직에 종사하면서 신자유주의를 지향하는 젊은이들_옮긴이)의 화려한 라이
프스타일을 소개하는 잡지다. 멋진 배경에 화려한 의상을 입은
장애인들의 모습을 화보에 싣고 500달러짜리 부로바 시계를
광고한다. 정치적으로 볼 때 《WE》는 앨 고어와 있을 때보다 줄
리아니 시장과 있을 때 더 잘나갈 법하다.

WE의 정체가 뭘까? 사람들의 목소리? WE는 장애인 기업

가들이 운영하는 곳이 아니다. 조사해 보니 어느 장애인도 회사와 관계가 없었다. 장애인 몇몇이 자문위원과 외부 편집자로 이름을 올려놓기는 했으나 기업을 쥐고 흔드는 3대 거물은 비장애인 백인 남성이다. 민권운동이 늘 그렇듯, 장애인 권리운동 또한 현재의 장애인 마케팅에서 누가 이익을 보는지 물어야 한다.

아칸서스의 마이크 브래닉은 《WE》 기고를 취소하면서 이렇게 썼다. "고가 상품을 너무 강조한다. 우리 중에 유럽 여행을 떠나거나 별 다섯 개짜리 식당에 갈 수 있는 사람이 얼마나 되겠는가?"

브래닉 같은 수백만 장애인들은 《WE》 페이지를 화려하게 장식한 제품들을 살 능력이 없다. 대개는 장애인 전용 상품 정도를 구매할 텐데 그것도 정부에서 지불해 주기 때문이다. 《WE》와 장애자본주의 철학은 총체적 불평등을 외면한 채 소수의 장애인 구독자에게 구애하는 한편, 평등권의 가치를 평가절하한다.

장애자본주의자들의 주장과 달리, 권리는 '이타적'이지 못하다. 이 책에서 설명한 불평등을 완전히 해결하기에는 민권법 역시 한계가 있지만, 그럼에도 불구하고 자본주의 사회에서 투쟁을 통해 피억압 계급의 경제 평등을 구축하는 데 중요한 역할을 한다.

장애자본주의의 비전에는 허점이 있다. 고용주들은 장애인을 '돈 되는 프로젝트'로 여기지 않는다. 특히 적절한 직무 조정, 프리미엄 건강보험 등의 비표준 비용에 직면할 때가 그렇다. 그들은 장애인 노동자를 부담으로 여기고 덜어내고 싶어 한다. 비정규 노동시장은 장애인의 높은 실업률을 개선할 생각이 없지만, 자본주의 체제에서 소비자 시장을 키우려면 장애인들도 돈을 더 많이 벌어 상품을 구매해야 한다. 소비시장은 장애인 고용을 확대해야 생존이 가능하다.

법원이 고용 차별 소송에서 지속적으로 장애인 원고를 외면한다면(고용주의 승소율이 터무니없이 높다), 피고용인이 장애인 차별 사건으로 소송을 걸 때마다 주정부는 끊임없이 장애인법의 합법성을 의심하고 고용기회균등위원회는 우리의 일할 권리를 무시할 것이다. 물론 우리 경제 여건 또한 무너지리라. 그럼 장애자본주의자들이 기대해 마지않는 '차기 소비자군'은 어떻게 되겠는가.

장애인들(세계 인구의 8분의 1)은 여전히 극빈층이며 세계 '어느' 국가에서든 생존 자체가 불투명하다. 미국은 장애인 중산층이 소수라도 있지만 대부분의 다른 국가는 그렇지 못하다. 저개발국가의 경우 장애인은 권리도, 장애인법도 없다. 휠체어나 목발 등 최소한의 존엄성을 위한 도구 하나 없이 거리에서 잠을 청하기도 한다(존엄성이야 미국 장애인도 없기는 마찬가지다). 아프리카나 아시아에는 장애인 전용 통로가 전혀 없고 서구 유럽에서도 보기가 쉽지 않다. 일터에 가고 싶어도 대중교통 이용이 문제다. 미국의 장애인들이 조금이나마 나은 것은 우리가 권리를 찾기 위해 싸웠기 때문이다. 그런 현실을 외면한 채, 장애 문제의 해결책으로 여피 스타일의 소비를 들고 나오다니 참담한 기만 행위가 아닐 수 없다.

장애자본주의를 지지하는 일부 부유층은 기업의 후원을 받고 있으며, 우리에게 자본주의에 무조건 항복할 것을 요구한다. 그것도 장애인법이 보수적 법원으로부터 사악한 공격을 받는 와중에 말이다. 장애자본주의는 비장애인 부자와 권력자, 기업인이 주축이며, 비상을 원하는 중산층 장애인 기업가들과의 제휴를 가장하고 있다. 보수적이고 자유주의적인 장애인 지도자들과 정치적 타협을 한 뒤, 장애자본주의의 전략에 따라 장애인 지위 향상 노력을 이용하려는 음모를 꾸민다. 물론 시민권은 안중에도 없다.

시장이 알아서 할 거라고? 스스로 평등권을 확보하려 투쟁하지 않는 한(이는 자본주의를 전복한다는 뜻이다. 자본주의 체제에서는 결코 평등할 수 없다) 우리 장애인은 소유계급의 도구로 전락하고 여타의 피억압 계급과 마찬가지로 영원히 가난에 허덕일 것이다.

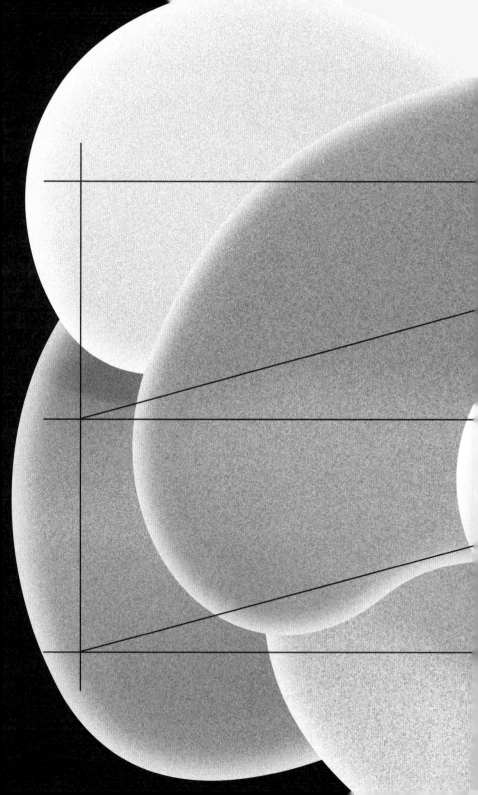

3부

유폐된 장애

제9장

장애, 교도소, 역사적 격리

장애와 교도소 산업 이야기는 일련의 수치로 시작해야 한다. 미국 교도소와 구치소에 수감된 사람 중 장애인의 비율이 터무니없이 높다. 인구조사국 자료에 따르면, 총인구의 5분의 1 정도가 장애인이지만 죄수 비율은 그보다 훨씬 높다. 그 이유는 나중에 설명하겠다. 전국의 포괄적 장애cross-disability에 대한 신뢰할 만한 통계는 없다. 다만 여러 연구 자료를 살펴보면, 수감자의 다양한 장애 범주와 관련해 믿을 만한 수치는 얻을 수 있다. 예를 들어 청각장애는 수감자의 30퍼센트 수준이며, 정신지체는 3~9.5퍼센트로 보인다.

학습장애 비율은 현저하게 높다. 청소년 수감자를 조사해 보니 학습장애는 전국적으로 55퍼센트까지 올라갔다. 70퍼센

자본주의와 장애

트의 청소년 수감자에게 특수교육이 필요한 주도 있었다. 캘리포니아의 어느 교도소에서는 죄수의 6분의 1에서 4분의 1 정도가 '심각한 정신장애' 진단을 받았다. 가장 놀라운 것은 중범죄로 수감된 청소년 관련 조사였다. 실제로 조사 대상의 100퍼센트가 다중 장애였으며(신경장애, 정신장애, 인지기능장애), 심각한 중추신경계 부상으로 고통을 겪고 있었다. 어린 시절부터 극단적인 신체적·성적 학대를 받은 데서 비롯한 장애였다.[1]

장애인 재소자가 많은 이유가 뭘까? 유전결정론자들은 장애인 재소자의 높은 비율을 유전적 결함으로 보았다. 예를 들어 콜드스프링하버 연구소의 제임스 왓슨은 "개인의 결함을 사회적 행동의 주요 요인으로 보아야 한다. 결함의 악영향 중 범죄형 폭력 성향이 가장 큰 문제다"[2]라고 주장했다. 이 견해에 맞서 우리는 마르크스의 대안을 제안하고자 한다. 자본주의 경제와 사회권력을 유물론적으로 분석하는 것이다.

미국 자본주의 구조는 장애인을 비롯해 특정 집단의 삶에 중요한 영향을 미친다. 역사적으로 미국 사회뿐 아니라 부의 축적 과정에서도 배제된 탓에 소위 자유세계의 장애인들은 동료를 교도소로 보내야 하는 불행한 계급으로 전락하고 말았다. 교도소를 포함해 교화시설은 일반적으로 자본 축적에 기여하며 실업예비군을 비롯한 잉여 인구를 사회적으로 통제한다. 자본주의 경제체제는 다수의 노동자를 실업 상태로 유지해야 하기 때문에 실업예비군은 피할 수 없는 현실이 된다.

재소자가 미국의 단면은 아니다. 재소자들은 더 가난하다. 취업 가능성도 현저하게 낮은 터라 가난은 필연적으로 장애와 관계가 깊다. 가난한 사람에게는 적절한 건강보험, 안전하고 쾌적한 주택, 영양이 풍부한 식사 따위는 제공되지 않는다. 환경인종주의, 유해한 쓰레기장, 저임금, 유색인종 시민 중심의 유해산업도 치명적인 피해를 가한다. 가난한 아이들이 납 같은 유독성 물질에 노출되어, 성장장애와 학습장애를 겪는다. 오염된 물을 마시고 유독성 공기를 호흡하는 바람에 천식 등의 호흡기 질환과 암환자가 크게 증가하기도 한다. 가난한 사람들은 마약과 알코올 남용이 판치는 동네에서 살며 태아기 알코올 증후군으로 신체적·정신적 손상을 겪는 경우도 많다. 폭력 범죄에 연루될 경우 척수 손상, 외상성 뇌손상 등의 장애를 입을 수도 있다.

크리스천 패런티가 『록다운 아메리카』에서 설명했듯이, 가난의 창조주 자본주의는 가난을 필요로 하는 동시에 가난으로부터 위협을 받는다. 잉여 인구와 최극빈 계급을 관리하고 유지하기 위해 미국 자본주의는 격리, 감금, 억압 등의 준군사적 조치를 개발했다.[3] 물론 격리, 감금, 억압을 통해 장애인들의 전적인 사회 참여를 억제함으로써 소위 '장애'라는 사회적 상태를 만들어 낸 것도 우연은 아닐 것이다. 이 글에서 밝히고자 하는 것도 바로 이 장애 이론이다.

역사적 격리와 사회 통제

그렇다고 교도소 밖의 장애인이 자유롭게 산다는 생각은 하지도 말자. 교도소, 병원, 정신병원, 요양원, 특수학교(대부분 교육도 하지 않는다) 등의 기관 역시 장애인을 특별 대우하기 위해서가 아니라 강제로 사회로부터 격리하기 위해 존재한다.

인종이나 성별과 달리, 장애를 자본주의 사회 권력관계의 소산으로 여기는 사람은 별로 없다. 그보다는 치료나 통제가 필요한 의료 문제로 여기는 경향이 강하다. 의학적·사회적 복지 기관들은 역사적으로 장애를 개인 문제(개인의 불행)로 여겼다. 경제생활에 전적으로 참여하지 못하는 장애와 한계를, 경제적·사회적 권력이 아니라 장애인 개인의 생리학적·해부학적·정신적 결함 탓으로 돌린 것이다.

하지만 장애 활동가와 이론가들은 장애 억압을 이해하기 위해 유물론적 관점을 개척해 왔다. 자본주의 체제에서 노동이 어떻게 진화했는지 추적하면, 장애인에게 어떤 영향이 미쳤는지도 알 수 있다. 자본주의 이전 사회에서 노동 적령기의 장애인이 사회에 온전히 참여하거나 경제적으로 풍요로웠다고 주장하지는 못해도, 대부분 작은 사업장과 가족 사업에서 한몫을 담당한 것은 사실이다. 물론 능력에 따라 기여하는 바도 있었다. […]

자본주의 초기에는 사회의 노동 조직과 인간 노동의 개념

모두에 큰 변화가 필요했다. 인류가 "검은 악마의 공장"으로 들어가 자본 축적의 성스러운 임무를 수행할 때 장애인의 생존에 장벽이 세워지기 시작했다. […] 장애인 노동자들이 유급 노동에서 배제된 것이다. 기계-공장 기반의 새로운 생산체제를 따라잡지 못한다는 이유였다.[4]

따라서 "19세기 노동시장 체제는 온갖 차원의 장애인들을 효과적으로 시장 바닥으로 끌어내렸다".[5] 산업자본주의는 인간의 신체를 상품화해 무산계급과 장애인 계급을 만들어 냈다. 어느 계급이든 표준 노동자의 신체 조건에 적합하지 않으면 그들의 노동력은 간단하게 무시당했다. 시간이 흐르고 장애인이 사회문제로 대두되면서 장애가 있는 사람을 주류 사회에서 떼어내 노역장, 수용소, 교도소, 구제기관, 특수학교 등 다양한 시설에 격리했다.

산업자본주의는 장애인을 소외시키고 시설에 가두는 한편, 생산성을 짜내는 과정에서 전례 없이 위험한 상황과 환경을 만들어 냈다. 이런 관점에서 볼 때 흑폐증, 면폐증, 석면침착증 같은 치명적인 질병들은 자본주의의 산물이라고 할 수 있다. 그밖에도 공장 노동자들이 마비되고 불에 타고 눈과 귀가 멀고 수족을 잃고 신체적·정신적 기능을 상실하는 등, 장애의 나락으로 떨어진 끔찍한 이야기들은 얼마든지 있다. 오늘날 반복 운동 손상은 하이테크 노동자 수십만 명의 노동력을 빼앗았는데, 1999년 노동 관련 질병 전체의 66퍼센트에 달했다.

자본주의가 노동자 집단에서 장애인들을 솎아내 시설에 가두는 한편, 의료산업은 청각장애, 시각장애, 신체·정신장애를 질병으로 분류했다. 이들은 역사적으로 인류에게 자연스럽게 등장한 징후들이다. 미셸 푸코식으로 말하면, 의료화와 산업화는 사회 통제 수단으로 변질되어, 장애인을 사회로부터 격리하고 배제하는 데 일조한다. 두 산업의 조합은 자본주의의 징계와 통제 필요와 맞아떨어진다. 마이클 올리버는 이렇게 설명한다.

> [시설은] 억압적이다. 자본주의 사회의 규범과 규율에 순응할 수 없거나 순응하지 않는 사람들을 추방·격리할 수 있다는 점에서 그렇다. 또한 이데올로기적이다. 현재 순응적이라고 해도 향후 그렇지 못할 사람들에게 본보기가 되기 때문이다. 말을 안 들으면 시설에 처넣으면 된다.[6]

각종 시설은 따라서 합법적인 공포의 감금 장치다. 이 경향을 뒤집는 것이 장애인 권리운동의 기본적이고 혁명적인 목표다.

격리가 장애인에게 미치는 영향은 심각하다. 더 이상 취업도 불가능하고 부와 교육의 기회에서도 멀어지기 때문이다. 노동 적령기의 장애인 중 3분의 1만 현재 직업을 갖고 있지만 비장애인은 80퍼센트가 넘는다. 성인 장애인 3분의 1(34퍼센트)은 연 소득 1만 5,000달러 미만의 가정에서 생활한다. 반면 비장애인은 12퍼센트에 불과하다. 22퍼센트에 달하는 격차는 1986

년 이후 거의 변화가 없다. 장애인이 고등학교를 졸업하지 못할 확률도 두 배에 달하며(22퍼센트 대 9퍼센트), 건강관리(28퍼센트 대 12퍼센트)와 이동(30퍼센트 대 10퍼센트) 측면에서도 격차는 터무니없는 수준이다.[7] 물론 장애인이 경제사회의 밑바닥을 차지하는 것은 단지 자본주의 국가뿐 아니라 전 세계 모든 체제의 공통점이기는 하다. 하지만 그 어디에서도 사회의 막대한 부에서 강제로 떼어낸다거나, 가장 힘이 없는 시민에게 가장 참혹한 생존수단만 허락한다는 말은 들어보지 못했다. […]

노역형에 처하다

사회 통제만으로는 장애인의 격리와 감금을 제대로 이해할 수 없다. '치료'에 초점을 맞추고 '불치'를 '장애'의 관리 범주로 격리하는 식으로 의료산업은 기업의 이해를 지원하고 착취가 어려운 장애인 노동자들이나 자본 축적에 방해가 되는 이들을 강제로 노동 현장에서 몰아냈다. […]

장애인 노동자들에게 문을 걸어 잠그는 동시에 이윤을 극대화하기 위해 미국의 자본가들은 비장애인 노동자들까지 외면한 채 공장을 해외로 이전하고 있다. 그곳에선 시급 20센트의 아동노동이 합법이며, 노동자들에게 상여금이나 보험을 제공할 필요가 없기 때문이다. 그런데 이제 기업들은 그렇게 멀리

나갈 필요도 없다는 사실을 깨닫고 말았다.

개발도상국으로 공장을 옮긴다 해도, 그보다 훨씬 수지맞는 노동자 집단을 쥐어 짜낸 불로소득에 비할 수는 없겠다. 교도소는 기본적으로 사회문제들을 해결할 뿐 아니라, 근래 초고속성장 기업으로 돌변했다. 노동자들에게 시급 22센트만 주면서, 빈곤 국가에서와 달리 이제는 인프라 구축 및 선적 같은 추가 비용도 피할 수 있다. 직업안전위생법이 교도소 산업에 적용되지 않는 게 과연 우연일까? 교도소 제조업에서 사용하는 물질들이야말로 위험하기 짝이 없지 않은가. 예를 들어 테하차피 교도소에 위치한 캘리포니아 교도소 산업 당국은 가구를 보호하고 치수를 조정하기 위해 우레탄폼을 사용하는데, 환기도 잘 안 되는 공간이라 재소자들의 건강에 치명적 위협이 되고 있다. 우레탄폼 입자가 폐에 들어가면 석면침착증과 유사한 증세를 유발한다. 자칫 불이라도 붙는다면 치명적인 유독가스를 뿜어낸다.

이 이야기의 기이한 측면은, 정부 기관, 학교, 병원, 도서관들이 캘리포니아 법을 빙자해 이 교도소 의자와 소파 따위를 사들인다는 것이다. 우레탄폼에 경고문을 붙였는데도 그렇다. 캘리포니아 가구연합은 우레탄폼 사용을 금지하고 있지만, 교도소 산업 당국은 위험 자체를 무시해 버린다.

무려 수십억 달러의 제조산업이다. 그것도 합법적으로 노예 노동을 이용하고 간섭하는 사람도 없으며, 주정부와 연방정

장애, 교도소, 역사적 격리

부의 노동 현장 안전이나 노동법에 저촉되지도 않는다. 상품 제조에 위험물질을 포함하고 있지만 피고용인에게 건강보험, 상여금, 병가수당을 지급할 필요가 없다. 소비자들에게 법을 내세워 강제로 제품을 구매하게 하고 노조 결성을 금지한다. 남북전쟁이 끝났건만 '공짜 노동자들'은 얼마든지 있다.[8] […]

신자유주의적 전환, 탈시설 그리고 감금

장애와 교도소의 관계를 제대로 이해하려면 우리 사회가 정신장애인을 어떻게 취급했는지 들여다볼 필요가 있다.[9] 20세기 후반 자본주의 경제가 변화를 겪으면서 정신병원의 지배도 쇠퇴하기 시작했다. 1970년대 경기 침체, 이윤 감소, 재정 위기가 레이거노믹스와 맞아떨어졌던 것이다. 예를 들어 기업과 부자의 세금을 감면하고 노동을 탄압하고 건강과 안전 규칙을 완화하고 교육·복지·사회 프로그램에 대한 공공투자를 줄이는 식인데, 여기에는 정신장애인을 수용하는 시설도 포함된다.

정신장애인의 측면에서 탈시설이란 비용 절감에 따른 정부 정책의 변화를 뜻했다. 예를 들어 50개 주에서 정신장애인 치료에 들어가는 비용은 1950년대에 비해 1990년대에 3분의 1 정도 감소했으며, 근래 조현병 진단을 받은 사람 중 적절한 치료를 받는 사람은 절반에도 미치지 못한다. 소위 '정신병원'이라는 이름의 끔찍한 무시와 학대가 문을 닫았으나, 그에 따른 새 시설, 즉 공동체 주택, 고용 서비스(심각한 노동시장 차별을 겪는 사람들에게 반드시 필요한 부분) 등 장애인들 스스로 기획하고 운영 하는 프로그램은 제대로 자리를 잡지 못한 탓이다.

그 대신 104대 의회, 공화당 혁명가들은 복지제도와 사회 보장계획의 적자를 빌미로 사회안전망을 공격했다. 1990년 연방정부가 장애와 복지연금을 대폭 줄이고 주정부가 일반 구호와 메디케이드를 축소하면서, 정신장애 판정을 받은 사람들이 시설에서 쫓겨나는 사태가 크게 늘었다. 물론 상당수는 병원에서 나오는 순간 극빈자가 될 수밖에 없었다.

주정부가 정신장애인과의 사회계약을 철회한 탓에 시설에서 쫓겨나 거리로 내몰리고 결국 노숙자와 교도소를 오가는 신세가 된 것이다. 현재 정신장애 재소자 중 노숙자 비율은 압도적이다. 예를 들어 1996년 뉴욕시 구치소의 정신장애인 2,850 명 중 43퍼센트가 집이 없다. 사실 대부분 폭력적이지도 않고 위험하지도 않은 사람들이다. 그저 사소한 절도나 소란죄, 또는 질환과 관련된 '범죄'로 수감되었을 뿐이다. 사법제도는 '소외된 삶'에서 비롯한 경범죄를 징역형으로 처벌하는 경우가 많았다. 1996년에는 무려 67만 명에 달했다. 어느 시기든, 중증 정신장애가 있는 미국인 40퍼센트가 구치소나 교도소에 갇힌 것으로 보이며, 이는 재소자 전체의 10~30퍼센트에 달한다. 범죄, 공동체&문화센터의 결론에 따르면, 그동안의 재판 결과 가난

한 정신장애인의 경우 징역형이 기본으로 보인다.[10]

'정신장애의 범죄화'는 미국 자본주의의 보건 시스템과 교도소 산업의 성장에 그 뿌리가 있다. 예를 들어 뉴욕의 구치소 및 교도소의 정신장애 재소자 대다수가 메디케이드 수혜자이며 다른 보험은 없다. 메디케이드 자격이 되려면, 저소득 개인은 장애와 빈곤이 극심해야 하며(해당자는 저축을 소비하는 식으로 자격을 얻는다) 극빈자로 남아야 한다.

설상가상으로 미국 민간 보험체계에는 더 이상 정신건강 동등성mental health parity(의료보험에서 정신건강 장애와 약물 사용 장애를 동등하게 평가해야 한다는 뜻_옮긴이)이 존재하지 않는다. 예를 들어 민간기업의 장기장애보험은 주로 고용주들이 지원하는데, 65세 이상의 신체장애가 있는 수혜자에게 급부금을 제공하는 반면, 정신장애 수혜자에게는 급부금 수령 기간을 24개월 미만으로 강제한다. 보험회사들은 정신건강 동등성 제공을 거부하면서, 기간을 연장할 경우 영리 목적의 시스템에 부담을 주어 보험료가 천정부지로 오를 수 있다는 핑계를 내세운다. 이윤을 보호하기 위해 정신장애인의 치료와 서비스를 거부한다는 얘기다.

관리의료가 확대되면서, 병원과 의사들의 패러다임도 바뀌기 시작했다. 비용 절감 명목으로 지불 체계를 바꾼 터라 이 역시 치명적인 영향을 미친다. 개인에게 어떤 치료를 했는지 여부와 상관없이 고정수수료를 받는 것이다. 비용 절감을 하면 후에 금전적 보상을 받기 때문에 정신장애 입원자들은 치료가 끝나지 않았는데도 3주 후에 퇴원을 해야 하는 경우가 많다. 심지어 퇴원 시 계획(환자의 상태·경과를 기록하여, 퇴원 후의 진료 및 간호 방향을 정하도록 도움을 주는 계획_옮긴이)도 제공하지 않아 종종 환자가 공동체 지원을 받지 못한다.

　일반적으로 정신장애인은 생산 가치가 없거나 미미하다고 여겨진다. 그 때문에 실업률이 80퍼센트로 장애인 중에서도 가장 높으며, 재소자 비율도 터무니없을 정도다. 범죄학자 스티븐 스피처의 조어인 "사회적 쓰레기"야말로, 사회가 이 버림받은 존재들을 어떻게 바라보는지 잘 보여준다고 하겠다. '정신장애' 딱지가 붙은 사람들은 주거, 고용, 건강보험 등의 영역에서 심각한 차별을 당한다. 그들은 점차적으로 크리스천 패런티의 소위 "증가 추세의 '잉여 인간' 계층"에 편입되고 경제사회에서 효율적으로 쓰이지 않는다는 이유로 통제되고 구금된다. 매우 제한적인 방식이지만, 때로는 교정시설의 원재료가 되어 경제적 쓰임을 당하기도 한다. 예전에 '뱀굴'로 불리던 정신병원은 이제 다른 시설, 즉 교도소로 대체되고 있다. 그곳에 감금된 사회 낙오자들은 교도소 산업을 확대하고 유지하는 수천의 관계자들을 떠받치는 방식으로 GDP에 기여한다.

　정신건강 변호 단체들은 정신장애인은 감옥에 있는 경우가 거의 없다고 주장한다. 구금 회피 프로그램과 퇴원 계획은 입원과 구금의 회전문을 멈추게 하는 열쇠다. 그들은 고장 난 시스템을 수리하기 위해 현재의 공동체 치료와 지원 서비스를 추천

장애, 교도소, 역사적 격리

하지만 현재로서는 전반적으로 자금이 부족하다.

정신장애 치료의 사회 변화 운동은(주로 정신건강 산업의 생존자로 구성되어 있다) 현재의 강제 입원, 비자발적인 약물 투약(정신과 약은 과학이 아니기에 종종 약물 오용 및 남용 피해가 발생한다), 강제 전기 충격 같은 해결책을 강력히 경계한다. 물론 이것들은 모두 기업식 정신과 치료 모델에 속한다. 이제 세계은행은 '정신건강과'를 개설해 전 세계적으로 기업식 모델을 장려하고 있다! 37개 주에서는 자택에서 사는 사람도 법원 명령에 따라 정신과 약을 복용해야 하지만 이미 그 후유증으로 고생하는 사람이 적지 않다. 여섯 개 주에서는 약물 전달 방문 서비스를 제공한다. 고장난 정신건강 체계는 병원이든 교도소든 대개 한두 형태의 구속과 강제 치료에 의존한다. 풀뿌리 사회 변화 운동은 정신장애인의 비자발적 구속을 종식하기 위해, 유해시설을 또 다른 유해시설로 교체하지 말라고 촉구한다. 대신 인권(치료를 거부할 권리를 포함해서), 역량 강화, 공동체와 또래 지원 같은 대안을 모색해야 한다.

교도소의 억압

미국 자본주의는 장애인을 사회에 동화시키는 데 실패하고 그 대안으로 교도소 등의 시설에 격리한다. 당연한 얘기이지만, 장애인은 일단 시설에 들어가면 훨씬 더 지독한 학대와 차별을 겪는다.

예를 들어 미국 전역의 교도관들은 장애인에게 가장 소중한 물건들, 즉 휠체어, 보행 보조기, 목발, (피부 손상과 공기 유통을 위해 제작된) 특수 매트리스, 약 등을 압수하는 것으로 알려졌다.[11] 사지마비 장애인 같은 재소자들은 먹고 옷 입고 목욕을 하려면, 다른 사람의 배려나 도움이 필요하지만 그런 요청은 가차 없이 무시당한다. 그 바람에 식사를 거를 때도 많고, 도움을 받지 못하면 자기 몸에 대소변을 봐야 한다. 구조적 장벽 탓에, 신체장애인은 화장실은 물론 식당, 도서관, 일터, 레크리에이션 룸, 면회실에도 갈 수가 없다. 시각장애인은 편지를 읽지 못하고, 교도소 도서관에 가서 자기 사건을 조사하지도 못한다. 낭독기나 점자책이 제공되지 않기 때문이다. 청각장애인도 수어 서비스가 없는 탓에 작업 계획, 상담, 알코올 및 학대 상담 프로그램, 의료 약속은 물론, 가석방 심사회와 징계 심사회에도 참석하지 못한다. 장애인 재소자들은 귀휴 프로그램 등록마저 일상적으로 거부당하는 탓에 이따금 재소 기간이 크게 늘기도 한다.

이런 행위는 모두 장애인법 위반이다. 1998년 대법원의 예스키 판결에서도(펜실베이니아 교도소 대 로널드 R. 예스키) 주립교도소의 책임으로 결론 내렸다. 교도관이 장애인 재소자를 정신적으로 학대하는 경우도 있다. 예를 들어 시각장애인의 감방에서 가구를 움직인다든가, 확성기로 조롱을 하는 경우가 그러한데,

이런 사례는 전국 교도소에 걸쳐 폭넓게 보고된 바 있다. 의료 학대도 빈번하다. 치료 가능한 장애 상태의 재소자들이 교도관의 무지와 방치 속에서 죽어가고 있다. 정신적·의료적 학대는 수정 헌법 제8조(가혹하고 비상식적인 징계 금지 명령)뿐 아니라 국제 인권법 위반이다.

미국 사회가 장애인의 인권을 얼마나 침해하고 있는지 가장 극적으로 보여주는 시설인 교도소가 가구와 자동차 번호판뿐 아니라 장애까지 제조한다는 사실은 씁쓸하기만 하다. 교도소에서의 참혹한 삶은 사람들을 장애로 만든다. 의료 관리의 실수나 결여, 영양 부족, 폭력, 교도소 내의 극단적인 더위와 추위, 소음, 감각적·정서적·지적·신체적 자극의 결여. 이 모든 것은 곧바로 급성 또는 만성적인 신체적·정신적 장애로 이어진다.

교도소 내 과밀도 장애 상태를 촉진한다. 실제 설계보다 재소자가 세 배가 많은 공간에서 지내다 보면 장애나 폭력과 맞닥뜨릴 가능성도 커질 수밖에 없다. 그런 환경에서 근무하는 교도관도 폭력에 의존하는 경향이 점점 커진다. 물론 신체적·정신적 건강관리 기준도 초라해지고, 심한 우울증에 더해 다른 심각한 정신장애를 초래할 가능성도 많다. 그뿐만 아니라 과밀 환경에서는 조폭이 설치고 집단폭력이 난무하며 결국 재소자들에게 영구손상을 입히고 만다.

장애는 보호와 통제에 대한 교정 시스템의 강박증에서 비롯한다. 독방, 감각 차단 감방, 소몰이 막대와 스턴건 같은 고문 도구들은 신경쇠약을 유발하고 기존의 질병을 악화한다.

교도소 노동산업은 이미 언급했듯 노동 안전, 건강 기준 따위를 완전히 무시하기에 작업 환경도 위험할 수밖에 없다. 에이즈, C형 간염 등의 감염은 가장 기초적이고 인도적인 의료 개입만으로는 발견하기가 어렵기 때문에 재소자들을 늘 괴롭혔다. 마지막으로 의무적 최소형량법에 따라 형량이 늘어나면서 재소자들의 노쇠 현상도 심각해졌다. 장애는 나이와 함께 온다.

자본 괴물을 막아라

21세기 미국에서 교도소 산업은 수십억 달러의 자본 괴물로 성장해, 닥치는 대로 먹어치운다. 미국은 교정시설에 고등교육보다 많은 돈을 쏟아붓고 있으며, 10만 명당 700명 이상을 교도소로 보내고 있다. 이상적인 국가들의 경우는 10만 명당 100명도 채 되지 않는다. 미국의 일부 대도시에서는 수감 비율이 10만 명당 2,500~3,000명에 달하기도 한다. 1995년 교도소 재소자는 100만 명이 최고였으나, 그 이후 매년 8.5퍼센트의 비율로 증가하고 있다.

특약 칼럼니스트 앤서니 루이스는 주정부의 교도소 확충에 105억 달러를 지원하는 법안을 접하고 일침을 가했다. "주정부가 교도소에 투자하면 결국 그 공간을 채우려 할 것이다. 징역

기간이 점점 늘어난다는 뜻이다."

지방법원의 윌키 퍼거슨 주니어 판사도 비슷한 생각을 내비친 바 있다.

교정시설의 건설과 운영이 모두 민간기업으로 넘어가고 있다. 민간기업은 정부 예산보다 7퍼센트 낮게 교도소를 운영하도록 되어 있다. 이들 회사는 수익 증대를 위해 자기 상품 구입을 종용하지만 대부분 세금으로 대금을 받는다. 이 장밋빛 프로젝트대로라면 징역은 늘어날 수밖에 없으며 기업 성장은 따놓은 당상이다. 죄수의 최대 수용이 최대 이윤을 보장하고 있지 않은가.[12]

이런 식의 경제력이 작동한다면 교도소가 미어터져도, 의무 최소형량이 법정에 난무해도, 장애인 재소자들이 학대와 방치로 죽어가도 그다지 놀랄 일은 아니리라. 그사이 재소자들의 원성도 높아지겠지만, 자본가들은 눈썹 하나 까딱하지 않을 것이다.

지금은 현실적이고 포괄적인 사회 변화 운동이 필요할 때다. 장애인 권리, 시민권, 재소자 권리, 인권 세력은 단결하여 교정제도에 압박을 가해야 한다. 동시에 노동 조직을 사회적·경제적·근본적으로 개편해야 한다. 평등사상에 입각해 사회질서를 창조해야 하며, 일하지 못하는 사람들을 처벌하거나, 노동

자본주의와 장애

을 가치 결정 수단으로 만들지 못하게 해야 한다. 우리 모두를 억압하는 생산성 우선주의에 맞서 싸우라는 게 지상명령이다.

제10장

요양원 문에 매달리기

1

[1999년] 11월, 샌프란시스코의 진보적인 유권자들이 2억 9,900만 달러의 채권 발행에 동의했다. 미국 최대의 공립요양원 재건축을 위한 것이다. 이름 하여 '제안 A'. 지진에 취약한 130년 된 라구나혼다의 재건축이었다. 도시 유권자들이 승인한 채권 발행 중 가장 큰 규모에 속했음에도 승인에 필요한 3분의 2 득표를 훌쩍 넘겼다.

라구나혼다는 캘리포니아에서 제일 큰 요양원으로, 북미서비스노동조합(SEIU) 로컬250(미국 최대의 의료 종사자 노동조합. 1934년에 설립되었다_옮긴이)의 1,000명 노조원의 고용주이기도 하다.

라구나혼다를 재건하자는 캠페인은 2년 전에 시작되었다. 《샌프란시스코 이그재미너》에 따르면, 제안 A의 지지자들이 유권자를 설득하기 위해 약 70만 달러를 뿌렸으며 그중 9만 3,000달러가 노조에서 흘러나왔다.

노인과 장애인을 위한 샌프란시스코 FDR 민주클럽 정치행동위원회는 라구나혼다 재건축에 반대하고 나섰다. 샌프란시스코의 자립생활센터도 "지역사회에서 살아갈 권리"를 주장했다.

자립생활운동의 목표와 최근 방문 서비스에 뛰어든 노조의 목표가 채권 발행을 둘러싸고 충돌한 것이다.

장애 활동가들도 조합의 라구나혼다 재건축 추진에 배신감을 느꼈다. 누구 말마따나 "선을 넘었다"라고 생각했다. 활동가들은 SEIU가 "여전히 시설 보호 서비스 모델 보급을 고집한다"라며 비난했다. SEIU는 민간 및 공공 요양원의 노동자를 대변했기 때문이다. 활동가들에 따르면, SEIU는 시설들 내에서 조합원의 일자리를 보호하는 데 관심이 있다.

《샌프란시스코 크로니클》에 따르면 라구나혼다는 "조합에게 단순히 일자리 마련의 차원이 아니다. 공공센터는 노조가 이 사업에서 노동자들을 어떻게 생각하는지를 보여주는 모델이기도 하다. 노동자들은 불쾌하면서도 종종 고되기 짝이 없는 허드렛일에 대해 보상을 받아야 한다".[1]

SEIU는 요양원은 물론, 캘리포니아를 포함해 전국 각지의 다양한 '방문 의료 서비스' 노동자들을 대변한다. 임금이 낮고 의료보험 혜택이 없다는 점 때문에 종사자는 부족하고 이직률은 높다는 사실을 깨닫고, 1992년 세계장애재단과 캘리포니아의 자립생활센터가 연합해 주정부로 하여금 방문 지원 서비스(IHSS)를 업그레이드하도록 했다. 방문 지원 서비스는 소위 '독립 공급자' 모델에 입각한 프로그램이다. 독립 공급자들은 자신이 종사자이기도 하므로, 자영업자이자 그들을 고용한 장애인을 위해 일을 하는 것이다. 보수는 담당 장애인과 합의하고 연방, 주정부, 군이 함께 기금을 만들어 지불하는데, 대체로 최저시급인 5.75달러 수준이다. 활동가들에 따르면, 캘리포니아의 독립공급자법에서 주목할 만한 부분은, 장애인이 서비스 제공자를 직접 선택하고 지도하고 해고할 수 있다는 것이다.

1990년대 중반 샌프란시스코, 샌마테오, 앨러미다, 콘트라코스타, 로스앤젤레스, 샌타클래라의 카운티들은 이들 독립 공급자들을 대신해 공공기관을 설립하고 "지명 관리대행사"로서 단체교섭을 맡아주기로 결정했다(새크라멘토도 현재 공공기관을 선정하는 중이다). SEIU는 이들 노동자들의 노조가 되었다.

라구나혼다의 노동자들은 시급 14~15달러에 보험 혜택도 100퍼센트 보장받는 것으로 알려졌다.

"이직률이 100퍼센트에 달하는 일부 민간 요양원에 비하면 라구나혼다의 이직률은 매우 낮은 수준이다."《샌프란시스코 크로니클》의 기사다.[2]

라구나혼다의 고임금은 특별하다. 요양원 노동자의 평균 보수는 시급 7달러 수준이기 때문이다. 요양원 노동자가 왜 더 많은 임금을 받느냐고 따지는 사람도 있다. 화두는 단연 동등한 임금이다. 평균 시급 7달러는 방문 지원 서비스 노동자의 시급보다 1.25달러 많다. 시급 14달러는 대부분 방문 지원 서비스 노동자들이 받는 임금의 두 배에 달한다.

현재 캘리포니아의 노인과 장애인들은 간병인을 구하기가 하늘의 별따기다. 요양원 노동자가 방문 노동자보다 임금이 높으면, 더 좋은 벌이를 따라 움직인다는 것은 삼척동자도 안다. 요양원 노동자와 방문 지원 서비스 노동자들은 주로 고등학교 중퇴자, 이민자, 싱글맘, 여급 출신이며, 수입을 충당하기 위해 투잡을 뛰고 있다.

지난 3년간 샌프란시스코 한 도시에서만 방문 지원 서비스 노동자들의 임금이 대폭 인상되었다. 지난해 SEIU 로컬250과 장애인 활동가들은 힘을 합쳐 적정 임금을 요구했고, 7월 윌리 브라운 시장이 6,500명의 샌프란시스코 방문 지원 서비스 노동자에게 시급 9달러와 100퍼센트 의료보험 혜택 제공에 서명했다. 하지만 같은 주에서 근무하는 대다수 18만 노동자들(약 20만 명의 장애인을 돕고 있다)은 여전히 최저 시급 5.75달러를 받고 있다. 의료보험도 휴가도 없고 병가수당도 없다. 지난여름 로스앤젤레스 KPFK 라디오 인터뷰에서 민주당 의원이자 SEIU 로컬660 총괄 관리를 맡았던 길버트 세딜로는 요양원 노동자 임금 인상 과정에서 노조의 전략적 성공을 치하했지만, 방문 간병 서비스 노동자들이 주지사의 예산놀이에 속았다는 얘기는 꺼내지 않았다.

로컬660은 로스앤젤레스 카운티의 노동자 4만 2,000여 명을 대표한다. 그 범주는 사서에서 건강관리, 경비원까지 매우 폭넓다. 하지만 예결위원회와 세출위원회 소속 세딜로는 방문 노동자는 아예 거론하지도 않았다.

로컬250은 '제도권 밖의 돌봄 서비스'를 확대하는 데 동의하며 샌프란시스코 종사자들의 임금 인상을 위해 노력했다. 하지만 라구나혼다의 재건축 의견서에는 "제도권의 장기 요양보호 체계에서 공동체 기반의 돌봄 모델로 바뀐다고 해서, 크게 늘고 있는 장기 돌봄 수요를 충족하리라고 확신하는 실수를 저질러서는 안 된다"라고 경고했다.

2년 전쯤 상원 노인특별분과위원회 증언에서, 전국의 100만 요양원 노동자를 대표하는 기구 SEIU는 요양원의 저급한 돌봄 서비스에 대해 우려를 표했다. "빈번한 학대 탓에 요양원 생활자들을 제대로 관리할 수가 없습니다. 요양원은 직원과 보급품을 축소하지만 요양원에 들어오는 노약자는 어느 때보다 많습니다." 국제 SEIU 조합장 앤드루 스턴의 말이다.

노인 그룹은 최근 요양원의 통탄할 수준에 대해 목소리를 높였으나 일자리와 직원 채용에 대한 스턴의 관심은 보수적인 입장으로 핵심을 외면하는 듯 보인다. 사실 요양원에서 살고 싶은 사람이 어디 있겠는가? SEIU는 왜 '개선'에만 집착하고, 보다 근본적으로 장기 돌봄 패러다임을 '독립 공급자' 모델로 바꾸려 하지 않는 걸까?

요양원의 연간 평균 비용은 4만 달러(라구나혼다는 9만 달러)다. 그 돈을 장애인이 방문 서비스에 쓰도록 허용해야 한다. 그 액수라면 노동자도 급부금까지 포함해, 적절한 수준의 임금을 받을 수 있다. 그렇게만 하면 SEIU의 노동자들도 시설에서 일하며 임금을 인상하는 것보다 훨씬 많이 벌 수 있다.

요양원과 홈케어 기업은 이윤만 따진다. 이윤 극대화를 위해 관리 품질을 낮추고 노동자 임금을 깎아 소유주와 투자자들에게 최대의 배당금을 돌려주어야 하기 때문이다. 홈케어 기업은 주정부에 시급 16.50달러를 청구하고 노동자들에게는 최저임금을 지불한다.

기업 관리자와 소유주들이 100만 달러 이상의 연봉과 보너스를 챙기는 동안 노동자들은 최저생계비에도 미치지 못하는 임금을 받으며 심신이 고달프고 위험하기까지 한 격무에 시달리고 있다. 기업의 목표가 그렇다. 최상층 몇 명을 배불리기 위해 노동자와 장애인을 착취하는 것.

장애 활동가 패트릭 코널리는 소위 "침대를 채울 머릿수"에 대해 얘기한다. "시설을 주장하는 전문가들은 연고가 없는 사람, 이동이 불편한 사람, 말이 너무 많은 사람, 장애가 아름답지 못한 사람 들의 감금을 정당화한다. 모두 쉽게 감출 수 있기

때문"이며 그들을 감추는 사람에게는 "사회적 지위"까지 제공
된다.

이 "장애의 수익 모델"에서 장애인은 상품으로 전락하며 그
들의 시장 가격에 따라 사회정책을 수립하거나 철회한다. […]

로컬250은 원칙론에 입각해 자신들은 결코 영리를 목적으
로 운영하지 않는다고 주장한다. 진보주의 조합은 그 말을 이렇
게 해석한다. '관리 품질을 낮추고 노동자의 임금에서 돈을 갈
취하는 방식으로 이윤을 챙긴다.' 다만 진보파의 판단도 주립
시설의 문 앞에서는 막히는 듯 보인다. 주립 시설을 자유주의적
사회 서비스의 보루이자, 주정부 노동자들을 조직화하기 위한
노조 투쟁의 오랜 결실로 보기 때문이다.

진보 조직이 시설 관리를 지지하는 이유는, 그게 자금을 조
달할 수 있는 방법이기 때문이다. 자금을 확보해야 시스템을 운
영하고 지지자를 고용하고 정당성을 인정받는다. 하지만 실직
의 두려움 때문에 이따금 조직화된 노동자 집단조차 상황을 포
괄적으로 이해하지 못하곤 한다. 예를 들어 조합은 벌목 일자리
를 보존하기 위해 환경운동을 공격한 바 있다. 하지만 환경운동
과 마찬가지로, 노동운동 역시 개인 도우미 서비스를 장기 돌봄
모델로 만들어야 혜택이 돌아온다는 사실을 이해해야 한다. 조
합 노동자들도 장애인이 될 수 있다. 나이가 들수록 장기 관리
가 필요하다. 자신이 일하는 기관에서 살고 싶어 하는 노동자가
과연 몇 명이나 되겠는가.

자본주의와 장애

영리 목적의 요양원과 마찬가지로 태만, 기준 미달의 관리, 심신 학대, 강간 따위가 주립 시설에서도 발생한다. 학대는 어느 시설에서나 일어날 수 있는 현상이다. 물론 위탁 운영의 홈 케어도 다르지 않다. 적어도 독립 공급자 모델이라면, 수혜자가 종사자를 직접 선정하고 지도할 수 있다. 만일 도움이 불만족스럽거나 장애인을 함부로 대하면 해고도 가능하다.

노동자를 위해 사회정의를 고양하려면 생활임금과 건강관리 투쟁에 합류해야 한다. 장애인을 위한 사회정의가 필요하다면 자신이 원하는 곳에서 살 수 있는 권리를 쟁취해야 한다. 영리 목적으로 장애를 상품화하고, 우리 사회에서 저평가된 구성원들을 창고에 쓸어 담다시피 하는 시설을 감내하지 말자는 뜻이다. […]

2

[…] 1999년 올름스테드 대법원의 판결에 따르면, 장애인법 체제에서 불필요한 시설 격리는 차별이다. 따라서 주정부는 제약이 최소화된 환경에서 서비스를 제공해야 한다.

올름스테드 판결의 성취와 더불어, 우리는 즉시 기업형 관리를 거부하고 그 대신 친절하고 자유로운 방문 서비스 모델로 대체해야 한다. 요양원식 서비스 모델은 중지해야 한다.

지금껏 장애운동의 기본 목표는 장애인에 대한 모든 형태의 사회적 억압과 맞서는 것이었다. 사회 주도의 시설 격리 역시 억압이다. 자유를 제한하고, 종종 굴욕적이고 비인간적인 시설에 장애인을 가두기 때문이다. 이 시점의 역사에서는 영리 목적의 요양원 기업들이 그 주범이다.

어디에서 어떻게 살지 스스로 결정하고, 신체적 구속에서 자유로울 권리야말로 자유의 핵심 원리에 속한다. 하지만 주 정부는 돈의 힘을 내세워 역사적으로 장애인들을 시설에 격리하고 가두며 그들의 기본적인 자유를 말살했다. 공공이든 민간이든 못 쓰는 물건을 창고에 처넣듯 참혹한 시설에 쓸어 담은 것이다.

자본주의가 발흥하면서 서구 사회에 시설이 늘어난 것은 우연이 아니다. […] 산업자본주의가 생산성에 적합한 표준 노동력을 요구하면서, 장애인은 사회문제로 전락하고 따라서 주류의 삶에서 배제해야 한다는 주장이 등장했다. […]

우생학도 그 주장에 가세했다. 레니 데이비스의 소위 '정상성 강화'라는 이름으로 '결함'을 제거하려 들면서 장애인을 격리할 명분도 더욱 강화했다. 데이비스에 따르면 '정상normal'이란 개념은 "일반적이고 일상적이고 규칙적인 유형이나 기준에서 벗어나지 않고 일치하고 강화하는 것"을 뜻한다. 그 단어가 영어에 들어온 것은 불과 1840년대 즈음이었다.[3]

에마 골드먼 같은 진보파와 존 D. 록펠러, 알렉산더 그레이엄 벨 같은 보수파가 합심해서 불구자, 간질병 환자, 농아 등 문제가 있는 사람들을 제거해야 한다고 주장했다는 사실에 주목할 필요가 있다.[4]

20세기 초 미국의 공식 보고서도 장애인을 "결함이 있는 존재"로 그리고 "시민들에게 어느 역병보다 1,000배 이상 해가 된다"라고 적었다. "미완의 인간성이 낳은 부산물"이자 "인류의 역병"이기에, 사회와 섞이면 "너무도 유해한 해악"을 끼친다.[5] 심지어 "정상적인" 사회에서 강제로 격리하는 법도 있었다. 예를 들어 1911년 시카고 조례는 이렇게 경고했다. "환자, 불구, 병신 등 보기에 흉측하거나 역겨울 정도로 기형으로, 이 도시의 공공행사 및 공공장소의 참여 또는 입장에 적절하지 못한 인물은 사람들이 있는 곳에 나타나는 것을 금지한다."[6]

20세기 들어 정점에 이른 시설 격리 모델은 지금까지 이어져 장애인들의 민주적인 사회 참여를 제한하고 있다.

1970년대 말, 장애 활동가들의 투쟁 덕에 정부는 기금을 마련해 자립생활센터를 설립했다. 그에 따라 장애인들은 감금에 가까운 시설 생활과 위압적인 공무원이나 전문가들한테서 풀려날 수 있었다. 그들이 만드는 정책들이라는 게 오히려 장애를 강화할 뿐이었다. 자원봉사자들도 문제가 있었다. 장애운동이 깨달은 바로는 가족, 친지, 자선단체에 의존하는 것보다 누군가의 조력에 보수를 지불하는 편이, 자율적인 삶을 조직해 하루 일과를 준비하고 일자리를 찾고 행사에 참여하고 일정표를 짜는 데 효과가 있었다.

따라서 정책 지원을 바탕으로 장애인이 공동체에서 살도록 기금을 조성하려면 반드시 필요한 조치가 있다. 즉 기금 프로그램을 통해 장애인이 개인 도우미를 고용할 수 있게 허용해야 한다는 것이다.

공공정책 덕분에 올름스테드 판결 같은 성취도 있었으나, 구조적·제도적 역학은 사용자 중심 서비스에 여전히 걸림돌이 되고 있다.

예를 들어 자본주의 상품 관계는 요양원을 창안해 오늘날 700억 달러 산업으로 성장시켰다. 국가 정책으로서의 격리 시설은 공공기금 지원으로 기업가 이윤을 보장한다는 인식에서 발전했다. 요양원의 3분의 2가 영리사업이지만, 메디케이드가 60퍼센트, 메디케어가 15퍼센트, 민간 보험사가 25퍼센트의 자금을 지원한다.

장애인 한 명이 연간 3만~8만 2,000달러의 수익을 보장할 때[7] 월스트리트 브로커들은 장애인의 몸을 자산으로 계산해 요양원 체인사업의 순이익으로 잡는다. 요양원 등의 시설 입원이 거의 언제나 강제적이고, 그 시설 안에서 일어나는 학대와 폭력, 인권 침해가 국가적 추문이 되었다. 하지만 자본가들의 관리 산업 관점에서 볼 때, 아무리 가혹하다 해도 장애인은 시설의 침대를 차지할 때가 자기 집에 머물 때보다 훨씬 더 GDP에 기여한다.

국가적 추문은 더 있다. 바로 요양원의 참혹한 환경이다. 미국 민간 요양원의 '돌봄' 이야기는 1980년에 이미 B. C. 블라덱이 조심스레 기록한 바 있다. 당시 영리 요양원 사업체는 1만 7,000곳이 넘었으나 환자의 건강과 안녕을 크게 해칠 정도로 타락했다. 블라덱은 정부를 향해 관리감독 부실 책임을 물은 후 요양원 관리자들의 '돈 빼돌리기 수법'을 비난했다. "돈벌이에 눈이 멀어 요양원 입소자들을 총체적으로 학대한 정황이 있다."

1960년대 뉴욕의 윌로브룩 같은 악명 높은 주립 시설은 고발로 문을 닫았지만, 지난 10년간 민간기업 주도의 장기 돌봄 시설은 존중과 존엄이라는 측면에서 거의 달라진 게 없었다. 입소자들을 방치하고 학대한다는 기사가 흘러넘쳤다. 최근 의회 보고서만 해도 수천 건의 사고와 수많은 학대가 기록되어 있다. 직원이 입소자들을 주먹으로 때리고 발로 차고 목을 조르는 사례도 빈번했다. 신체를 더듬는 등 성희롱을 일삼는다며 고발당하기도 했다. 욕창 치료 거부, 의사 면담 거절, 영양실조, 탈수, 열악한 위생 상태 등은 실제로 죽음에 이를 수 있는 학대다.

2002년 10월 13일, 《세인트루이스 포스트 디스패치》의 머리기사는 "요양원에서 매년 수천 명이 살해당하다"였다. 주류 언론은 장애운동을 아예 다루지 않는다!

장애인 권리 활동가들도 분명 요양원이라는 그럴듯한 이름의 감옥에서 학대를 당했으리라. 그들에게 요양원이 공공정책의 모범이 될 수는 없다.

이유는 얼마든지 있다. 요양원은 분명 사업이다. 시설 격리 외에 달리 방법이 없는 사람들을 가둔 채 피 같은 이윤을 빨아 먹는다. 둘째, 노인도 장애인도 요양원에서 살고 싶어 하지 않는다. 이건 반드르르한 요양원 건물 로비와 워싱턴 정치가들이 작당하여 만든 강제적인 모델일 뿐이다. 작당을 용인한 사회에도 책임이 있다. 장애인은 물론 노인들도 이 끔찍한 시스템을 경험하고 나서는 방문 지원 서비스로 마음을 돌린다. 누가 서비스를 통제하며 서비스의 내용이 어떠하며 어떤 식으로 제공되는지는, 장애인의 자기결정권과 사회 참여를 위한 투쟁에서 핵심적인 사항이다.

그럼 다른 서비스 모델을 어떤가? 이윤보다 사람을 우선하는 모델, 우리가 자유 모델이라고 부르는 모델은?

노동자와 장애인은 부작용이 많은 시설 격리의 대안으로 방문 서비스에 관심이 많다. 요양원 기업의 대다수는 영리를 목적으로 한다. 《US뉴스》에 따르면, 영업이익이 20~30퍼센트에 달한다. […] 이윤을 중시하면 서비스 품질은 떨어지고 노동자 임금은 하락한다. […]

전미노인법률센터와 캘리포니아 요양시설 개선 지지 모임은 질 좋은 돌봄의 핵심 조건으로 이윤 동기의 철회를 주장했다. 따라서 방문 서비스 준비를 기업에서 주관할 경우 동일한 우려가 존재한다는 사실을 염두에 두어야 한다. […]

기업식 '돌봄' 패러다임을 장애인 집단과 노동자 모두 거부한다는 사실은 인간의 노동과 장애인의 몸을 상품으로 보지 않아야 한다는 뜻이다. 그것도 누군가의 돈벌이를 위해서 말이다.

비영리 방문 서비스 모델이라면 시장 상품으로서의 장애 패러다임과 맞설 수 있다. 노동자와 장애인 사이에 이윤이 개입하지 않기 때문이다. 요양원 운영 수익에서 20~30퍼센트를 떼어 그 돈을 노동자들에게 주면 서비스 품질도 당연히 좋아질 것이다.

매년 불필요하게 시설 격리에 들어가는 3만~8만 2,000달러는 방문 서비스를 원하는 개인에게 제공되어야 한다.

우리의 과제는 올름스테드 판결 등을 활용해 시설에 대한 잘못된 정책을 폐기하고 공동체에 더 많은 일자리를 만들어 내는 것이다. 공동체는 사람들을 자유롭게 하는 데 관심이 있는 반면, 요양원 투자자나 소유자, 홈케어 기업은 그들을 상품처럼 창고에 가둘 생각만 한다.

국가의 장기 돌봄 정책을 방문 서비스 모델로 대체하는 것은 정부, 개인 도우미, 그리고 장애인 및 노인 사이의 계약/파트너십에 기초하며, 이윤을 넘어선 민주적 참여와 인권에 관심을 갖는다. 시장 구조에 의존하는 영리 또는 기업 이해는 평등에 기초한 사회관계 수립을 저해한다. 내가 보기에 민주적 참여를 위해서는 공동체 관리를 도입해 구성원들의 상호의존을 존중해야 한다. 우리는 요양원 모델을 원하지 않는다.

요양원 문에 매달리기

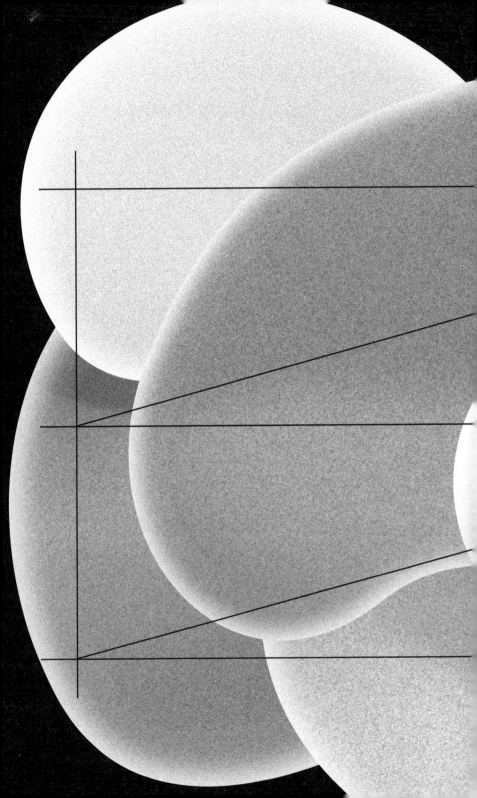

4부   사회안전망에 대한 공격

제11장

장애인 고객 확보하기

노령연금에 더해, 사회보장제도가 유족과 장애인의 보험 보호까지 보장한다는 사실은 쉽게 간과된다. [부시 행정부의 사회보장] 민영화 논쟁은 그 프로그램의 자매 혜택인 사회보장장애보험(SSDI)의 운명을 간과한 측면이 강하다.

장담하건대, 대부분의 미국인은 사회보장장애보험의 가치에 무신경하다. 특히 젊은 노동자가 그렇다. 부시는 그들의 표를 받기 위해 기금을 사모시장 계정으로 돌리려 한다.

나 역시 1980년대 말까지는 그런 게 있는지도 몰랐다. 당시 여덟 살 아이를 부양해야 했지만 일을 할 수 없는 상태였다. 그 전에는 대학에 다니고 영화 산업에서 일을 했다. 태어날 때부터 뇌성마비였지만, 언젠가 장애 합병증으로 일을 못 하게 되

자본주의와 장애

리라고는 상상도 못 했다. 사회보장국에 따르면, 미국인 열 명 중 셋은 건강 여부와 상관없이 67세가 되기 전에 장애인이 될 가능성이 있다.

나는 돈을 내고 사회보장장애보험에 가입했다. 요즈음 월급에서 공제하는 급여세 6.2퍼센트의 1퍼센트포인트 수준인데 몸이 망가져 장애연금 신청을 할 당시엔 나도 상당히 많은 금액을 불입했다. 장애는 노령 프로그램과 동일한 구조로 움직인다. 사회보장장애보험은 퇴직금과 마찬가지로 임금노동자를 위한 사회보험이며 근속 기간 동안 받은 월급에 기초해 계산한다. 물론 그렇다고 개인 투자자금으로 볼 수는 없다. 만약 장애로 인해 벌이가 충분치 못하다면 사회보장장애보험에서 임금 대신 장애급여를 제공할 것이다. 퇴직연금이 그런 식이다.

하지만 사회보장장애보험이 현재 논쟁이 되고 있는 이유는 부시 대통령이 대중을 호도해, 사회보장제도가 '위기'이자 '파산' 지경이라고 주장하기 때문이다. 그는 해법으로 '오너십 소사이어티'를 통한 민영화를 장려한다. 요컨대 퇴직연금에서 급여세 소득을 왕창 빼내 사모 투자 계정으로 돌리자는 얘기다.

부시 행정부는 퇴직연금과 마찬가지로 장애보험신탁기금(재무부의 별개 계정)에도 타격을 입힐 수 있었다. 대통령 직속의 사회보장강화위원회는 "전 미국인을 위한 사회보장 강화 및 개인 자산 창출 소위원회"[1]의 언급을 인용하며, 사회보장장애보험 지출은 급여 총액의 1퍼센트로서, 지난 15년 동안 45퍼센트 증가한 것으로 보이며, 따라서 2009년이면 지출이 급여세 소득을 초과할 것이라고 말했다. 다시 말해서 장애연금 역시 퇴직연금만큼이나 '위기'라는 뜻이다.

연금 수령액 삭감은 없다는 사탕발림에도 불구하고, 백악관에서 보수파 동지한테 보낸 쪽지에는 미래 은퇴자의 사회보장 혜택을 크게 줄여야 파산을 면한다는 점을 강조하고 있었다.[2]

사실 위원회의 청사진에 따르면, 퇴직연금 외에 장애연금까지 삭감해 사모펀드 투자비용에 보태야 한다. 첫 10년간 추산, 애초의 2조 달러 결손은 사모 투자 계정에 쏟기 위해 급여세 재원을 전횡한 결과이므로, 결국 지금처럼 급부금을 지급하려면 금액을 줄이거나 그렇지 않을 경우 결손이 더욱 커질 수밖에 없다.

부시 백악관의 위원회 보고서는 장애연금 축소를 "권고 사항"으로 여기지 말 것을 경고하면서도, "완전히 개선된 제안이 없을 경우, 위원회용 보고서에 수록되고 또 이 보고서에 포함된 계산을 보면, 두 프로그램을 위해 현재의 급부금은 조정이 불가피하다"[3]라고 했다. 프로그램의 장애보험 조건들이 급부금 삭감에서 빠진다면 전체적으로 동일한 수준으로 지출하기 위해 퇴직연금을 훨씬 더 큰 폭으로 줄일 수밖에 없다. 물론 삭감이 필요한 이유는 신탁기금 재원을 개인 계좌들에 빼앗겼기 때문이다.

그 총액도 상당한 수준이다. 미래 퇴직자의 연금은 40퍼센

자본주의와 장애

트까지 깎일 수 있다. 예산 및 정책 우선순위 센터에 따르면 사회보장 프로그램과 관련해 부시의 안처럼 물가 연동을 목표로 한다면, 2075년에 은퇴하는 일반 노동자의 경우 사회보장 혜택이 현 수준 대비 46퍼센트까지 축소될 것이다.

현재 퇴직연금은 임금과 연동이 되지만, 사회보장을 인플레이션 지수와 묶으면 노동자들의 퇴직연금은 큰 폭으로 줄게 된다. 일반적으로 인플레이션율은 임금 인상율보다 낮기 때문이다(실질임금은 시간이 흐르면 자연스레 인상되는 경향이 있다). 사회보장장애보험이 퇴직연금처럼 운영되므로 인플레이션과 연동될 가능성은 얼마든지 있다. 그렇게 되면 가뜩이나 참담한 수준의 장애연금도 생활이 불가능한 수준으로 떨어질 것이다. 예를 들어, 2004년 12월 평균 장애급여는 매달 894달러에 불과했다.

사회보장장애보험 규칙을 제멋대로 해석해 연금을 깎고 시스템을 짓밟을 방법은 얼마든지 있다. 부시 행정부라면 장애의 개념을 바꾸거나 규칙에 손대는 식으로 자격 요건을 까다롭게 만들 수 있다. 실제로 장애 재심사 제도를 악용하기도 했다. 장애인이 일할 수 있는지 여부를 판단해 명부에서 삭제하면, 심사에 필요한 노동 경력을 늘리고 연간 생활 적응 비용을 없앨 수 있다.

사회보장장애보험 자격을 획득하는 것은 극도로 까다롭다. 권리를 주장해도 거절당하기 일쑤다. 사회보장국과 싸우기 위해 변호사를 고용해야 하는 경우도 많다. 그 과정에서 겪는 스트레스와 경제적 어려움은 말로 다 할 수 없으며, 최종 결정까지 1~2년을 기다려야 할 때도 있다. 부시의 '오너십 소사이어티'는 결국 딴 세상 이야기다. 신청자들이 직장을 잃고 사회보장장애보험을 기다리는 동안, 집은 유질되고 차와 저축은 날아간다. 자격 심사 자체의 결함과 느린 일처리 탓에 사람들이 집을 잃고 거리로 내몰리는 것이다. 그야말로 고통스럽고 수치스러운 과정이 아닐 수 없다. 만성질환자라면 메디케어 혜택을 받기 위해 적어도 2년은 기다려야 한다.

사회보장장애연대의 린다 풀러턴이 2004년 9월 30일 의회에서 증언했듯이, "현재 사회보장장애보험 절차는 고의적으로 어렵게 만들어 놓은 듯 보인다. 신청자들이 중도에 포기하거나 죽기를 바라는 게 분명하다. 그러면 사회보장국에서 연금을 주지 않아도 되니까 말이다".[4]

1981년 레이건 대통령이 퇴직연금을 살린다는 평계로 수령액을 삭감하려 했다는 얘기는 유명하다. 그보다 덜 알려진 얘기도 있다. 레이건 도당이 수십억 달러를 아낀다는 명목으로, 장애인 수만 명에게 장애 재심사 통지서를 보내 장애 요건을 갖추지 못했다며 연금을 완전히 박탈했다. 자격 박탈 통보(적절한 절차도 없이)를 받은 장애인들은 극도의 고통을 겪어야 했다. 스스로 목숨을 끊는 사람도 적지 않았다. 장애연금이야말로 노동이 불가능한 장애인에게 유일한 수입원이기 때문이다. 정부는 이 고의적 과실의 피해자들에게 어떠한 보상도 해주지 않았다.

마치 연금을 빼앗긴 자는 죽어도 상관없다는 식이었다. 법률구조 변호사들이 사회보장국 국장을 고발하자 그때야 캘리포니아 판사가 레이건의 야만적 행위를 중지시켰다.

하원 조세무역위원회 하급관리에 따르면, 부시의 위원회는 사회보장장애보험 프로그램을 이중으로 공격하면서, 은퇴 연령에 이르기 전에는 장애연금 계좌를 개설하지 못하게 해야 한다고 제안하기도 했다. 요컨대 사회보장 급여를 삭감하는 차원을 넘어 그 계좌들에 손실을 상쇄할 돈을 남겨두지 말라는 것이다. 그렇게 되면 사회보장장애보험의 목표는 뿌리째 흔들릴 수밖에 없다.

강경 보수파는 시장이 민간 장애보험을 통해 원상으로 회복할 수 있다고 주장하겠지만, 사회보장장애보험만큼 장애인 노동자를 보호해 줄 민간 보험은 존재하지 않는다. 예를 들어 배우자와 두 아이가 있는 27세 노동자의 경우, 사회보장 프로그램은 35만 3,000달러의 장애보험 정책에 상당하는 금액을 제공한다. 민간 보험으로 그 수준의 보상을 받는 것은 불가능에 가깝다.

회계감사원(GAO)에 따르면, 1996년 민간 분야 피고용인의 26퍼센트가 고용주가 후원하는 장기장애보험에 가입했다. 노동 관련 보험금은 그 이후로 줄어들 뿐 늘어나지 않았다. 민간 장애보험에 40년 동안 납입했건만, 보험사가 장애를 인정하지 않고 지급을 거절했다는 얘기도 들려온다.

장애인 고객 확보하기

예를 들어 지난 11월 유넘프로비던트 보험사는 일부 주의 보험 규약에 잠정 합의했다. 보험사와 자회사들은 규약에 따라 1997년 1월 1일부터 현재까지, 만기에 이르거나 지급 거절한 장기장애보험 20여만 건을 재검토했으며, 그 결과 1,500만 달러의 벌금을 내야 했다. 규약은 보험사에게 보험금 처리 상황을 재검토하도록 지시했다. 조사 보고서는 유넘프로비던트가 개인 및 단체의 장기장애보험 정책을 내세워 보험금 지급을 부당하게 거절했다는 증언에 초점을 맞추었다. 지급하지 않는 식으로 수차례 법규를 위반한 것이다.

빼앗긴 사회보장장애보험 연금을 사모펀드 투자 계정으로 대체한다는 얘기는 또 뭔가? 2001년 1월, 민간 보험사들을 조사한 뒤 회계감사원은 이렇게 결론지었다. "[노동자의 개인 계좌] 수익은 장애인 수혜자가 수령할 보험금의 부족분을 상쇄하기에 충분하지 못했다."[5]

이는 부분적으로 투자 수익 적립 기간이 퇴직연금 계좌보다 짧기 때문이며, 따라서 노동자가 장애인이 될 경우 수익은 훨씬 줄어들 수밖에 없다.

비장애인 노동자나 직업이 있는 장애인을 노동자의 표준으로 보는 경우가 있다. 하지만 그들이 그동안 번 수입으로 '저축' 계좌를 마련했다고 믿는다면 그 또한 어리석은 일이다. 현재 노동시장의 현실은 일자리 유지가 얼마나 어려운지 보여주고 있다. 노동자들이 장기실업 가능성이 있는 직종으로 내몰리고 있다.

2004년 말 사회보장장애보험에 의존하는 사람은 619만 8,000명이었다. 장애인 노동자들과 가족까지 합치면 800만에 달한다.

장애보험신탁기금은 1956년 사회보장법이 제정되면서 설립되었다. 자본가들이 노동자를 부려먹고 내동댕이치면서 노동총연맹(AFL)과 산업별조합회의(CIO) 등이 노동자 보호를 위해 투쟁한 덕이다. 기업, 특히 보험산업의 저항이 거셌다. 오늘날 기업은 가장 강력한 민영화 지지 집단이다. 기업인 간담회(코카콜라, 엑슨모빌, IBM을 포함한 대기업 모임), 상공회의소, 전미자영업자협의회, 전미식당협회, 전미제조업자협회는 하나같이 개인 투자 계정으로 향후 급여세 인상을 피할 수 있다며, 부시의 안전망 개편에 수백만 달러를 쏟아붓고 있다. [···]

장애연금 프로그램을 특혜로 여기는 사회분석가들도 있다. 노동기반 체제에서 면죄부를 준다는 것이다. 보수파는 장애연금 프로그램을 도덕경제의 일부로 설명하곤 했다. 하지만 특권론도 도덕경제 이론도, 장애연금 프로그램을 제대로 설명할 수는 없다.

특권이든 도의적이든, 그렇다고 장애인들에게 버젓하게 살 권리를 보장해 주는 것도 아니다. 퇴직연금은 사회보장장애보험의 장애급여보다 전체적으로 높다. 장애급여는 공식적인 빈곤선을 오르내릴 뿐이다. 2004년 회계연도의 연방 빈곤 기준

장애인 고객 확보하기

은 9,310달러였다. 장애인이 사회보장장애보험에서 매달 수령하는 급여는 894달러다. 장애 여성이 매달 받는 평균 연금은 274달러로 남성보다 적다. 더욱이 노동 경력이 없거나 부족해 사회보장장애보험 자격이 안 되는 밑바닥 계층의 장애인이라면 수입은 훨씬 줄어든다. 이 장애인 그룹은 복지 장애 프로그램이나 생활보장금을 신청해야 하는데, 평균 연방 급여가 매달 417.20달러에 불과하다.[6] […]

보수 진영은 민영화를 통해 급여세 재원을 고갈시키고, 부시는 부유세 감면을 위해 가난한 사람을 쥐어짜겠다고 달려든다. 그러면 새로운 고객층이 유입되고 사회보장 급여로 주식과 채권을 매입할 테니 월스트리트는 더욱더 부를 축적할 것이다. 금융기업을 확실하게 밀어주겠다는 얘기다. 사회보장기본법과 사회보장장애보험은 1935년에 제정되었다. 1956년 처음 시행할 때 이미 부적절하다는 지적을 받았지만, 보수파는 그 사회적 책무까지 훼손함으로써 노동자들을 위태롭게 몰아가고 있다. 개인 투자 계정은 사회보장의 근간인 보장연금을 훼손할 것이다. 부시주의자들이 원하는 것은 두 가지다. 노동력을 착취하고 지독한 경쟁 사회를 만들어 노동자들에게서 사회보장과 사회적 보상을 박탈하려는 것이다. 민영화 체제에서 노동자들은 오로지 주는 것만 받아야 한다. 저임금 생활자들에게 상대적으로 높은 급여를 지급하는, 지금의 보다 진보적인 사회보장체계와는 상이하다. 투자 계정은 사악한 증권시장에 기생하며 노동자들의 주머니를 탈탈 털어내려 한다.

이 글을 쓸 때까지 부시의 최종 제안은 테이블에 오르지 않았다. 부시는 최근 비난과 반대에 직면하자 장애급여를 삭감하지 않겠다고 언급한 바 있다. 어쩌면 사회보장장애보험을 건드리지 않을지도 모르겠다. 적어도 당장은 말이다. 그의 첫 번째 목표는 사회보장 프로그램을 해체하는 것이다. 개인 투자 계정으로 더 잘살 수 있다고 꼬드긴 것도 그래서다. 사실 사회보장장애보험을 훼손하려는 노력은 오래전부터 있었다. 예를 들어 레이건은 장애인을 노동명부에서 지우는 한편, 사회보장장애보험을 사회 서비스 포괄 보조금 제도(사회 서비스를 각 주의 상황에 맞게 설립·운영하도록 연방정부가 주정부에게 이양한 서비스 운영 방식-옮긴이)로 끌어들임으로써 사회보장 프로그램을 없애버리려 했다. 1980년 카터 행정부의 건강·교육&복지부장관은 "장애가 우리를 죽인다"라고 말했다. 카터 행정부는 장애급여에 상한선을 두는 데 성공했으며, 수령금을 저임금 기준으로 계산하도록 방식을 바꾸었다.[7]

지난 수년간 사회보장장애보험을 강력하게 반대하는 사람들은 장애보험이 협잡이라고 주장했다. 의원들은 장애 의존의 딜레마를 성토하고 프로그램이 방만해져 통제 불능 상태라며 비난했다. 공화당에서 1990년의 장애인법을 지지하는 이유는 고용 차별 반대를 악용해 장애인들의 실업급여를 빼앗고 그들을 일터로 몰아넣기 위해서일 뿐이다. […]

장애인 고객 확보하기

현재 부시 행정부의 접근은 우회적으로 보인다. 즉 법부터 바꾸겠다는 것이다. 예를 들어 사회보장장애보험 수혜자를 2년마다 재신청하게 하는 법안이 계류 중이다. 누구든 맘에 안 들면 자격을 박탈하겠다는 집요한 음모인 셈이다. 게다가 사회보장이 성공하려면 리스크풀risk pool을 최대로 유지해야 한다. 만일 민영화가 성공하고 자금이 사모펀드 계정으로 흘러든다면, 퇴직연금과 장애연금을 구성하는 공동기금 풀은 줄어들 수밖에 없다. 그렇게 되면 장애 지출이 더 많아지는 것으로 보이기 때문에, 사회보장장애보험 프로그램은 강경 보수의 먹잇감으로 전락하고 말 것이다.

하지만 공공복지를 민영화하려는 압박의 주범이 경제는 아니다. 부시도 인정했듯이 민영화가 사회보장을 약화하지는 않을 것이다. 그보다 정치적이고 이데올로기적인 이유가 더 크다. 앞에서 백악관 쪽지를 언급했지만, "60년 만에 처음으로 사회보장 싸움에서 우리가 이길 가능성이 있다. 우리가 승리한다면, 나라의 정치적·철학적 풍경을 바꿀 수 있다." 역시 그 쪽지에 적힌 내용이다.[8]

강경 보수파는 뉴딜 정책이 성공적이었음에도 루스벨트의 비전을 말살하기 위해 지금껏 공을 들여왔다. 1980년대 초반에는 카토연구소, 헤리티지재단 같은 자유시장 보수세력이 자유시장 포고문을 쏟아내며 현 운동의 초석을 만들었다. 이제 부시 행정부는 보수세력이 꺼린다는 이유로 사회보장제도를 공격하

자본주의와 장애

고 있다. 그것도 총공세인지라, 우리는 그것을 더 발전시키기 위해 애써야 할 시간에 방어하기에 급급해지고 말았다. 뉴트 깅리치는 '야수 굶기기' 전술을 주장한 바 있다. 요컨대 적자를 키워 사회안전망의 삭감 근거로 활용한다는 것이다. 민영화는 사회안전망을 말살하려는 장기적이고 체계적인 음모의 다음 단계다. 우리는 우리 아이들에게 닥칠 참극을 막기 위해서라도 혼신을 다해 싸워야 한다.

장애인 고객 확보하기

제12장

의존과 자립 사이: 정책의 황무지를 다시 생각한다

내 친구 데이비드는 사회보장국과 불쾌하면서도 부질없는 싸움을 해야 했다. 데이비드는 자폐증 환자다. 더스틴 호프먼이 '레인맨' 캐릭터를 분석하면서 함께 시간을 보낸 장본인이기도 하다. 지금은 전자제품 판매점에서 일한다. 직업이 있기는 해도 생활보장금(보조적 보장소득) 자격을 유지했는데, 장애인이면서 소득이 형편없기 때문이다. 컴퓨터를 사기 위해 6년을 저축해야 했을 정도이니 오죽하겠는가.

이야기는 단순하다. 로스앤젤레스 지진 이후 집수리 때문에 데이비드는 어머니와 함께 잠시 집을 떠나 있어야 했다. 집을 수리하는 데는 수개월이 걸렸다. 어머니가 따로 묵을 곳을 찾았기에 그도 노약자 보호 주택에 머무르기로 했다. 데이비드는 이사하기 전, 사회보장국에 공제용으로 소득 보고서를 보냈다. 그런데 지진 와중에 일상이 엉망이 된 데다 몇 개월 동안 집을 떠나 있던 터라 사회보장국에 급여명세서 사본을 보내지 못했다. 그러자 사회보장국은 생활보장금 지급을 끊어버렸다.

그들 모자는 행정재판을 받았다. 데이비드의 어머니는 판사에게 그의 수입을 증명했다. 사회보장국 계정 관리 책임이 어머니에게 있었기에 급여명세서 사본을 보내는 책임도 궁극적으로 어머니의 몫이었다. 그런데 어머니는 아들에게 독립심을 키워주기 위해 어릴 때부터 자기 일을 스스로 할 수 있도록 훈련을 시켰고 보고서도 직접 작성해서 보내게 했다. 당연히 데이비드는 그 일에 능숙했고, 그 전에는 한 번도 실수를 한 적이 없었다. 문제는 그가 급여명세서 사본을 보낼 필요가 없다고 생각한 것이다. 집이 아니라 공동주택이 아닌가. "데이비드는 거짓말을 못 해요. 거짓말이 뭔지도 모릅니다." 그의 어머니가 판사에게 말했다.

그녀는 보호시설에 있는 노동자 세 명한테 부탁도 해두었다. 데이비드가 급여명세서 사본을 사회보장국에 보내는지 살펴보게 했음에도 아무도 챙겨주지 않았다.

판사는 어머니의 해명을 하나도 인정하지 않았다. 보고서를 보내지 않았으니 해당 기간 중 생활보장금을 중단하는 게 마땅하다는 것이다.

나중에 사회보장국은 데이비드의 생활보장금 자격을 회복

의존과 자립 사이: 정책의 황무지를 다시 생각한다

해 주었지만, 급여명세서 사본을 보내지 못한 몇 달간에 대해서는 끝내 지급을 거부했다.

데이비드는 그나마 어머니의 지원에 의지할 수 있었지만 후원자도 없는 사람은 어떻게 살아야 하는가? 단지 몰라서 실수했을 뿐인데 그것 때문에 이런 불이익을 당하면? 수백 달러 때문에 누군가는 집을 잃고 거리로 내몰릴 수 있다. 직장을 잃게 될 수도 있다.

심지어 누군가는 그것 때문에 목숨을 끊기도 한다. 린 톰슨을 기억하는가? 그녀는 돈을 벌기 위해 집에서 봉투 붙이는 일을 했다.

톰슨은 몰랐지만 그 일은 사회보장법 위반이다. 소득을 신고하자 사회보장국은 편지를 보내 초과 수입이 발생했으니 지원금을 중단하고, 메디-칼(캘리포니아주의 메디케이드_옮긴이)과 방문 서비스도 끊겠다고 통보했다. 방문 서비스가 끊기면 요양원에 들어가면 되지만, 사지마비 장애인에게 메디-칼 서비스 중단은 죽으라는 소리나 마찬가지였다.

사회보장국에도 잘못이 있었다. 나중에 메디-칼 서비스는 끊기지 않았지만 아무도 그 사실을 말해주지 않았다. 톰슨은 사회보장국과 오랜 기간 굴욕적인 싸움을 벌이다가 스스로 목숨을 끊었다. 그녀는 사회보장국이 자신을 지옥에 몰아넣었으며 그런 불안감을 안고 더는 살 수 없다는 유서를 남겼다.

로라 허시는 이따금 사회보장국과 노동의 위험에 관한 글을 쓰는데, 한번은 동료의 일화를 인용했다. "동생의 동료가 지난주에 스스로 목숨을 끊었다. 시각장애인이던 그 동료는 파트타임 일을 하면서 장애급여를 받았는데 어느 날 사회보장국에서 편지 한 통이 날아왔다. 더 이상 장애급여를 지급하지 않을 것이며 그동안 받았던 급여까지 모두 반환하라는 내용이었다."[1]

임시 노동이나 파트타임 노동엔 위험이 많다

임시직 노동자들이 법규를 지키려면 개인 도우미 서비스를 받아야 한다. 생활보장금과 사회보장장애보험은 소득에 따라 지원금을 재산정하는데, 그 일이 그다지 효율적이지 못해 매번 지불이 늦거나 액수가 부족하다. "파트타임이나 임시직 장애인 노동자들에게는 불편하기 짝이 없다." 로스앤젤레스 장애 활동가 낸시 베커 케네디가 경고했다. "이 느려터진 지원 시스템마저 툭하면 그르치기가 일쑤다."

경험으로 보아 사회보장국 등의 기관에서 혼란을 수습하는 동안(그런다고 바로잡지도 못한다) 누군가는 몇 개월에서 몇 년 동안 건강보험, 생계보조금, 개인 도우미 서비스 비용을 잃어야 한다.

이 때문에 장애인 단체들은 사회보장의 노동법규를 점진적으로 개선하려고 애를 썼다. 그런 개혁의 하나가 1999년의 고

의존과 자립 사이: 정책의 황무지를 다시 생각한다

용 티켓 및 노동 장려 증진에 관한 법률Ticket-to-Work and Work Incentives Improvement Act이다. 공제 확대를 허용한 생활보장금 플랜 1619는 초기 모델이었다. 사회보장국은 현재의 "실질소득활동Substantial Gainful Activity(SGA: 보수를 받거나 수입을 벌기 위해 정신적 또는 육체적 활동을 수반하는 근로 활동. 실질소득이 한도액을 초과하면 장애인으로 인정받지 못한다_옮긴이) 수준"을 매년 자동 조정할 것을 제안했다. SGA는 시각장애를 제외한 장애인의 경우 매달 700달러 수준이지만 평균 임금지수 인상과 연계하여 인상하게 될 것이다.

임금지수와 연동한다 해도 700달러의 SGA는 "오늘날의 시장과 보조를 맞추기엔 아직 갈 길이 멀다". 세계장애재단의 사회보장 분석가 브라이언 맥도널드의 지적이다.

한 달에 700달러로 어떻게 산단 말인가? SGA 700달러는 빈곤생활 수준이다. 연방이 정한 빈곤선은 1년에 8,350달러다. 700달러를 12개월 곱하면 기껏 8,400달러이므로, 1년을 쉬지 않고 일해야 한다는 뜻이다. 가능하지 않은 일이다.

'빈곤'이란 무엇인가? 누가 빈곤을 정의했는가? 현재 빈곤 측정 시스템은 1960년대로 거슬러 올라가지만 지난 30년간 변화가 있었다는 얘기는 들어보지 못했다. 그 당시 농무부 연구 보고서를 보면, 평균 가족의 경우 소득의 3분의 1을 식품 구매에 소비했다. 따라서 '빈곤 소득'은 전문가들의 소위 '최저 식량 예산'의 세 배로 결정되었다. 그렇다 해도 그런 식의 저비용 식량 계획은 "기금이 부족할 경우에 대비한 임시 또는 비상용"

자본주의와 장애

이었으며, 농무부의 '저비용 식량 계획'의 75~80퍼센트 수준에 불과했다("저비용 식량 계획을 엄격하게 따른다면 그럭저럭 먹고살 수는 있다." 1965년 몰리 오샨스키의 말이다).[2]

지난 40년간 주거, 의료, 보육 비용이 급격하게 올라 평균 가계의 경제 환경을 바꿔놓았음에도 정부는 그 방정식을 고려할 생각조차 하지 않았다. 1990년 도시연구소의 퍼트리샤 러글스의 연구 결과를 보면, "지금의 문턱을 넘어서려면 빈곤선을 현재 기준보다 50퍼센트는 상향 조정해야 한다".[3] […]

한 달에 기껏 700달러를 받는 장애인에게 장애급여를 박탈하면 가난에서 벗어나기는커녕 생계 자체를 위협받게 된다. 이른바 '소득 절벽'에 내몰리는 것이다. SGA 수준을 상향 조정한다고 해도 생활보장금 수혜자에겐 아무런 혜택이 없다.

하지만 두 가지 의미 있는 개혁 덕분에 소득 제한을 없애고 생활보장금 최대 한도를 2,000달러에서 실질적 수준으로 끌어올릴 수 있게 되었다.

사회보장법 개혁을 주장하는 사람들도 있다. 미국장애인연합 회장 앤디 임파라토는 장애인법 제정 이후 장애인 등록자가 증가하는 바람에 고용 기대를 충족할 수 없다며, 사회보장법이 장애를 정의하는 방식에서 그 원인을 찾고자 했다. 사회보장법의 장애인으로 인정받으면 다시는 일을 하지 못한다는 서약을 해야 한다.

임파라토는 장애 개념을 다시 정립해야 한다고 주장한다.

의존과 자립 사이: 정책의 황무지를 다시 생각한다

"사람들이 필요한 지원과 서비스를 받을 수 있도록 장애연금법과 시스템을 손질할 필요가 있어요. 고용, 주거 환경, 이동, 건강관리, 장기적인 돌봄과 지원 등에 대해서도 선택권과 기회를 제공해야 합니다. 그래야 장기 지원과 서비스를 받기 위해 직장을 포기하는 일이 없을 겁니다."

하지만 하와이대학 데이비드 파이퍼 교수의 지적처럼, "'장애는 의존과 실업을 뜻한다'에서 '장애인도 일할 수 있으며, 일해야 한다'로 의회의 시각을 바꾼다 해도 사회적 시선까지 바꿀 수는 없다. 장애인은 여전히 의존적이고 일을 할 수 없다고 여길 것이다".

실업과 빈곤은 경제체제의 부산물이다. 실업은 자본주의의 일탈이 아니라 시장경제의 내재적 구조이며 그 구조 자체가 다수의 실업과 빈곤을 요구한다. […]

장애인은 대체로 사회에 비생산적이고 의존적인 빈대 같은 존재로 여겨진다. 장애정책 수립자들도 그런 시각이 존재한다고 인정하면서도 딱히 바꿀 방법을 찾지 못하고 있다. 사회적 가치를 인정받으려면 장애인이 연금 명부에서 빠져나와야 한다고들 여기기 때문이다.

하지만 혁명이라도 일어난다면 모를까, 실업은 우리 시장경제에서 수백만의 운명이 될 수밖에 없다. 장애인도 계속 금융정책의 차별에 희생되어야 한다. 이런 시각은 문제의 근원이 경제적 '의존' 탓이며 해결책은 '독립'이라는 생각에 반한다.

자본주의와 장애

우파 진영에서는 정부 지원에 의지하는 사람들을 병들고 타락하게 만드는 주범이 바로 '의존'이라고 주장한다. 그 말을 믿어야 할까? 대다수 미국인들이 정부 지원의 혜택을 받고 있다. 기업 대표도, 건물주도 마찬가지다. 미국 최고의 갑부도 정부 보조금을 받고 중산층 집주인들도 담보 이자로 소득공제를 받는 데 의존한다. 장애인에 대해서는 왜 같은 시각으로 보지 않고, 온정주의나 '복지에 의존한다'라는 부정적 잣대로만 판단하려 하는가?

노동시장 차별은 대부분의 중증장애인이 겪는 현실이다. […] 자료에 따라 조금씩 차이가 있지만, 장애인의 실업률은 65~71퍼센트 수준이며 전체 인구 비율보다 훨씬 높다. 최근 러트거스대학의 연구에 따르면, 장애인 노동자들은 자영업이나 파트타임, 임시직인 경우가 두 배는 많다. 소득이 일정하지 않다는 뜻이다. […]

중증장애인은 노동시장 차별을 피할 수 없다. 사회보장법이 장애를 어떻게 정의하든, 버젓한 삶을 살기 위해서는 정부의 지속적인 지원이 필요하다.

"주류 미국인들이 ATM기를 이용하듯이, 장애인들 모두 공공 장애 지원 프로그램을 자유롭게 드나들 수 있어야 한다." 맥도널드의 말이다.

일단 자격을 확보하면 장애급여가 끊기지 않는 방법을 찾아야 한다. 지난해 클린턴 대통령은 사회보장 소득 심사 배제법에 서명해, 노인들이 원하는 만큼 돈을 벌도록 허용했다. 즉 연간 10만 달러 이상을 벌어도, 사회보장 퇴직연금을 공제 없이 전액 수령할 수 있게 한 것이다.

장애인에게도 동일한 기준을 적용해야 한다. 장애인은 일반인보다 세 배 이상 빈곤선 이하의 삶을 살고 있다. 전국장애인협회/해리스 조사에 따르면, 빈곤선 이하의 비장애인은 10퍼센트 수준인 데 비해 장애인은 29퍼센트에 달한다.[4] 1999년, 60만 가구가 심각한 사고나 질병의 여파로 파산에 직면했다. 가까스로 취업에 성공한다 해도 몇 년간의 실직에 따른 경제적 손실을 보상할 방법은 없다.

심각한 노동시장 차별을 겪거나 쉽게 일자리를 구하지 못하는 사람들은 어차피 실직을 벗어나기 어렵기 때문에 정부 지원이 더욱 절실하다. 그 문제를 '의존' 대 '자립'으로 본다면 문제의 핵심을 놓치는 것이다. 완전고용 문제와 일할 권리를 얘기하고, 장애인이든 비장애인이든 모든 시민에게 버젓한 소득을 보장할 때까지, 장애정책은 사회보장법의 소위 '점진적 개혁'이라는 정책 쓰레기장에서 썩을 것이다. 데이비드나 린 톰슨처럼 사회보장국과 싸워야 한다면 사람들은 너무도 비싼 대가를 치르고 이름도 없이 사라지고 말 것이다.

자본주의와 장애

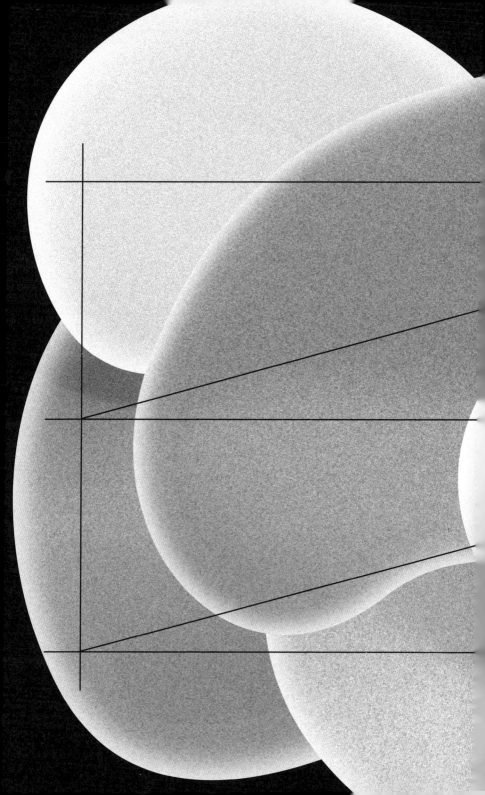

5부   장애인 램프를 넘어서

제13장

반전장애인연합

진짜 선진 세계라면 외교가 야만적인 무력을 통제하고 국가의 부는 국민의 삶을 개선하는 데 사용될 것이다. 군대가 낭비하는 수십억 달러의 국민 혈세도 박탈해야 한다. 군국주의 폐기가 어렵다면 제대로 통제라도 하자.

[2003년] 3월 19일 체포되었다. 웨스트우드의 연방 건물 인근에서 반전시위를 할 때였다. 정오에 나를 포함해 수백 명이 모였는데 그 직후 미국 군대가 부시의 '충격과 공포' 폭탄을 이라크 국민 머리 위에 퍼부었다. 우리는 미국인들에게 부시의 선제타격에 반대한다는 목소리를 전하기 위해 힘겨운 행진을 이어갔다. 불법 침략전쟁을 막아야 했다. 이 전쟁은 지정학적 지배를 위해 날조된 전쟁이 아닌가.

자본주의와 장애

헬리콥터 4기가 굉음을 내며 머리 위를 떠돌았다. 난 움찔했다. 미군의 비행체들은 군사 용어로 '비산성 대인폭탄' 또는 '집속탄'을 잔뜩 모아두었다.

집속탄 사용 명령은 이런 식으로 이루어진다. "신의 명령으로"[1] 셀프 세례를 받은 자칭 부활 예수 부시는 유엔의 평화유지 노력을 깡그리 외면한 채 무자비한 학살을 자행한다. 그에게는 가공할 군수물자와 장군들이 있다. 과거엔 꿈도 못 꾸던 일이다. 장성들이 공군 비행기를 투입해 폭탄을 90도 각도로 떨어뜨리면 폭탄은 공중에서 소형 폭탄으로 산개하고 엄청난 불의 파도와 유산탄들이 식선으로 날아가 지상을 초토화해 버린다.

자, 상상해 보라. 저 자애롭고 독실한 보수의 제왕, 부시의 회계사 집에 가면 유산탄 안건이 잔뜩 쌓여 있다. 이제 국내 정치도 분위기가 바뀔 것이다. 부시 조직의 사회복지 프로그램 파기 노력은 흡사 1990년대 중반의 깅리치 의회를 떠올리게 할 정도다. 재무부 장관 폴 오닐도 해고되기 전에 그렇게 말했다. 저들의 비행기엔 의회가 승인해야 할 예산안들이 가득 실려 있다고.

이미 전국적으로 교사들이 쫓겨나고 학교는 문을 닫고 건강보험은 깎이고 대학 지원금은 난도질당하고 있다. 모두 부시 대통령이 상류층 친구들을 위해 감세를 해주고 있기 때문이다.

토마호크 미사일 한 기의 가격이 100만 달러다. 군은 이라크에 수백 기를 투하했다.

부시-체니-로브-럼스펠드-울포위츠-펄 도당은 지난 크리스

반전장애인연합

마스 때, 파산한 주지사들한테 연방정부에는 당신들 빚을 갚아줄 돈도 없고 예산 삭감을 막아줄 생각도 없다고 선언했다. 올봄에는 이라크와 전쟁을 강화하겠다며 의회에서 800억을 강탈해 갔다. 연방 예산 절반 이상을 이미 군부가 가져갔는데도 더 쏟아부은 것이다.

부시 도당이 제안하고 의회가 통과시킨 예산안에 따르면, 메디케이드 940억 달러(10년에 걸쳐), 생활보장금은 1,850만 달러, 재향군인 프로그램은 140억 달러, 푸드 스탬프에서 130억 달러, 육아 프로그램에서 12억 달러를 삭감했다. 모두 가난한 사람들을 위한 프로그램이다.

이라크 정복(미래 침략까지?)으로 국내에서 불붙은 사회복지 프로그램과의 전쟁은 레이더에도 잡히지 않는다. 정말이다. 전쟁은 이미 국내에서 시작했다.

미국에 계급 시스템은 "존재하지 않는다"라고 떠들지만, 백악관의 계급 전사들은 계급 전쟁이 왜 필요한지 너무도 잘 알고 있다. 부시 도당은 부자들에게 2010년 한 해 동안 1조 6,000억 달러나 감세를 해주고도 그 이상을 약속했다. 2013년에는 2조 달러에 육박할 것이다(예산 및 정책 우선순위 센터에 따르면, 국가 채무의 추가 이자를 포함한다).

대통령의 '성장 패키지'에는 (텍사스 정책센터에 따르면 10년에 걸쳐) 7,260억 달러가 들어가는데, 결국 (2003년의 경우) 연 소득 100만 달러 이상의 재력가 1인당 평균 9만 달러의 세금 감면으

자본주의와 장애

로 이어졌다. 이래도 계급 전쟁이 없다는 말인가?

얼마 전 바스라의 성 하나를 점령한 후 미군 병사가 TV에 나와 사담 후세인의 바트당 정권을 비난한 적이 있다. 국민은 가난에 찌들어 사는데 어떻게 이런 호사스러운 성들을 차지하고 있느냐는 얘기였다. 결국 빈부 격차를 거론한 셈인데 솔직히 저임금의 병사가 어떻게 자기 조국의 현실을 보지 못하는지 그게 더 의아했다. 부시의 공화당이 거대 부동산 기업을 돕고 선동하는 것과 뭐가 다르다는 말인가? 아니면, 막대한 감세가 필요 없는 부자들인데 단순히 순진한 노동자들을 엿 먹이고 싶어서 그런다는 말인가? 부시의 정책 덕분에 세금 혜택을 받는 사람들은 대부분 연간 30만 달러 이상을 버는 부자들이다. 그 병사도 그 계급에 속할까? 그럴 리가.

이런 식의 이율배반이 과장일 수는 없다. 여론은 자신이 상위 1퍼센트에 속한다고 믿거나 부자가 되고 싶은 사람들의 얘기로 가득하다.

자산 및 소득 모두에서 미국의 빈부 격차는 대공황 이후 어느 때보다 극심하다. 1913년부터 소득 불평등을 보여주는 지니계수에 따르면, 지난 30년 동안 소득 격차가 가장 크게 벌어졌다. 상위 1퍼센트가 국가 전체의 부 40퍼센트 가까이를 차지했는데, 이는 1976년의 20퍼센트보다 두 배 높은 수치다.

장애인 단체들이 부시 전쟁에 반대해 거리에 나선 이유는 대부분 다른 조직과 동일하다. 도덕적·정치적·지정학적 이유.

반전장애인연합

다만 우리에게는 다른 차원이 하나 더 있다.

예를 들어 휠윈드휠체어 인터내셔널(WWI)은 전쟁을 반대하는 단체로, 튼튼하고 저렴한 휠체어를 생산한다. 휠윈드휠체어는 전 세계 2,000만 명 이상이 여전히 품질 좋은 휠체어를 필요로 한다고 지적한다. 현재 40여 개국에서 활동하는데 그중 일부는 전쟁을 겪은 국가라 한 사람 한 사람 살펴 휠체어를 보급해 주고 있다.

전쟁광들이 초래한 민간 피해와 인권 파괴로 휠윈드휠체어의 활동도 더욱 어려워졌다.

"이라크 장애인을 돕는 건 인간의 도리이자 책무다." 휠윈드휠체어의 말이다.

시카고에서 결성된 반전장애인연합을 인용하자면, 부시 행정부의 법안은 "우리가 그렇게나 갈구하고 투쟁해 온 자결권을 박탈하고 말 것이다."

존 애시크로프트를 비롯한 부시 일당에게 민권 따위는 안중에도 없다. 장애인법을 강화하기 위해 연방기관이 편성한 민권 담당 부서들은 예산 부족으로 어려움을 겪게 될 것이다.

더욱이 자본주의 의료체계에서(영리 목적의 보험회사뿐 아니라 교육·복지·환경·고용 현장 등에서 제도적 차별이 지속돼 왔기에, 종종 장애인들은 대규모로 배제된다) 자기결정권에는 메디케이드, 메디케어 또는 사회보장 프로그램 접근권을 포함한다. 사회보장 프로그램이야말로 '동정적인 보수파'들이 정부의 사전에서 삭제하고 집단 기억에서 지워버리고 싶어 하는 단어가 아니던가.

"전쟁은 이를 실현할 완벽한 연막이다. 장애인은 전쟁의 제단 앞에 제물로 던져질 것이다." 반전장애인연합도 이렇게 경고한 바 있다.

향후 5년간의 평가 결손액이 매년 1조 달러에 이르면서 상황은 벼랑 끝으로 치닫고 있다.

주정부들도 전례 없는 재정난에 시달리며, '선택적' 사회보장에 대한 정부 부담금을 깎거나 후려치고 있다. 주로 연방정부에서 제공을 강제하지 않는 의료 서비스들이다. 그러니까 의료의 '선택 항목', 예를 들어 처방약, 재활 서비스, 치과 치료, 물리치료, 보철기기, 안경 등(이건 극히 일부에 불과하다)을 포기해야 한다는 뜻이다.

일부 주정부에서 가정 및 공동체 기반의 서비스나 개인 도우미 서비스 개선을 중지하고 장애인들에게 시설 입소를 그 대안으로 제시하는 형국이다.

메디케이드 체계에서는 자격 요건이 따로 있다. 소득이 생활보장금 급여를 초과하거나, 의료비가 기준을 초과하는 장애인 노동자들이 여기에 포함된다. 주정부가 적자 재정으로 비용을 줄이게 되면 이들의 건강관리는 위기에 처한다.

이번 회계연도 말에 49개 주에서 메디케이드를 삭감하고, 32개 주에서는 메디케이드를 절반으로 줄이기로 했다.

9·11 이후 딕 체니가 약속한 '끝없는 전쟁'이 시작되기도

전의 일이다. 부자들에게 감세를 해주고 전쟁을 벌여 달러를 무한정 쏟아부으려면 (특히 불경기에) 어딘가에서 지출을 줄여야 한다는 정도는 바보라도 알 수 있다.

'부수적 피해'는 전쟁의 포격에서 민간인에게 어떤 참사가 일어나는지를 완곡하게 표현하는 용어다.

그렇다면 국내의 부수적 피해는? 빚에 쪼들린 지방정부들이 비용, 건강보험, 사회 지원 서비스를 줄이려 할 때 가난한 사람들이나 지원 삭감을 이겨내기 어려운 사람들의 삶은 더욱 힘들어진다. '부수적 피해' 개념을 넓혀, 치료를 받지 못하거나 복지 혜택에서 배제되어 생명을 잃는 사람들까지 포함할 수 있을까?

로스앤젤레스 카운티가 예산 부족을 빌미로, 캘리포니아 다우니의 란초 로스 아미고스 재활병원을 닫으려 하자 이를 막기 위한 집회가 있었다. 저넬 라우즈의 이야기를 들은 것도 그때였다. 라우즈가 란초에 온 이유는 심한 뇌손상으로 신체 기능이 유아 수준으로 퇴화했기 때문이다. 란초에서 재활 치료를 받으면서 라우즈는 옷을 입는 아주 간단한 일부터 공동체에서 사는 법까지 거의 모든 것을 새로 배워나갔다.

그 후에는 란초에서 자원봉사를 하며 단기기억 손실을 치료하고 있었다.

하지만 병원 폐쇄 결정이 내려지면서 미래가 불안해진 것이다. 도대체 어디에 가서 란초와 같은 고품질 지원 서비스를 받을 수 있지? 메디-칼을 제공해 줄 의사가 또 있을까? 앞으로

자본주의와 장애

어떻게 되는 거지? 다른 환자들처럼 거리로 쫓겨나나?

란초에 의지하는 다른 사람들도 쫓겨날 처지가 되었다. 예를 들어 산소호흡기에 의지하고 있다면 로스앤젤레스 어디에도 그들을 받아줄 병원이 없다(카운티 전속 컨설팅 회사가 한 말이다).

현재 의회는 우파 시온주의, 우파 기독교도, 군산복합체의 로비가 장악하고 있으니, 깅리치도 하지 못한 일에 달려들 리가 없다. 클린턴은 미국의 서약을 저버렸다. 부시-체니-로브-럼스펠드-울포위츠-펄은 아예 관심도 없다. 이번 예산은 세계 평화의 복음 전파에 나선 강경 우파들에게 내리는 신의 축복일 뿐이다.

국제장애인연맹(DPI)은 "평화는 장애운동의 목표"라는 입지를 정했다. "국가 경제를 전쟁 경제에서 평화 경제로 전환하라. 현재 군비에 쏟아붓는 6,000억 달러를 사회에 유용한 프로젝트로 전용하라." 국제장애인연맹의 선언이다.[2]

사회에 쓸모가 있으려면, 비산성 대인폭탄처럼 더 크고 더 무자비한 무기에 돈을 쏟아부어서도 안 되고 젊은이들을 살인 기계로 만들어 다른 사람을 죽이게 하지도 말아야 한다.

대중문화에서 종종 장애/불구를 악과 골칫거리의 상징으로 해석하지만, 진짜 닥터 스트레인지러브는 바로 신체 건강한 도널드 럼스펠드 같은 인간이다. 의학적으로 "정상적인" 인간. 그럼 체니-럼스펠드-울포위츠-펄을 '완벽한 신체' 복합체라고 불러야 하나? 부활 예수 대통령은 신께서 친히 전쟁을 시작하라고 했다는데, 심리학 교재나 금주 모임의 이른바 과대망상증 환자가 아니겠는가? 그야말로 폭력적인 근본주의자가 아닌가? 악행을 미화하기 위해 종교 깃발을 흔들어 대는 자들은 왜 정신 감정을 받지 않는 걸까?

나는 체포되었을 때 경찰 두 명에게 당장 로스앤젤레스 경찰서를 박차고 나오라고 설득했다. 왜 그쪽을 지원하죠? 내가 물었다. 그 사람들도 당당하게 살 권리가 있다. 자기 계급을 전혀 배려하지 않는 사람들의 이익을 보호하려 애쓰는데 왜 주정부 수족으로 일하는가? 그 문제라면 그날 거리에 나온 노동자, 여성, 아이들과 공통점이 더 많다. 부시 도당의 세계정복 야욕은 물론, 할리버튼, 벡텔, 트라이림(펄이 관리 파트너로 있다), 플루오르 기업 등의 친구에게 돈을 벌게 해주는 법안을 경관이 보호해 줄 이유가 없지 않은가.

미국인은 수동적이고 비정치적인 사람들과 함께 제국주의 국가에서 살고 있다. 이라크 파병 병사도, 나를 체포한 경찰도, 우리와 연대하지 않는다. 개인주의, 경쟁 위주의 '자유경제', 소비주의가 자본주의의 핵심 가치인 이상 앞으로도 달라질 것 같지는 않다.

그래도 우리는 끈기 있게 반전운동으로, 이 빌어먹을 전쟁 계획, 군국주의, 제국주의에 저항해야 한다. 국민에게 융단폭격을 투하하고 자기 잇속만 챙기는 자들을 공직에서 끌어내고 피해 대책을 세워야 한다.

자본주의와 장애

제14장

장애와 전쟁 경제

2003년 이라크 전쟁 발발.

어쩌다 보니 장애인 민권이나 '기회균등'이 정부 예산 축소와 등가라는 공식을 믿지 않는 운동가가 되었다. 내가 볼 때 자본주의 체제에서 장애인을 위한 공정과 공존은 지속적인 정부 지원을 뜻한다. 동화책에나 나올 법한 "복지개혁을 통한 자립"을 운운하며 지원을 끊어서는 안 된다. 장애인의 자유를 확대하려면 사회보장 프로그램과 권리가 함께 가야 한다.

조지 부시 일당이 행정부 안팎에서 하는 짓거리를 크게 우려할 필요가 있다. 현재 외교정책 입안자들은 '인권', '자유시장', '민주주의' 따위의 말잔치를 벌이는 한편, 수십억 달러의 혈세를 쏟아부으며 제국주의 침략전쟁을 일으켰다.

동시에 극심한 불경기의 와중에도 최고 부유층에 추가 감세를 선물해 막대한 결손을 야기했다. 향후 몇 년간은 회복하지 못할 액수이기에 결국 사회 프로그램 축소로 이어질 것이다. 민권은 제약받고 공중보건, 교육, 사회 서비스 비용은 축소된다.

전국 공식 실업률은 이미 6퍼센트가 넘지만 구직 포기자까지 포함하면 그 두 배에 달한다. 교사들이 쫓겨나고 학교는 문을 닫고 건강보험은 깎이고 방문 지원 서비스는 막히고 대학 지원금은 난도질당하고 있다.

세계 제일의 부자 나라에서 어떻게 이런 일이 가능할까?

1973년 이후, 지배적인 경제 이데올로기는 신자유주의다. 신자유주의 체제에서 엘리트들은 투자 이익을 보호하기 위해 혈안이 되었다. 세계경제의 지속적인 저성장 기조에서도 국고의 분배를 점점 더 많이 요구하는 것이다. 파이가 작아진 상황에서 엘리트와 기업이 더 많이 가져가면 서민들의 몫은 줄어들 수밖에 없다.

불평등이 70년 역사상 최고에 달하지만 부시는 부자들에게 1조 6,000억을 감세해 주었다. […]

참담한 지경이다. 자료에 따르면 향후 5년간 매년 1조 달러의 부족액이 발생한다. 브루킹스 연구소의 발표도 크게 다르지 않다. 부시의 군국주의 탓에 앞으로 10년간 장애인 교육, 주거, 보조 과학기술 같은 재량 프로그램 예산은 40퍼센트 이상 깎여 나갈 것이다.

자본주의와 장애

런던《파이낸셜타임스》에 따르면, 극우 공화당원들은 실제로《뉴욕타임스》의 경제 칼럼니스트 폴 크루그먼의 소위 "재정 열차의 좌초"를 원하고 있다. "특히 사회보장 프로그램의 삭감 주장은 실로 교활한 선거용 멘트이나 재정 위기가 닥치면 밀실에서라도 삭감을 강행할 수 있다."[1] […]

《패밀리 USA》에 따르면, 부시가 재정 분배 공식을 바꾸면 390만 명의 어린이, 120만 이상의 장애인, 69만 명에 가까운 노인층, 170만 정도의 성인이 건강보험을 잃게 된다. […]

기존 정책은 미국 외교정책을 주무르는 신보수파 '네오콘'의 발밑에 무릎을 꿇고 말 것이다.

육군 여단장 빈센트 브룩스 장군이 카타르 중앙사령부에서 브리핑하면서, 사담 후세인 행정부 출신의 지명수배자 55인의 사진을 공개하던 때를 기억하는가? 바로 미국이 추적해 체포한 후 살해한 사람들이다.

무역규제기구라는 단체가 있다. 세계무역기구(WTO)를 감시한다지만 온라인 사기꾼이자 예스맨들이 운영하는 짝퉁이다. 바로 그 단체가 '긴급수배자 55인 카드패'를 발표했다. 펜타곤이 이라크에서 만든 것과 유사하지만 이 카드에 박힌 얼굴들은 네오콘과 미국기업연구소American Enterprise Institute 엘리트들이다. 바로 국가 정책을 소위 '선제타격' 전쟁으로 바꾸면서, 미국의 이해를 위협한다고 판단되면 어느 국가든 일방적으로 선제공격하는 길을 연 인물들이다.

이 카드에서 부시는 기껏 클럽 4에 등장한다(다만 얼굴이 미국 국장 앞에 있어 마치 후광을 받는 것처럼 보이기는 했다). 국방장관 도널드 럼스펠드는 다이아몬드 에이스이고, 부시의 수석고문 칼 로브가 클럽 에이스다.

스페이드 에이스는 딕 체니다. 이라크 전쟁은 체니의 돈벌이였다. 체니가 할리버튼 CEO였을 당시 그 자회사 켈로그브라운&루트가 유전 재건을 위한 수지맞는 계약을 체결했다. 소문을 듣자 하니, 체니가 공직을 떠나면 할리버튼이 그에게 주기 위해 막대한 거액을 챙겨놓았단다.

《코멘터리》의 편집장인 노먼 포드호레츠와 《퍼블릭 인터레스트》의 편집장 어빙 크리스톨은 네오콘 공동체에서도 가장 유력한 2인의 지도자인데도 카드에서 빠졌다. 그 둘이 미국인들에게 네오콘 노선을 띄웠다는 점에서 큰 실수라 하겠다. 그런데 미디어 거물 루퍼트 머독은 무려 킹오브하트였다. 어빙의 아들 윌리엄 크리스톨이 모독의 잡지 《위클리 스탠더드》의 편집장이다. 포드호레츠는 한때 네오콘이 "사상계의 좌파와 자유주의자들을 뒤흔들었으며 로널드 레이건이 대통령이 되는 길을 열었다"라고 선언하기도 했다.

네오콘(윌리엄 베넷도 회원이다)은 1960년대의 학생 시위, 반反문화 운동, 가난과 인종 평등에 대한 관심, 그리고 여성 해방운동을 '문화적 갈등', '사회 윤리 붕괴' 등으로 진단했다. 사회보장 프로그램을 공격하기도 했다. 이들 프로그램이 기업보다 정부에 더 크게 의존한다는 이유였다. 의존을 끝내는 것이야말로 장애인법의 경제적 목표이며, 그렇게 하면 장애인들은 직장을 구하고 정부는 기업에게 구걸하지 않아도 된다는 얘기다.

미국기업연구소는 돈 많은 우파 싱크탱크로 지금껏 사회보장 프로그램을 없애기 위해 갖은 모략을 짜냈다. 부시는 이 연구소 출신 20명을 행정부로 불러들였다. 리처드 펄은 이해 갈등 문제로 국방정책위원회 의장직에서 물러나긴 했지만 역시 미국기업연구소 출신이다.

미국기업연구소는 보장적 지출이 예산 낭비일 뿐이고 결국 실패할 수밖에 없다고 저주했다. 네오콘의 지휘는 군사비 예산 확충과 국가 안보에 초점을 맞추었다. 국내에서의 자유는 사회보장 프로그램과 일자리 축소를 뜻하고, 해외에서의 자유는 군사력을 뜻했다. 그래야 미국 기업의 이윤을 위해 이바지하도록 강제하기 때문이다.

미국기업연구소의 프리덤 체어 수상자인 마이클 레딘도 《내셔널리뷰》에서 그런 얘기를 한 바 있다. "10년 주기로 미국은 자잘한 나라를 잡아 벽에 집어던질 필요가 있다. 그래야 전세계가 우리가 진짜 장사꾼이라는 사실을 잊지 않을 것이다."[2]

실제로는 그보다 더 계획이 철저했다. 깊숙이 들여다보면 미국 신세기 프로젝트의 1997년 '원칙 선언Statement of Principles'에 이미 중동전쟁의 사전포석이 들어 있다는 사실을 알 수 있다. 그 그룹은 비밀결사대도 아니고 목표가 음모론도 아니다. 그 자

료는 크리스톨의 《위클리 스탠더드》 사무실에서 흘러나와 지금도 온라인으로 확인이 가능하다.[3]

럼스펠드, 포드호레츠, 체니, 베넷, 엔론의 켄 레이, 그리고 대통령의 동생 젭 부시 등이 선언에 서명했다. 보수진영은 막대한 국방비 예산에 비해 전쟁을 하지 않는다고 지적하고는 "미국의 안보를 유지하고 신세기에 미국의 이해를 증진시켜야 한다"라고 서약했다.

말투도 딱 제국주의자다. 미국은 "세계의 지배권력"으로 입지를 굳히고, "국방비 예산을 크게 확충"하며 "해외에서 정치적·경제적 자유의 명분을 촉진"한다. 동시에 "미국의 원칙과 이해에 이바지하는 신세기"를 열기로 다짐한다. 네오콘은 한 번도 제국주의적 야심을 감춰본 적이 없다.

네오콘의 창립 이념이 바로 국방기획지침서이며, 1992년 체니가 국방장관 재직 시에 초안을 만들었다. 작성자는 부시의 국방차관 폴 울포위츠, 루이스 리비, 체니의 참모진과 또 다른 미국기업연구소 동료이며, 그 밖에 럼스펠드와 젭 부시의 의견도 수용했다. '선제타격'을 부추기고 미국이 국방비 예산을 크게 늘려 미국을 건드리는 나라는 묵사발을 만들어야 한다고 주장하는 문서다.

네오콘과 자본가들은 단짝이 되어 이 강력하면서도 위험천만한 더브야(부시의 애칭_옮긴이)의 얼치기 정부를 이끌며 그를 세상에서 가장 위험한 대통령으로 만들고 있다.

자본주의와 장애

오리건주 유진에서는 초등학교 부모와 교사, 친구들이 혈장을 팔아 이듬해 학교 예산을 마련하고 있다. 도대체 우리가 왜 이런 고통을 겪어야 한단 말인가.

의회는 4월 30일, 장애인교육법을 만신창이로 만들어,[4] 교육 서비스를 받는 장애 아동 모두가 영향을 받게 되었다. "청구권? 끝났어요. 연례 심사? 선택 사항으로 바꾸자고 하네요. 그것도 3년마다. 소송 비용? 교육청 잘못에도 부모들이 항의하지 못하게 제약을 건대요(교육청 쪽에는 아무 제약이 없다)." 한 부모가 좌절하여 쓴 글이다.

전미은퇴자협회 보고서에 따르면, 50세 이상의 장애인 2분의 1이 비용 문제로 건강검진을 미루었다. 역시 지난 조사보다 증가한 수치다. 그러고도 주정부의 건강 관련 예산 삭감과 민간 보험의 자기부담 증액이 기다리고 있다. 거기에 보험회사들이 매년 10퍼센트씩 보험료를 인상한다면 상황은 더 나빠질 수밖에 없다.

상원 다수당 원내대표 빌 프리스트(다이아몬드 7)는 5월 《테네시안》에서 메디케어를 "낡아빠진 제도"라고 부르며 현 보건 시장에서 스스로 살아남지 못할 것이라고 위협했다. 프리스트는 컬럼비아/HCA의 공동 소유주이며, HCA는 수만 달러의 메디케어 비용을 허위로 청구하다 적발된 보건 기업이다.

국내 프로그램, 패거리 자본주의, 군국주의 추구는 서로 얽혀 있다. 군국주의는 주와 지방정부의 돈을 전용한다. "사회보장 프로그램이 정부 예산을 갉아먹고 있다"라고 미국기업연구소는 투덜대지만, 미국은 자국을 제외한 세계 14대 군사국가를 합친 것보다 더 많은 돈을 (군비에) 쏟아붓고 있다. 첨단 대량학살 무기 생산에도 박차를 가하며 또다시 값비싼 무기 경쟁에 돌입할 준비를 하고 있다.

부시는 독립기념일 연설에서 '아프가니스탄 전쟁과 이라크 전쟁'이 체니의 50년 전쟁 중 사소한 일부에 불과하다고 언급했다. 『엠파이어』의 저자 마이클 하트가 최근 WBAI 라디오에서 말했듯, 예전에 전쟁은 이례적 사건으로 여겨졌지만 이제는 이례적인 사건이 상식이 되었다. […]

2005년: 2년 연속

부시는 이라크 전쟁의 성공을 장담하며 이렇게 자랑했다. "이라크인의 손에 예전보다 휴대폰이 더 많이 들려 있다." 어디 그것뿐이겠는가.[5] 나자프 축구장에 잔디까지 깔아주지 않았나.

메기 디에겐 아무 소용 없는 얘기다. 메기는 중증장애인으로 노던캘리포니아에 살고 있다. 성인기 대부분을 장애인으로 일했으며 수년간 장애인의 권리를 위해 투쟁했다. 이제 일을 할 수가 없어 사회보장 장애급여로 먹고산다. 한 달에 겨우 812달러.

소득이 인플레이션을 이기지 못하거나 일자리가 해외로 빠

자본주의와 장애

져나가면서 서민들의 경제 상황은 더욱 나빠졌다. 물론 부자들은 예외다. 부시 행정부가 후하게 쏟아부은 덕이다. 의회는 700억 달러 패키지를 풀었는데 주식 배당금과 자본수익에 대한 2001년 부시 감세의 속편이다.

그와 반대로 장애인의 경제 상황은 악화일로를 치닫고 있다.

"너무 많이 빼앗아 가요. 어떻게 이런 식으로 계속 갚아먹죠?"

"너무 힘들어서 정말 다 포기하고 싶은 심정이라니까요." 메기가 한탄했다.

마린카운티의 동료 활동가는 최근 스스로 목숨을 끊었다. 사지마비 장애인인 그는 지원이 너무 부족해 견딜 수가 없었다. 매일 일상을 도와주는 도우미가 몇 명 끊기면서 기본적인 생활 유지조차 불가능해졌다. 유서에는 가족을 사랑하며 다들 마음이 아프겠지만 더 이상 버틸 자신이 없다고 썼다. 혼자 버티기엔 지원 시스템이 턱없이 부족했다. 사례는 또 있다. 테네시의 민주당 주지사 필 브레데슨은 텐케어TennCare(테네시 주정부가 운영하는 메디케어_옮긴이)에서 19만 1,000명을 잘라냈다.

존 스프라겐스 기자가 테네시에서 텐케어 삭감 소식을 다루었는데 그중 양극성 장애(조울증)를 가진 48세 남성의 사연이 들어 있다. 텐케어에서 잘린 후 치료를 받지 못하고 있다는 내용이었다.

"밥은 가족에게 유서를, 여동생에게는 시를 남겼다. '내가 얼마나 큰 짐이 될지 알아요. 가족에게 그 고통을 겪게 하고 싶지 않아요.' 그는 지역 공동묘지로 갔다. 그곳에서 911에 전화해 어머니의 무덤 옆에 있을 테니 실어 가라고 알린 다음 총을 꺼내 방아쇠를 당겼다."[6]

전국을 돌아다니며 미주리, 미시시피, 미네소타처럼 메디케이드를 축소한 지역을 조사한다면 그와 유사한 참담한 이야기가 훨씬 많을 것이다.

공화당 주지사 슈워제네거와 민주당이 장악한 캘리포니아 의회만 아니었어도, 메기의 연금은 2006년 1월 1일부터 48달러 증가했을 것이다. 저들은 예산 절충안을 만들어 생활보장금에 의존하는 장애인을 위한 2006년 연방과 주정부 생활비 증액을 중지시켰다.

생활보장금 증액은 소액이지만 그들에게는 더없이 절실하다. 올해도 4.1퍼센트 인상이 예정되어 있었다. 24달러는 주정부, 24달러는 연방정부가 지급하기로 했음에도 장애인들은 연방 지원금을 받지 못한다. 주정부가 약속을 지킨다면 4월에 24달러가 나올 테니, 메기도 매달 생계비로 836달러를 받게 된다. 물론 연방의 24달러는 주정부가 챙길 것이다.

그와 반대로 전국에서 소득이 제일 많은 캘리포니아 의원 나리들은 연봉이 12퍼센트 인상되어 매년 받는 돈이 무려 11만 880달러로 껑충 뛴다. 캘리포니아 의원들은 또한 회기 중에 하루에 153달러를 받는다.

자본주의와 장애

"그들은 우리 생활보장금을 빼앗아 자기들 배를 채워요"라고 메기가 말했다.

올해 캘리포니아는 적자가 아니다. 사회정의나 경제정의에 조금이라도 관심 있는 사람이라면 과연 그 말이 위안이 될까? 주정부가 어떻게 흑자를 만들었는지 보라.

불평등이 어찌나 극심한지 이들 악행을 표현할 방법조차 없다.

주정부가 가난한 장애인들에게 가하는 폭력이 연방인들 다르겠는가.

가난한 장애인에 대한 억압은 점점 심해져만 간다. 섹션8의 증빙 방식이 바뀌었다. 예전에는 장애인이 소득의 3분의 1을 임대료로 지불하면 연방정부가 나머지를 지불했다(그 지역에 대한 연방 공인 임대료까지). 이제 공공주택국이 돈을 더 많이 떼어간다. 개인 부담은 매달 246달러에서 330달러까지 올라가기도 한다. 소득이 812달러일 경우 남은 482달러로 식품, 일용품, 교통, 우편, 의복 등을 해결해야 한다는 뜻이다.

여기에 더해, 상당수가 메디케어와 메디케이드 모두에 의존하고 있기에 1월 1일까지 메디케어 파트D 의약품 계획에 등록해야 한다. 그러면 처방약을 탈 때마다 본인 부담금 2~5달러씩 지불해야 한다. 적은 금액으로 보일 수도 있겠지만 가진 게 아무것도 없는 사람의 먹을거리 예산이 40달러씩 줄어든다고 생각해 보라.

장애와 전쟁 경제

이 나라는 가난한 장애인을 굴욕적이고 비인간적인 삶으로 내몰고 있다.

심지어 여기서 끝나는 것도 아니다. 상하원의 공화당 지도부는 (이 글을 쓰는 순간에도) 메디케이드, 푸드 스탬프, 학자금 대출, 육아 지원 같은 프로그램에서 향후 5년간 450억 달러를 삭감하려는 음모를 꾸미고 있다.

우리를 죽이고 그 돈으로 부자와 기업의 세금 부담을 대폭 줄여주려는 것이다.

신자유주의가 사회조직을 좀먹고 파괴하는 동안 네오콘은 2005년 12월 8일 태평양 표준시 오후 2시 46분, 지금 이 순간까지 225,076,331,348달러를 써가며 중동의 '민주주의'를 빌미로 죽음의 행진을 이어가고 있다.[7]

네오콘은 국내 사안에 관심이 없다고 말은 한다.

부시 행정부가 (미국 채권을 사들이는) 중국 돈으로 해외의 불법 전쟁에서 미국인들을 죽이는 동안, 네오콘의 외교정책은 지원 기금을 고갈시키는 식으로 국내의 미국인들을 죽이고 있다.

장애인이 먼저 죽는다. 언제나 그랬으니까.

그걸 청소라고 부르는 사람은 없다. 그들은 선의의 방관이나 균형 예산이라고 그럴싸하게 포장하지만, 실제로는 잔인한 방관이며, 주정부가 집행하는 사형만큼이나 살인적이다.

부시가 이라크에 강제로 휴대폰을 넘기는 동안 우리 코앞에서는 총체적 인권 유린이 자행되고 있다.

자본주의와 장애

제15장

비자연 재해:
허리케인 카트리나를 돌아본다

2005년 카트리나가 휩쓸고 간 뉴올리언스의 얘기다. 장애인 몇 명을 예로 들어보자. 경제 사정이 그럭저럭 괜찮은 사람이라면 제방이 무너져 카운티의 60퍼센트가 물에 잠기기 전에 이미 도시를 빠져나갔을 것이다. 가족한테 돈이 있고 램프 달린 밴이 있고 휠체어를 사용한다면 충분히 안전한 곳으로 대피했을 것이다. 돈이 있는 시각장애인이라면 택시라도 불러 높은 지대로 몸을 피했을 것이다. 지팡이, 보행보조기, 목발, 안내견이 필요한 청각장애인이나 아니면 정신장애인이라도 가족의 도움을 받아 어찌어찌 피신할 수 있다. 돈만 있다면 말이다. 하지만 뉴올리언스에 사는 가난한 장애인이라면 그중 어느 도움도 받지 못할 가능성이 크다.

누군가 911에 전화를 걸었다. "난 장애가 있고 8개월 된 아이가 있어요. 지금 함께 침대에 누워 있는데 물이 빠르게 불어나고 있어요. 제발 도와주세요." 도움은 없었다. 그 이유는 가난한 장애인 구조계획이 없었기 때문이다. 가난한 장애인의 생존 가능성은 가난한 비장애인보다 훨씬 적다. 불운한 사람들이 헬기를 기다리는 동안 적어도 사지마비 장애인 한 명은 옥상까지 올라가지 못했다. 그 자리에서 익사한 것이다. 물론 그 사람 말고도 더 있다. 뉴올리언스 주민 48만 4,000명 중 23.2퍼센트가 도시를 빠져나갔다. 홍수가 났을 때 뉴올리언스에는 다섯 살 이상의 장애인이 10만 2,122명이었다.

뉴올리언스에서는 노동 적령기의 장애인 절반이 실직 상태였다.

뉴올리언스와 미국 대부분의 지역에서 가난한 장애인은 생활보장금과 메디케이드 같은 다양한 정부 프로그램에 의지해야 매일 서비스와 지원을 받을 수 있다.

시각장애인 수용시설에서 기거하는 가난한 장애인이 지팡이를 놓치게 되면 익사하거나 헤엄을 쳐야 한다. 가난한 장애인은 홍수가 들이닥치기 전부터 이미 모든 종류의 대중교통에서 배제되었다. 물론 그 후에는 어떤 종류의 이동수단도 이용이 불가능했다.

가난한 시각장애인이라면 물에 잠긴 마을을 지나갈 수도 없었다. 주변 환경이 너무도 달라졌기 때문이다.

65세 이상의 거동이 불편한 가난한 장애인이라면 누군가의 도움 없이는 집, 시설, 요양원을 떠날 수도 없었다.

가난한 장애인은 매일 복용하던 당뇨, 고혈압 등 만성질환 약을 잃어버리거나 가지러 갈 수 없었으며 헬기가 오지 않는다는 사실을 깨달았을 땐 약국에 갈 수도 없었다.

가난한 장애인이 홍수 때문에 보호소, 시설, 요양원에서 내몰리면 그보다 열악한 환경에 처하게 된다. 서비스든 지원이든, 구하기가 하늘의 별따기이건만 그 상황이 언제 끝날지 아득할 뿐이다.

가난한 장애인은 폭염에 죽을 가능성도 더 크다. 그런 식으로 목숨을 잃은 환자가 최소 154명이었다. 죽음의 우선순위 목록이 있다면 가장 취약한 사람들이 맨 위에 있다는 뜻이다.

그간 도우미 동물에 의지해 오던 가난한 장애인이라면 이젠 그마저 의지가 불가능하다. 동물의 도움으로 집이나 시설을 빠져나간다고 해도 물에 잠긴 거리까지 책임질 수는 없기 때문이다.

가난한 청각장애인은 TV, 전신타자기 등의 매체로 위급상황을 전해 듣지 못했다. 통신 시스템이 파손되고, 연방정부를 통해 접근 가능한 시스템은 그 당시엔 도시 밖에 대기하며 뉴올리언스로 이동하라는 지시를 기다리고 있었다.

가난한 장애인은 구호 식량과 물도 구할 수 없었다. 비상물품이 터무니없이 부족한 보호소, 컨벤션센터, 슈퍼돔에 다른 수

비자연 재해: 허리케인 카트리나를 돌아본다

재민과 함께 갇혀 꼼짝도 못 했기 때문이다.

가난한 장애인이 휠체어에 앉은 채 사망하면 어쩌면 누군 가 시트나 비닐로 덮어줄 것이다.

가난한 장애인으로 살면, 마침내, 마침내, 응급의료 요원이 온다고 해도 휠체어, 보행보조기, 목발, 도우미 동물은 포기해 야 한다. 구급차에 실을 수 없기 때문이다.

가난한 장애인이 뉴올리언스에서 빼앗긴 휠체어와 도우미 동물을 다시 받으려면 몇 달을 기다려야 한다. 그래도 몇 년이 아니면 다행이라고 생각해야 할까?

가난한 장애인은 종종 낯선 마을의 요양원에 수용되기도 한다. 다시 집에 돌아가고 싶다 해도 그때까지는 지원 서비스를 확보하기 위해 피 터지게 싸워야 한다.

가난한 장애인은 낯선 주에 재배치되기도 한다. 그 주에서 는 주지사가 메디케이드를 축소해 이미 등록한 사람조차 도움 을 받지 못했다. 약이 급하다 해도 수천 명씩 명단에서 떨어져 나가는 판에 추가 접수가 있을 리 없었다.

가난한 장애인이 주거가 필요하면 주택도시개발부(HUD)에 기대야 하지만, 이미 부시 행정부가 기금을 축소할 대로 축소 한 터라, 저가 주거가 필요한 노숙자 등과 역시 피 터지게 싸워 야 했다. 주택 당국은 카트리나의 피해자들에게 주거를 제공하 려 했으나 정작 주택도시개발부는 긴급자금 지원을 사실상 거 부했다.

자본주의와 장애

가난한 장애인이 휠체어를 타고 적십자를 찾아간다 해도 적십자는 들여보내지 않을 것이다. 아무나 들어갈 수 있는 곳이 아니기 때문이다. 전국장애인협회에서 조사를 위해 방문했지만 역시 들어가지 못했다.[1]

재해가 닥쳤을 때 얼마나 많은 장애인이 목숨을 잃었는지 알 길이 없다. 아마도 영원히 모를 것이다. 우리가 아는 것은 장애인들이 더 큰 피해를 입었다는 사실뿐이다. 그 당시 장애인이 얼마나 익사했는지(장애인들의 부풀어 오른 시신이 유독한 하수도로 변한 거리를 둥둥 떠다녔다), 이 예방 가능한 재해와 그 여파에서 얼마나 많은 장애인이 탈진하고 굶주렸는지는 정부도 대중에게 알리고 싶지 않았을 것이다.

하지만 대형 참사도 그 이후의 파멸도, 근본적인 가해자는 카트리나가 아니다. 범인은 바로 부패한 정부를 운영하는 약탈자들이다. 상식도 법도 없는 전쟁을 위해 수십억 수백억 달러 계약을 하며, 자신과 친구들에게 국민들의 혈세를 빼돌리는 자들이 아닌가. 부실한 제방을 보수해 폰차트레인 호수로부터 뉴올리언스를 구할 돈으로 이 나라에서 제일 돈 많은 자들에게 세금 감면을 해주는 자들이 아닌가 말이다.

"제방이 무너지리라고 누가 상상이나 했겠는가?" 부시는 그렇게 말했지만 새빨간 거짓말이다.[2] 공병단, 연방 재난관리청 등 전문가들이 이미 정부에 경고한 바 있다. 이 예측 가능한 참사를 예방하는 데 자원과 세금을 투자해야 한다. 뉴올리언스의 일간지 《타임스-피카윤》도 지난 2년간 여러 차례 기사를 써서 허리케인 보호기금을 이라크 전쟁에 빼돌린 행위가 얼마나 위험한지를 경고한 바 있다.[3]

부시 행정부는 뉴올리언스의 홍수 통제 운영기금을 난도질했다. 부시의 전쟁 덕에 뉴올리언스를 보호하는 데 필요한 자금은 고작 20퍼센트만 남았다.

장애인을 포함해 수백 명이 익사하거나 굶어 죽는 동안 부시는 골프를 치며 흥청거렸다.

뉴올리언스의 장애인들이 겪은 일은 무관심이 빚어낸 학살이며, 따라서 범죄행위다. 어쨌든 부시도 자기 책임이라고 실토하지 않았던가. 국민들은 살인 공모자들을 언제까지 공직에 남겨둘 것인가?

제16장

장애인을 위한 저가형 주택 위기

저가형 주택은 9·11[2001년 9월 11일] 이전, 경제 활황기부터 위기였다. 이제 불경기가 되면서 수만 명씩 일자리를 잃고 있다. 부시의 경기부양책은 임시해고된 노동자들한테는 전혀 관심이 없다. 그 반대로 이 나라에서 가장 부유한 기업과 사람들에게 혈세를 돌리는 것이다. 레이건 이후 신자유주의 정책으로 사회안전망이 반 토막이 된 터라 실업연금 또한 사상 최저 수준이다. 공공주택 실상이라고 더 나을 리가 없다.

시간이 흐르면서 실직 노동자들은 주택을 잃을 위기에 처했다. 결국 민간 부문에서 외면한 계층에 흡수될 것이다. 요컨대 가난한 노동자(장애 여부와 관계없이)와 장애인이 되어 노령연금이나 장애 지원금 같은 고정수입에 의존하는 것이다.

경기 확장으로 집세가 오르면 저임금 노동자들은 셋집에서 쫓겨나 원룸을 공유하며 생활하거나 그도 아니면 노숙자로 전락한다. 저가형, 접근 편의형 주택이 많지 않은 점도, 장애인이 공동체와 일터에 합류하는 데 큰 장벽이다. 장애인은 민간 주택 시장에서 극도의 차별을 겪고 있다. 섹션8의 주택 바우처 프로그램(저소득층을 위한 임대 보조 지원)에도 불구하고 저가형, 접근 편의형 주택은 늘 부족하기만 하다. 두 그룹은 부적절한 공공주택 계획의 잔여분을 차지하기 위해 투쟁했으나 지금껏 주택도시개발부(HUD)에게 당하기만 했다.

미국 경제의 저력도 노숙자 문제를 해결하지 못했다. 예를 들어 매사추세츠는 주거비가 지난 5년 사이에 45퍼센트나 올랐다. 하버드대학의 연구에 따르면, 저임금 가족이 최저임금보다 30퍼센트 더 받는다 해도 어느 주에서도 방 두 개짜리 집을 구할 수 없다. 「미국 도시의 기아와 노숙 현황」 16차 보고서 (2000)를 보면, 기아 수준은 증가하고 임시보호소 신청자도 15퍼센트 늘어 10년 사이에 최고의 증가율을 보였다.[1] 노숙의 이유에는 특히 저가형 주거의 부족, 저임금 일자리, 공공 지원 삭감의 책임이 크다.

장애인 노숙자 현황에 대해서는 제대로 된 조사조차 없다. 하지만 오늘날 장애인 공동체가 직면한 최대의 시련은 민간 또는 공공에서의 저가형 주거 부족이라는 정도는 안다. 예를 들어 워싱턴 D.C.의 주거 통계를 보면, 1만 460채의 공공주택 중에서 불과 191곳(1.7퍼센트)만이 장애인 접근이 가능한 주택으로 분류된다(재활법 제504조에 따르면 집주인은 임대 공간의 5퍼센트를 장애인 접근 편의형으로 개조해야 한다). 더욱이 현재 사람이 입주해서 사는 공공주택의 경우, 대기자가 1인 또는 한 가족이지만, 접근 편의형 주거는 무려 9인 또는 아홉 가구에 달한다.

연방 공정주택법의 경우 1990년 이후에 지어진 민간 아파트는 접근이 가능한 입구 등 최소한의 접근 편의 시설을 갖추어야 한다. 하지만 현실적으로 이 법률은 오히려 접근 편의형 저가주택을 확대하는 데 걸림돌이 되었다. 대부분의 저가형 주택이 1991년 이전에 지어져 접근성 요건에 저촉되지 않기 때문이다. 또 하나, 연방법은 집주인이 임차인에게 접근 편의 개조 비용을 부담하도록 했으나, 장애인 임차인들이 워낙 저임금 노동자인 데다, 외부 램프 등 고가의 개조 비용을 지원하기엔 기금도 넉넉하지 않다. 건축 상황이 까다로워 외부 램프 개조 비용은 2만 달러에 달한다. 물론 임차인이 기금을 받아낼 가능성은 없다.

심지어 건축가와 집주인들은 연방기금을 이용해 아파트를 신축하거나 재건축할 때도, 접근성 개조와 관련한 주법이나 연방법을 제대로 지키지 않는다.

지방정부 관료들도 민간과 공공건물에서 장애인용 접근 편의 여부를 관리·감독해야 하지만, 관심이 다른 곳에 가 있기는 마찬가지다. 예를 들어 새크라멘토 카운티에서 인권·공평주택위원회가 비밀리에 조사를 해보니 그 마을 아파트단지 51퍼센트에서 장애인의 이동성을 보장하라는 법적 요건을 어긴 것으로 나타났다.

워싱턴에서는 장애인들이 몇 년의 세월을 기다리다가 결국 주택 당국을 상대로 소송을 걸었다. 재활법을 어겼다는 이유였다. 장애인 아이들은 화장실에 가기 위해 계단을 기어 올라가야 했고, 젊은이들은 강제로 요양원에 수용되었다. 모두 워싱턴 D.C.가 접근성 규범을 지키지 않은 탓이다.

불경기 탓에 일자리 구하기가 점점 어려워지면, 장애급여와 공공 지원 신청도 함께 증가한다. 실직자들은 종종 생계를 위해 크게 축소된 사회안전망에 의존해야 하지만, 섹션8 주택 바우처에 닿기까지 몇 년씩 걸린다는 사실을 깨닫게 된다. 섹션8의 평균 대기 기간은 3년이며, 로스앤젤레스는 5년에서 8년이다. 그사이에 거리로 내몰리지 않을 사람이 몇 명이나 될까?

이곳 로스앤젤레스에서 집주인과 문제가 생긴 장애인을 몇명 알고 있다. 한 사람은 병원 치료를 받으면서 몇 개월 동안 싸구려 모텔에서 지내야 했다(룸메이트이자 집주인이 그가 없는 틈을 노려 그의 물건들을 거리에 내버린 것이다). 그 후 여러 곳을 돌아다녔지만 다들 임대를 꺼렸다. 나중에 알았지만 휠체어 때문이었다. 다만 노골적으로 "다리병신 사절"이라고 하지 않았기에 소송도 불가능했다. 그동안 주택도시개발부 건물 어디에도 그를 받아줄 공간은 없었다.

다른 예도 있다. 한 여성은 장애인 아들의 제1보호자였지만

250

자본주의와 장애

섹션8 주택 바우처 때문에 쫓겨날 위기에 처했다. 집주인이 계약 만료 90일 전에 임차인에게 통고하면 섹션8 프로그램에서 탈퇴하도록 허용하는 개정법을 악용했던 것이다.

현재 법률구조협회에서 도와주기는 하나, 기본적으로 '원만한 해결'이 목표인지라 대부분 이사를 권유한다고 한다. 그녀역시 장애운동의 강력한 지지자라 개정법이 장애인들에게 어떻게 악용되고 있는지 법률구조 소속 변호사가 제대로 알지 못한다며 투덜대고 있다. 집주인과 싸우기엔 상황이 너무나 취약하기만 했다. 패소는 그렇게 이루어지는 법이다. 이러고도 법의보호를 받는다고 할 수 있을까?

한 여성은 내게 편지를 보냈다. 만성질환이 악화되어 집주인과 싸울 상황이 아닌데도 집주인은 어떻게든 쫓아내려고 한다는 내용이었다. 그 시련의 와중에 그녀는 조력 자살 문제로갈등까지 해야 했다. 만성질환 장애인들이 그 희생자가 된다고 믿기 때문에 사실 그런 식으로 죽고 싶지는 않다고 했다. 다만 현실적으로 세상은 취약한 사람들에게 더 가혹하고 냉담해지는 터라 점점 자신감을 잃고 있었다. 그녀는 스스로에게 물었다. 의사에게 죽음의 주사를 부탁하는 게 더 쉽지 않을까? 그럼적어도 거리로 쫓겨나는 일은 없을 테니까.

도대체 주택도시개발부와 공공주택국은 어디에 있는 걸까? 그 많다던 대안은 다 팽개치고 집주인들한테 약점이라도잡힌 걸까? 왜 매일 미적거리며 임차인 보호 의무를 외면하는

장애인을 위한 저가형 주택 위기

거지? 대통령과 의회에 정책 제안을 하기 위해 만들었다는 국가장애인위원회(NCD)의 보도를 보면 다음과 같다.

"주택도시개발부는 자체의 법 집행 과정에서 통제력을 잃었다. 공평주거관리법의 전제는 장애 여부와 상관없이 대다수 미국인을 위해 지금껏 아무것도 한 일이 없다."[2]

국가장애인위원회에 따르면, 주택도시개발부는 1988년에서 2000년 사이 1만 2,000건 이상의 민원을 접수했지만 2.4퍼센트를 제외하고는 차별을 인정하지 않았다(《AP》). 더 나아가 2000년 기준으로, 조사 마무리까지 평균 14개월이 걸렸는데, 이는 법에 명기된 100일의 네 배에 이른다. 1989년에 달성한 평균 74일이 주택도시개발부가 법을 지킨 유일한 경우였다. 국가장애인위원회의 결론에 따르면 그 이후 주택도시개발부의 성과는 처참할 정도로 추락했다.[3]

공공주택은 점차 자유시장 체제에 휘둘리기 시작했다. 임차인의 경우 법률 지원 체제의 결여, 주택도시개발부의 태만, 소송 당사자의 극단적 빈곤이 맞물리면서 임대인들도 고삐가 풀렸다. 클린턴의 '작은 정부', 그리고 민주당의 공공주택 민영화 정책으로 공공책임보다 영리 추구를 허용하면서 결국 민주주의적 평등, 기회균등, 사회안전망이 뒷걸음질 치고 만 것이다.

경기가 후퇴하고, 부시 일당과 조력자들이 잇속 챙기기를 위해 연합하고 있다. 그렇다 해도 장애인의 주거 요구는 더욱 보호받아야 한다. 법안에도 포함해야 한다.

자본주의와 장애

제17장

미국 대 세계

부시 행정부는 여전히 세상의 여론을 호도하고 있다. 이번에는 유엔이 장애 기반의 인권조약을 만들려 하자 거부 의사를 밝혔다. 다행히 100여 개국이 미국과 다른 입장을 취하고 있기는 하다.

행정부의 견해는 [2003년] 6월 16일부터 27일까지 뉴욕에서 열린 '장애인의 권리와 존엄 보호 및 증진을 위한, 포괄적이고 통합적인 국제 장애인 권리협약 제2차 특별위원회'에서 드러난다.[1] 총회는 참여국들에게 유엔이 장애인 인권협약을 마련할지 여부를 결정해 달라고 촉구했다.

미국 법무부 시민권 담당 차관 랠프 보이드는 장애와 인권에 관한 국제협약은 필요하지 않다고 선언했다. 오히려 다른 나라들이 미국 모델을 좇아 차별금지법을 채택해야 한다는 것이다. 미국은 각국의 입법을 돕겠다고 하면서도 그 이전에 "그에 따른 법률문서 작성에 미국이 개입할 수 있기를 기대한다"라고 덧붙였다.[2]

이런 식의 주장은 장애인 단체들에게 특히 고통스러웠다. 왜냐하면 최근의 사법체계, 의회, 주 입법부 기록을 보면 미국은 바로 그 권리를 지속적으로 훼손했기 때문이다. 미국의 법률로 장애인을 차질 없이 사회에 수용하겠다는 행정부의 선언은 실상과 크게 다르다.

지난 수년간 장애인 활동가들이 목격했듯, 기업 친화적 대법원은 장애의 법 개념을 축소하고, 장애인 노동자가 아니라 고용주의 손을 들어주었다. 법정에서 시비를 가리려 해도 이제는 정식재판이 아니라 약식문서 재판이 고작이다. 그러는 동안 장애인법(ADA), 1973년의 재활법, 장애인교육법(IDEA) 같은 주요 법률은 집행조차 하지 못하고 있다. 그런데도 행정부는 그 법이 세계의 모델이라고 떠들고 있다.

'차별금지법'을 채택할 때 근본적인 제약들이 있다는 점도 이해해야 한다. 이 법률 덕에 장애의 의학적 개념에서 좀 더 광의적인 의미로 공공정책이 바뀌기는 했다. 즉 장애인도 사회의 일원이지만 사회적·경제적 차별로 고통받고 있다는 것이다. 하지만 여전히 장애인의 권리를 전적으로 수용하기엔 한참 부족하다.

예를 들어 차별금지법 체제에서도 굶주림에서 자유로울 권리나 숙소를 취할 권리 같은 보다 근본적인 권리는 없다. 전 세계 6억 명의 장애인 중 82퍼센트가 개발도상국에 살고 있는데, 먹을 것을 구하지 못해 장애아들이 매년 수천 명씩 목숨을 잃고 있다. 1990년 이후 인권 탄압의 예로 기록된 200만여 건 중 14퍼센트가 장애인의 죽음으로 끝이 났다.

그뿐만 아니라, 국제통화기금(IMF)과 세계은행이 추진한 정책 상당수가 개발도상국의 사회적·경제적 불평등을 완화하기는커녕 더욱 심화하고 있다. 전 세계 기근의 증가 또한 장애인이 처한 고립적이고 굴욕적이고 비인간적인 현실을 강화한다고 말할 수 있다.

장애인 단체의 입장에서는 포괄적 협정에 반드시 사회적·경제적 권리를 포함해야 한다. 물론 차별 금지의 기준도 마련해야 한다. 소수집단 우대정책을 강화해 장애인들이 공동체 생활, 방문 지원 서비스, 일자리, 저렴한 의료 서비스, 접근 편의형 주택 등 비격리 상황에서의 사회적 지원을 보장해야 한다. 미국처럼 잘사는 나라에서조차 권리와 사회정책이 부족하고, 그 탓에 장애인들이 너무 자주 거리로 내몰린다.

유엔 인권선언은 스물여덟 가지 권리를 명시하고 있다. 이 중 장애와 관련한 권리를 살펴보면 다음과 같다.

· 고문이나, 가혹하고 비인간적이고 굴욕적인 대우와 처벌을

받지 않을 권리. 여기에는 폭력적이고 유해한 의료행위를 포함한다(예를 들면 발달장애 장애인을 우리에 가두거나 비자발적 정신병 치료를 강요하는 행위).

· 성실하게 살 권리, 굴욕적이고 비인간적인 대우를 받지 않을 자유(시설에 가두거나 보호자로부터 학대를 받지 않아야 한다).
· 결혼하고 가정을 이룰 권리.
· 생존의 권리(광장에서 사슬에 묶이거나 굶어 죽지 않아야 한다).
· 강제 거세를 당하지 않을 권리.
· 사법제도에 접근할 권리(예를 들어 법정에 수어 통역사가 있어야 한다).

여기에 더해 자율적인 의사결정권을 비롯해, 장애인이 심신의 존엄성을 지킬 권리를 포함해야 한다.

결론적으로 장애운동은, 장애인이 건강 면에서 병리학적이고 복지 측면에서 사회문제라는 주장부터 전복해야 한다. 장애인도 인권을 존중받는 시민이기를 원한다. 이것이 유엔이 제안한 의제이며, 세계농아인연맹, 세계시각장애인연합, 세계장애인연맹, 세계맹·농중복장애인협회, 정신의학 사용자와 생존자 국제연대, 국제포용센터가 참여했다.

부시 행정부가 국제 장애인 권리 향상을 막으려 하지만 다행히도 유엔 회기에 참석한 국제 공동체가 대체로 무시하는 분위기였다. 각국 대표들은 협의 초안을 발전시키는 것뿐 아니라 초안 그룹에 장애인 단체가 선정한 장애인들을 포함하기로 합의했다.

협정 초안을 마련하기야 하겠지만, 협의 결과가 만족스러울지, 그리고 인준을 받고 그대로 이행될지는 여전히 불확실하다.

미국은 유엔 아동권리협약, 여성차별철폐협약, 대인지뢰금지협약을 비준하지도 않고, 국제형사재판소와 교토 의정서에 서명하지도 않았다.[3] 그뿐 아니라 이들 협약에서 국제 공동체가 설정한 목표들을 실현할 다수의 국내법을 강화하는 데도 실패했다.

하지만 미국 같은 나라가 인준하든 말든, 유엔은 국제 사회가 인정하는 일련의 기준을 제시할 의무가 있다. 그 의미는 역사적이다. 마침내 인권 논의 테이블에 장애인이 합류해 법적 구속력이 있는 장애인 보호법을 제정할 수 있는 기회가 아닌가.

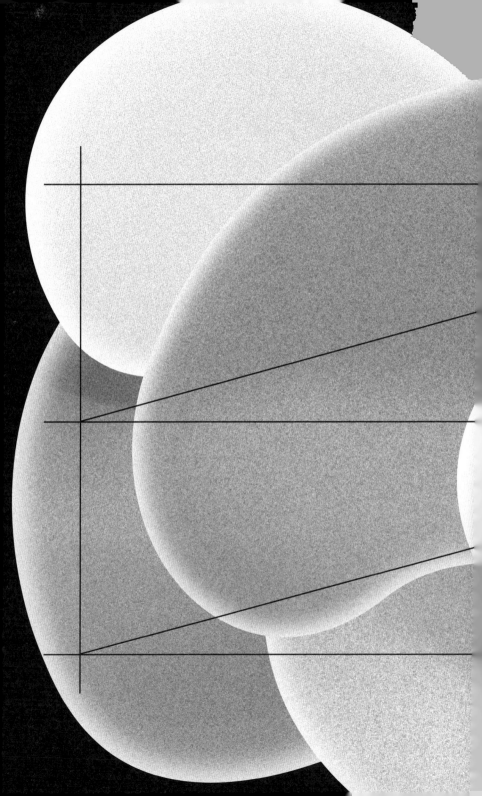

6부   몸의 정치학: 빠진 고리

제18장

달러와 죽음:
의사 조력 자살에 대한 의문

1

신자유주의 시대에는 기업의 이해가 정부와 공공정책을 지배하고 경제적 능력으로 사람의 가치를 평가한다. 이런 사회에 살려면 개인의 권리의 자유주의적 확대를 넘어 죽을 권리도 살펴볼 필요가 있다. 왜 지금 이런 제안들이 나오는지 알아야 한다.

갑자기 왜 조력 자살(의료진의 도움을 받아 스스로 목숨을 끊는 것을 뜻하며, 존엄사나 안락사와는 다른 개념이다_옮긴이)일까? 기이한 바이러스들, 만성피로, 에이즈, 섬유근육통 등 값비싼 약과 장기 치료가 필요한 불치병이 점점 늘어가는 이때? 왜 지금일까? 관리의

자본주의와 장애

료 기업들이 의료 서비스를 배급하고 공중보건이 예산의 도끼에 난도질당하는 이때?

안락사 지지/조력 자살 그룹 헴록 소사이어티 공동 창업자인 데릭 험프리는 마지막 저서, 『죽을 자유: 사람, 정치 그리고 죽을 권리 운동』에서 여전히 조력 자살 논의가 조심스럽지만 의료비 절감 문제 때문에라도 조력 자살과 안락사는 결국 법 제정이 불가피할 것이라고 장담한다.[1]

공공정책의 방향을 결정하는 것도 결국 의료비 절감 문제일 뿐 자율성 강화와는 관계가 없다(안락사 지지 슬로건이 그렇다고 주장한다). 험프리가 공공정책과 의료비 절감의 관계를 파악하기는 했지만, 이미 수년 전부터 떳떳하게 그 얘기를 한 사람도 있었다.

살인죄로 유죄선고를 받은 의사 잭 케보키언은 진술서에서 자기 생각을 솔직하게 피력했다(1990년 8월 17일). "불치병 환자, 장애인의 자발적인 자기소멸이 대규모로 가능해야 공중보건과 복지 수준을 높일 수 있다."[2]

법정도 귀를 기울였다. 샌프란시스코의 제9순회법정이 의사 조력 자살의 합헌성을 인정했을 때 특히 장애인을 '수혜자'로 지목했다. "불치병으로 고통받는 성인이 가족이나 사랑하는 사람들의 경제적 복지를 훼손하는 경우"라면 생명을 이어갈지 말지를 고려할 가치가 있다는 얘기였다. 의료비를 통제하는 수단으로 조력 자살의 활용을 옹호한 것이다.

공화당의 목소리 《위클리 스탠더드》의 편집장도 1995년에 이렇게 결론을 내렸다. "환자는 돈이 많이 들지만 죽은 자는 아무에게도 짐이 되지 않는다. 50년 전 백일해와 디프테리아가 유행했을 때, '아이들이 살거나 죽었지만 빨리 죽을수록 돈이 적게 들었다'. [컬럼비아대학 교수 월러드] 게일린의 말이다. '이제 살아남은 아이가 자라 돈이 아주 많이 드는 노인이 될 것이다'…. 결국 유일한 해답은 일종의 할당제다. 그걸 어떻게 포장하든 간에."[3]

다만 케보키언 같은 사람들이 자발적 자기소멸을 얘기할 때 실제로 어떤 일이 있었는지 살펴볼 필요가 있다. 조력 자살을 원하는 사람은 정말로 죽고 싶은 걸까? 아니면 장애정책의 외면으로 죽음으로 내몰린 걸까? 적절한 장기치료와 통증 완화 치료가 없다면 삶은 고통이 되어 차라리 죽음을 바라게 된다.

[1997년] 조력 자살을 입법한 오리건주는 의료정책을 바꾸어 주정부에서 의사 조력 자살 비용을 책임지기로 했다. 연방법이 자금 지원을 거부하고 있기 때문이다. 그곳 의사들은 주정부가 진통제인 옥시콘틴 구입비 보조를 제한하고 있어 실제로 만성 또는 말기 환자들에게 처치가 불가능하다고 보고했다. 근위축성 축삭경화증(루게릭), 당뇨병성 말초신경병증, 다발성경화증, 복합부위통증증후군 같은 치명적인 질환에 효과적인 진통제 투약이 어렵게 된 것이다. 장애운동가들은 오리건에서는 자택 거주에 필요한 방문 서비스를 확보하기 어렵다고 호소했다.

자본주의와 장애

조사 자료를 보면, 사람들은 대부분 요양원보다 집에서 계속 살기를 원한다. 최근까지 알려지지 않은 사실이지만, 요양원에 대한 반감이 커서 중환자 중 30퍼센트가 요양원에서 영원히 사느니 차라리 죽음을 선택하겠다고 말했다.

조사해 보니, 오리건 법에 따라 죽음을 선택한 사람들은 신체 자율성을 잃거나, 통제 기능을 상실한 환자들이었다. 적절한 방문 관리와 심리 상담 서비스를 통해 장애 상황을 극복했으면 좋겠지만 획일적인 공공정책 탓에 극단적인 선택을 할 수밖에 없었다.

대신 험프리의 대답을 포함해, 조력 자살 옹호자들은 차라리 노령인구와 장애인에게 자살할 '자유'를 주라고 말한다. 국가 차원의 활동 보조 서비스(PAS) 프로그램으로 노인과 장애인을 시설에 가두느니 차라리 그편이 개인이나 국가에 도움이 된다는 것이다.

관리의료 시대다. 우리는 이렇게 물어야 한다. 죽음을 선택하는 사람들이야말로 보건 시스템의 희생자가 아닐까? 지금의 시스템은 고통과 우울증을 해소하거나 위안을 주기보다 월스트리트에 더 많은 배당금을 주는 데 관심이 있다. 보건 기업에는 퍼주고 주정부 예산은 바닥내는 시스템이 아닌가.

관리의료의 도래와 함께 임금 지불 방식에도 변화가 있었다. 비용을 포함한다는 명분으로 HMO(종합건강관리기구. 일정액을 정기 선불하면 포괄적인 의료 서비스를 제공하는 일종의 선불제 의료보험-옮

달러와 죽음: 의사 조력 자살에 대한 의문

긴이) 소속 병원과 의사들은 이제 환자의 진료비 대신 고정급여를 받는다. 이런 변화는, 건강관리가 필요한 사람들을 (돈을 벌어주는) 자산이 아니라 (수익을 갉아먹는) 해충으로 여긴다는 뜻이다.

게다가 관리의료 기업들은 게이트키퍼 의사의 치료비 승인을 통제하기 위해 보수까지 주무른다. 비용을 낮추면 의사들에게 보너스를 주고 HMO의 행정 방침을 따르지 않을 경우 계약을 해지하는 식이다.

린다 피노 박사는 그렇게 곤경에 처했을 때 의회 상업위원회에 나가 증언을 했다(1996년 5월 30일).

> 먼저 시민 여러분께 고백하고자 합니다. 1987년 봄, 저는 의사로서 한 남성의 죽음에 원인 제공을 했습니다…. 많은 사람이 아는 사건이지만 그 사고로 법정에 불려 나간 적도 없고, 포럼에 나와 해명하라는 요구도 받지 않았습니다. 오히려 그 반대였죠. 덕분에 보상을 받고 명성을 얻고 그 후 승진까지 했으니까요. 전 기업에 '유익한' 의사였습니다. 그 사고로 내가 절약해 준 금액이 무려 50만 달러이니까요.[4]

의사 조력 자살과 가난한 사람, 환자, 장애인의 의료비를 삭감하려는 노력 사이에 직접 관계가 있다는 데 더 이상의 증거가 필요할까? 의사 조력 자살 문제는 경제구조와의 관계에서 살펴야 한다. 정부를 부추겨 공공복지에서 발을 빼게 함으로써 사회계약을 망가뜨리려 하는 자들이 아닌가. 조력 자살을 지지하는 국민이 이제는 그 '숨은 의도'를 들으려 할까?

<h1 style="text-align:center">2</h1>

케보키언식의 조력 자살 논쟁 시대에 우리는 과연 그 본질을 제대로 볼 수 있을까? 놀랍게도 사회정의를 위해 싸우는 몇몇 동료들은 지금도 환상에 사로잡혀 케보키언을 휴머니스트로 보려고 한다. 최근 이메일을 하나 받았다. 케보키언이 수감되기 전에, 어느 할리우드 파티에서 톰 크루즈가 만면에 미소를 머금고 그에게 다가가 등을 다독여 주었다는 내용이었다. 『신의 축복이 있기를, 케보키언 박사』에서 저자 커트 보니것은 잭과 죽음의 기계를 쫓다가 죽은 후 부활하는 판타지를 꿈꾸었다.[5] 물론 케보키언은 헴록 소사이어티의 첫 번째 순교자이며, 얼마 전 오리건 TV 시청자 제작 프로그램에서 〈마지막 출구〉의 비디오 버전을 방송하기도 했다.

낫데드옛은 케보키언 반대를 주도하며 헴록의 사람들을 '4W'라고 불렀다. 걱정하는 척Worried하지만 잘만 지내는Well 백인White 부자Well-off들이라는 의미다. 낫데드옛의 창립자 다이언 콜먼의 얘기를 들어보자. "얼마나 많은 사람들이 차라리 죽는 게 낫다는 협박을 받는지 저들[헴록]은 신경도 안 씁니다. 그저 전문가의 손으로 깔끔하고 산뜻하고 위생적으로 자살하게 해 주면 되니까요."[6]

잭 케보키언이 몇 개 주에서 의사면허를 박탈당하고 최근에는 살인죄로 수감되었음에도 불구하고 일부 신봉자들은 그에게 휴머니즘의 가면을 덧씌우고 있다.

나는 이렇게 되묻고 싶다. 케보키언이 휴머니스트들을 우롱한 것일까? 아니면 내가 휴머니즘의 뜻을 모르는 건가? 예를 들어 장애인에게 죽지 않을 방법을 제공해 주는 게 아니라 죽게끔 도와주는 것이 인간적이란 말인가? 실의에 빠진 마흔세 살의 여성을 죽음으로 이끄는 것이 인간적인가? 칭찬받을 일인가? 치명적이지 않은 장애로 남편에게 버림받고 아이들과도 떨어져 살던 사람이 아닌가? 낙담한 셰리 밀러가 항우울제와 좋은 변호사를 필요로 할 때, 죽음의 사자를 불러온 작자가 바로 케보키언이다.

사지마비 환자를 도와 죽음으로 이끄는 일이 휴머니즘일까? 신장을 떼어낸 뒤 병원 문 앞에 내동댕이치는 일이? 케보키언은 조지프 투시코프스키를 바로 그렇게 처리했다. 오클랜드 카운티의 검시관 L. J. 드래고빅은 그의 시신을 도살장 폐기물이라고 불렀다.[7] 모르는 사람들을 위해 덧붙이자면, 케보키언이 천명한 의사醫死 처방이란, 의료살인이라는 전문 분야를 새로 만든 뒤 그가 전국에 설치하고자 하는 죽음의 센터에서 인체 실험을 하고 장기 이식을 실행하는 것이다. 조지프의 몸에서 장기를 수확하는 것이야말로 의사 처방 계획의 핵심이다.

저 가혹한 HMO의 휠체어를 받기 위해 9개월 동안 고통스럽게 기다린 사람을 끝내 자살하도록 돕는 것이 휴머니즘인가? 맷 존슨이 그렇게 죽었다. 맷의 휠체어는 케보키언이 방문한 다음 날 도착했다. 단 하루 차이로 영원히 침대에 누워 살 팔자에서 벗어나지 못한 채, 영원한 죽음으로 내몰린 것이다.

의사가 죽음의 주사를 투여하는 것이 휴머니즘인가? 그것도 48시간 동안 단 두 번 만난 후에? 후일 《오클랜드 프레스》에서 토머스 유크가 마지막으로 어떤 말을 남겼는지 물었을 때 케보키언은 이렇게 대답했다. "모르겠어요. 그분이 하는 말을 전혀 알아듣지 못하겠더군요."[8] 이 "이해심 많고 동정심 가득한" 죽음의 실행자 손에 유크는 그렇게 "존엄한" 죽음을 맞이해야 했다.

쥐가 득시글한 요양원에 강제로 끌려갈까 봐 두렵다는 남성을 죽음으로 내모는 것이 휴머니즘인가? 윌리스 스폴라가 케보키언을 찾아가 서비스를 신청했을 때 내놓은 이유가 그랬다.

언론 기사와 법원 기록을 보면, 케보키언의 '환자' 93명 중 66명은 일반적으로 '위독하다'고 부르는 범주(6개월 미만의 시한부 생명)에 들어가지 않았다. 재닛 애드킨스는 알츠하이머 진단을 받았지만 케보키언과 약속을 잡기 일주일 전에도 테니스를 쳤다. 주디스 커런은 만성피로와 우울증이 있었으나, 죽기 2주 전에 남편을 가정폭력으로 고소했다. 남편한테 학대를

달러와 죽음: 의사 조력 자살에 대한 의문

당하고 우울증에 걸리기는 했어도 다발성경화증과 무관한 여성도 있었다. 케보키언은 말기 증세를 "생명을 하루라도 단축하는 증세"로 규정하고 이들 모두를 돌이킬 수 없는 죽음으로 이끌었다.

사람들이 참혹한 생활고와 사회적 차별에 고통받을 때 그 어려움을 이겨내도록 도움을 주는 대신 더 빨리 죽도록 이끄는 것이 휴머니즘이란 말인가? 사회적 해결책으로서의 죽음을 권하는 것보다 죽음을 피하도록 돕는 것이 휴머니즘이 아닐까?

사람들은 왜 장애를 삶의 자연스러운 일부로 보려 하지 않고, 죽음이 답이라고 단정하는 걸까? 장애가 도대체 무슨 죄를 지었기에? 내가 보기엔 비장애인들이 장애를 두려워하기 때문에 죽을 권리를 지지해 주면 그게 우리를 돕는 일이라고 여기는 것 같다. 하지만 정말로 죽을 권리가 사회정의상 기회균등 문제이고 딱히 만성질환자를 겨냥하지 않는다면, 건강한 20대에게도 똑같이 죽을 권리를 보장해야 하지 않을까?

사회정의에 관심 있는 사람들이 이따금 찾아와 이렇게 묻는다. "어떻게 버티세요? 난 못 할 거예요." 말인즉슨, 이런 장애의 몸으로 어떻게 사느냐는 것이다. 그런 사람들은 장애의 삶을 받아들이지 못한 채, 자신이 나와 같은 처지가 된다면 무엇을 하고 무엇을 하지 않을지 투사하려 든다. 하지만 장애는 복잡하고 지난한 경험의 시작에 불과하다. 예를 들어 어느 사지마비 환자는 장애인이 되고 처음 몇 주 동안은 자살도 생각해 보

자본주의와 장애

지만, 결국 우울증을 이겨내고 장애에 적응했다. 그리고 의사 조력 자살을 선택하지 않은 게 다행이라고 고백하기도 했다. 그는 그 후 코미디언, 배우자, 부모로서의 삶을 살아가고 있다. 한 친구는 10년째 다발성경화증으로 고생하고 있지만 얼마 전 아들이 대학을 졸업하는 모습을 지켜보았다.

장애에 대한 차별적·개인주의적 투영이야말로, 정말 시급한 문제들을 은폐하려는 시도에 불과하다. 왜 이렇게 묻지 않는가? "장애인이 보건과 서비스를 충분히 받고 있는가?" 저들은 작금의 보건 시스템이 사람보다 돈을 중시한다는 사실조차 모른다. 사람들이 강제로 요양원에 갇히는 것도 모른다. 도대체 지금의 보건 시스템이 어떻게 소수인종과 가난한 사람을 차별하는지에 관심이 있기는 할까? 장애인 차별주의가 인종과 계급 차별에도 비슷한 작용을 한다는 사실은?

선의의 휴머니스트들이 놓치고 있는 것은, 경제학이야말로 '죽을 권리' 운동의 배경이라는 사실이다. […]

칼자루는 누가 쥐고 있을까? 오리건의 조력 자살 법안은 HMO 집행부가 주관했다. 에틱스 기업의 부회장 바버라 쿰스 리는 오리건의 의사 조력 자살을 합법화한 메저Measure의 대표 청원인이다. 하지만 쿰스리를 보도한 매체는 그녀가 보험그룹 내에서 어떤 위치에 있는지에 대해서는 전혀 언급하지 않았다. 그녀를 열정적인 이론가로 묘사하고, 오로지 "환자의 의지"에 따라 "참을 수 없는 고통"을 종식시키고 "존엄하게 죽을 권리"

를 부여했다는 얘기만 나열한 것이다. 영리 목적의 보건사업 청부자로서 쿰스리가 어떤 역할을 했는지는 1994년 선거운동 기간 내내 의도적으로 묻혔을 뿐이다. 에틱스 기업은 새로운 치유법을 환영하며, 이미 부담이 된 의료경제 시스템에 조력 자살의 광범위한 적용을 기대한다고 말한 바 있다. 오리건의 자살 주사 비용은 35달러에서 50달러에 불과하다. 반면 하루 입원비는 1,000달러 수준이다. [⋯]

케보키언의 활동이 정말 휴머니즘적이라면, 휴머니즘은 부르주아 우생학, 사회진화론, 기업 회계, 맬서스의 인구 통제론과 궤를 같이한다. 장애인의 생명을 가치 없는 것으로 규정하고, 그들을 사회의 부담이자 낙오자로 여기는 자들이다.

자유주의 법정이 설마 그들의 목적을 위해 판결을 내릴까? 물론이다! 의사 조력 자살 문제는 공공복지를 짓밟은 경제질서, 그리고 이윤 추구에 몰두한 보건 시스템의 맥락에서 살펴봐야 한다. 수백만 명의 미국인은 보험이 없거나 부족하지만, 여전히 적절한 건강관리를 필요로 한다. 보험에 가입한 사람도 구명 치료를 받지 못할 때가 있다. HMO의 보건의료 배분이 가상이 아니라 현실이기 때문이다. 진료비를 낼 돈이 없거나, 변호사를 고용할 능력이 없는 사람도 있다. 가족에게 짐이 되는 것 같아서 우울증에 걸릴 수도 있다. 죽을 준비가 되어 있지 않지만 달리 도리가 없는 경우도 당연히 있다.

어쩌면 그런 식구가 부담스러워, 가족이 헴록에 넘기는 경우도 있을 것이다. 헴록 소사이어티는 보도자료에서 "치매 부모, 고통받는 중증장애인 배우자나 자식의 삶이 너무 부담될 경우, 가족 구성원 등의 대리인이 법원 명령서를 신청해 해당자를 죽일 수 있어야 한다"[9]라고 요구했다. 그야말로 비자발적 안락사인 것이다. 노인청이 전국의 노인 학대 사건을 조사한 바에 따르면 미국에서만 매년 수십만 명의 노인이 가족에게 학대를 받는 것으로 나타났다. FBI 보고서도 다르지 않다. 50세 이상 피살자 중 21.2퍼센트는 가족이 가해자였다. [헴록 소사이어티 공동 창립자] 데릭 험프리의 새 비디오를 보면, 장애인과 노인에 대한 살해를 어떻게 자살로 위장하는지 자세히 알 수 있다.[10]

그런데도 케보키언이 구세주로 보이는가? 아니면 여러분의 목숨을 대가로 자신의 미래를 다지는 악마로 보이는가?

진정한 휴머니스트라면 죽음의 문화에 끼어들지 말아야 한다. 아니, 오히려 장애인 중심의 보편적 보건 시스템, MICASSA(메디케이드 지역사회 자립 지원법)와 같은 국가 차원의 가정 방문 케어 프로그램, 생활임금, 최저 소득 마지노선 등을 쟁취해 아무도 삶을 포기하지 않도록 해야 하지 않겠는가. 저들은 시민권과 인권 강화를 원하지 않는다. 가정폭력을 저질러도 중죄로 처벌할 생각이 없다. 그저 자본주의 축적의 욕망을 부추기도록 새로운 경제수단을 탐색할 뿐이다.

달러와 죽음: 의사 조력 자살에 대한 의문

"삶은 죽음보다 낫다. 그나마 삶이 덜 지루하며, 살아야 신선한 복숭아도 먹지 않겠는가."

– 앨리스 워커

자본주의와 장애

제19장

우생학과 오직 하나의 경제질서

1

지혜는 환멸로부터 온다.

— 조지 산타야나

신나치가 아니라면 누구나 독일에서 홀로코스트가 발생했다는 사실을 믿는다. 그런데 당시 의사들이 제일 먼저 장애인부터 몰살했다는 사실을 아는가?

장애인이라면 다 알듯이, 비장애인이 우리를 두고 삶의 질을 운운하는 것은 정확하지도 않고 때로는 치명적이기까지 하다. 억압과 싸우려면 그 역사적 뿌리, 특히 억압을 가능케 하는 구조적 지원 시스템부터 이해해야 한다.

"살 가치 없는 삶"과 "쓸모없는 식충이들"

"살 가치 없는 삶"이라는 표현은 1920년에 출간된 책의 제목에서 왔다. 『살 가치 없는 삶의 해방과 파괴Release and Destruction of Lives Not Worth Living』. 독일의 사회진화론자이자 의학자인 알프레트 오슈와 법학자 루돌프 빈딩이 공저한 책이다. 이 책은 자살할 권리를 옹호하고 불치병 환자뿐 아니라 정신장애인, 정신박약아, 지진아, 기형아까지 죽일 것을 요구한다. 그런 사람들이야말로 "가치 없는 삶"을 영위하는 "속 빈 인간 껍데기"에 불과하다며, 장애인을 죽이는 것을 치료법으로 보이게 만드는 묘수까지 선보였다. "살 가치가 없는" 삶을 파괴하는 것이 "치료"이자 인도적 행위라는 것이다.[1] 그런 편견이 독일에만 있었던 것은 아니다. 우생학 지지자들은 미국과 영국에도 있었다. 그들에게도 안락사는 "경제적이고 효율적인" 사회로 나아가는 수단이었다.

그 책이 출간되고 얼마 지나지 않아, 장애인 수만 명이 독일의 어느 가스실에서 조직적으로 살해당했다. 그것도 치료를 받으러 찾아간 시설에 가스실이 있었다. 어떻게 한 사회가 살인 집단으로 돌변할 수 있었을까? 그 대답은 우생학이라는 이름의

자본주의와 장애

'과학'과 그 생각에 혹하는 경제, 안락사를 시행한 기관의 역사에서 찾을 수 있다.

뿌리: 인종차별주의, 물리주의, 계급주의

『종의 기원』에서 찰스 다윈은 특유의 편견을 만천하에 드러냈다. 요컨대 '자연선택' 과정이나, 생존 경쟁에 '유리한 인종'의 보존 등 여타의 생명체들처럼, 인간 역시 점진적으로 환경에 적응하는 방식으로 진화했다는 것이다. 물론 '유리한 인종'이란 자신이 속한 인종, 코카서스인종을 뜻한다.

영국 철학자 허버트 스펜서는 '자연선택' 대신 '적자생존'이라는 표현을 사용했다. 이는 다윈의 생각을 사회학에 접목하는 소위 사회진화론의 뿌리가 된다.[2]

1871년, 다윈은 『인간의 유래와 성선택』이라는 책에서 인위적 선택에 대해 다음과 같이 설명한다.

> 한편 우리 문명인들은 최선을 다해 배제 과정을 억제한다. 저능아, 불구, 병자를 위해 보호시설을 세우고 구빈법을 제정하며, 의료인들은 마지막 한 생명까지 구하기 위해 애쓴다. (…) 그로써 사회적 약자들도 종족을 번식한다. 가축이 새끼 낳는 모습을 본 적이 있는 사람이라면 이것이 인류에게 매우 유해

한 행위임을 믿어 의심치 않으리라.[3]

이 '유해한' 상황을 바로잡으려면 인종을 선택해서 출산을 허용하고, 장애인·병자·가난한 사람들을 문명에서 제거하여 유해한 인종의 번식을 억제해야 할 것이다.

1883년 다윈의 사촌이자 생물학자이자 유전학자인 프랜시스 골턴은 '우생학'이라는 용어를 만들어 선택적 번식을 향한 행진을 가속화했다. 다윈의 생각을 기반으로, 생물학적 그룹들은 발생학적·유전학적 여과를 통해 '부적합자'를 제거함으로써 강화할(정화할) 수 있다고 주장했다. 질병, 빈곤, 기생, 부도덕, 인종이 적자 결정 요소들이다.[4] 다윈 자신은 "상당히 열등한 신체와 정신을 가진 사람은 결혼을 삼가야 한다"라고 말했다.[5] 골턴의 해결책은 전 세계 과학계에서 폭넓게 수용되었다.

우생학 운동의 열렬한 지지자였던 스펜서는 미국 우생학의 구루가 되어 '부적합자', 특히 공공서비스에 의존하는 사람들을 제거하는 것의 장점에 대해 설파했다.

'인종위생학Racial Hygiene'(실제로는 1903년의 조어)이라는 이름의 나치 이전 과학 이론은 다윈, 스펜서, 골턴의 업적을 기려, 독일 인종을 퇴보하지 않게 순종으로 보존해야 한다고 주장했다. 알프레트 플로에츠 같은 사회진화론자들은 부적합자와 가난한 자들이 적자보다 빠르게 번식하므로 독일 원형질을 보존하기 위해 그들을 제거해야 한다고 생각했다. 의학의 도움이 있어야

자본주의와 장애

생존이 가능한 약자들이 자연선택 과정을 훼손하므로 독일 유전자를 순수하게 보존하기 위해서는 그들을 죽여야 한다는 공언까지 서슴지 않았다. 인종주의, 물리주의(사회과학은 물론, 심리적·정신적 현상 역시 궁극적으로 물리적 언어로 설명해야 한다는 과학적 경험주의_옮긴이), 계급주의는 문화의 삼각편대를 이루어 우생학 이론이 광적인 사회적 살인으로 분출되도록 문을 열어주었다.

나치/미국의 의사연대

나치당의 과학자와 의사들은 우생학과 인종위생학에 과학적 근거를 제공하고 독일 국민의 지지를 얻었다.

1933년 나치 정부는 유전질환자의 자손 번식 방지를 위한 법률, 즉 단종법을 통과시켰다. 단종법은 유전병으로 고통받는 사람들을 대상으로 단종할 것을 목표로 한다. 예를 들어 정신박약, 정신분열증, 조울증, 유전적 발작, 헌팅턴무도병, 유전적인 시각·청각장애, 심각한 알코올 중독 등이다. 의사들은 유전 경찰이 되고, 유전 법정이 적발을 뒷받침해 주었다.

베를린대학의 의학 교수 루돌프 람의 매뉴얼을 보면, 의사는 환자를 돌보는 사람이라기보다 "유전자 연구자", "인민의 의사", "생물학 병사"에 가깝다. (…) 이 프로그램들을 제대로 돌리기 위해 의사들은 각자 "유전학 의사"가 되고, "인종 수호자"

우생학과 오직 하나의 경제질서

이자 "인민 정치가"가 되었다.[6]

우생학 청소는 사방으로 퍼져 나갔다. 단종 목표는 선천성 정신박약아 20만 명, 정신분열증 환자 8만 명, 조울증 환자 2만 명, 간질 환자 6만 명, 헌팅턴무도병 환자 600명, 시각장애인 4,000명, 청각장애인 1만 6,000명, 심각한 기형 2만 명, 알코올 중독자 1만 명이었다. 제국의 내무부장관 빌헬름 프리크는 인구 문제 및 인종 정책 전문위원회를 구성하고 독일의 유전 결함자를 50만 명으로 추산했다. "실제로 독일 인구의 20퍼센트에 달한다고 보는 전문가도 있다."[7] 그가 덧붙인 말이다.

단종 정책은 결국 인종으로까지 확대되었다. 특히 '검은 재앙', 즉 흑인을 통제하고 유대인을 죽음의 수용소에서 대량학살했다.

미국에서 우생정책은 재소자들에 초점을 맞추며 범죄인류학이라는 과학으로 발전했다. 물리적 특성이 범죄행위와 연계되며, 장애인은 범죄를 저지를 가능성이 크다는 주장으로 이어졌다. 1911년 장애인 관련 서적에는 이런 글도 있었다. "불구자에게 도덕 훈련을 시키지 않으면 성격 일탈자들이 생겨 공동체에 해악이자 부담이 된다. 그런 이들은 학교를 졸업한 후에도 동냥아치나 범죄자가 되기 쉽다." 미국의 의사들은 20세기 초부터 전과자들에게 정관 시술을 실시했다. 1920년 즈음에는 25개 주에서 유전적으로 열등하다고 판단된 죄수들을 대상으로 의무적으로 단종 시술을 했다. 인류개조재단에 따르면 1950년

자본주의와 장애

까지 5만 707명의 미국인이 자신의 의지에 반해 강제 불임 시술을 당했다.[8]

우생학 선동 기관들은 뉴욕 콜드스프링하버의 시설을 비롯해 영국과 미국에서 다수 운영 중이었다. 그 시설은 찰스 B. 대븐포트가 운영하고 카네기 연구소와 메리 해리먼이 운영자금을 댔다. 록펠러재단은 카이저 빌헬름 인류학·인간 유전 및 유전학 연구소를 후원했는데, 소장 에른스트 루딘은 나치 휘하에서 인종위생학협회 회장을 역임한 바 있다. 의사이자 유전학자이며 독일 인종위생학의 선도자인 프리츠 렌츠는 독일이 미국에 뒤지고 있으며, 그 책임이 사회주의 바이마르의 헌법에 있다고 투덜댔다. 바이마르 헌법은 인간의 신체 개조를 금한다.[9]

독일에서 단종은 종전과 함께 끝났지만 단종을 시행한 의사들은 기소를 면했다. 연합군 점령 당국이 단종을 전쟁범죄로 여기지 않았는데, 그와 비슷한 법들이 당시 미국에서도 크게 지지를 받고 있었던 탓이다.[10]

단종이 유전자풀의 '결함'을 제거한다고 믿을 만큼, 인류가 유전에 대해 제대로 알지 못한다는 증거가 쌓이면서 우생학의 광기도 차츰 잦아들었다. 미국과 영국에서 인권의 깃발 아래 단종을 금지하는 법들이 생겼다(그런데 우습게도 지금 의사 조력 자살을 논하고 있다). '합리적' 과학조차 물질주의와 인종차별 경향에 경도되어 무고한 시민 수천 명의 생식권을 강제로 빼앗은 것이다.

우생학과 오직 하나의 경제질서

쓸모없는 식충이와 경제

독일 장애인의 고통은 사회적·경제적 맥락에서 폭넓게 살펴야 한다. 독일 철학자 프리드리히 니체는 "병자는 사회의 기생충이다"라고 선언한 바 있다.[11] "쓸모없는 식충이"라는 문구는 1차 세계대전 이후 불경기가 심해지면서 인기를 얻었다. 그런 생각이 퍼지면서 독일인들은 안락사를 지지했고, 장애인을 경제적 고통의 시기에 정부 재정을 축내는 기생충으로 낙인찍었다. 장애인이 되는 것은 수치스러운 일이다. '장애충'은 이제 사회의 불운 정도가 아니라 용서하지 못할 사회비용이 되었다.

하지만 쓸모없는 식충이를 제거함으로써 절약한 사회기금은 아리안의 세계 지배를 위한 제국의 군사력을 강화하는 데 쓰였을 뿐이다. 전시 상황에서 '결함'은 비생산적일 뿐 아니라, 사회기금을 축내는 요인이므로 우리 장애인들은 언제든 처분되어야 할 존재가 된 것이다.

1930년대 독일에서 생의학 과학자들은 우생학과 사회진화론을 엮어 생물학적 이데올로기를 만들었다. 그리고 이를 무기로 인위적 선택을 요구하고 메커니즘을 작동해 사회적으로 처리하도록 만들었다. 독일은 다음과 같은 조치를 취했다.

1933년 나치 정부 첫해, 장애인과 약자를 위한 비용을 대폭 줄였다. 1933년 독일 의료보험 회사들이 환자들에게 지불한

돈은 4,150만 제국마르크였는데, 대공황기인 1932년보다 1,000만 제국마르크가 적은 액수다. (…) 나치의 의학 철학자에게 정신장애인 지원은 그냥 부질없는 짓이었다.[12]

제국 선동가들은 기회가 있을 때마다 '결함'이 있는 독일인들에 대한 반감을 드러냈다. 아돌프 도머의 1935~1936년 고등학교 수학책에는 다음과 같은 문제가 들어 있었다.

94번
독일제국의 어느 지역 시설에 정신이상자가 4,400명 수용되고 4,500명이 주의 지원을 받고 1,600명은 지역 병원에, 200명은 간질병으로 재택 치료를 받는다. 1,500명은 요양원에 있다. 국가는 이들 시설에 대해 매년 최소 1,000만 제국마르크를 지불한다.

1. 국가가 매년 주민에게 지불하는 평균 비용은 얼마인가?
2. 1에서 산출한 답을 이용해 다음의 문제를 풀라.
   a) 환자 868명이 10년 이상 머물 경우 국가는 얼마를 지불해야 하는가?
   b) 환자 260명이 20년 이상 머물 경우 국가는 얼마를 지불해야 하는가?
   c) 환자 112명이 25년 이상 머물 경우 국가는 얼마를 지불

해야 하는가?

95번

정신병원 설립에는 600만 제국마르크가 필요하다. 일반 주
택에 1만 5,000제국마르크가 필요하다면 정신병원 비용으
로 주택 몇 채를 지을 수 있는가?[13]

히틀러가 1939년을 '건강의 의무' 해로 지정한 것도 어쩌
면 당연한 일이겠다. 공공의 초점을 사회복지에서 공공자원을
빼앗는 범죄행위로 바꾼 것이다. 치료가 불가능하면 살해해야
마땅하다.

주사기는 의사의 손안에 있다

의사들은 국가 주도 살인에서도 가장 다수이자 강력한 지
지자였다. 히틀러가 권좌에 오르자 인종위생학을 정치적 생물
학으로 발전시켜 나치 사회정책의 틀로 삼았다. 의사들도 줄줄
이 나치당에 합류했다. 로버트 프록터는 『인종위생학: 나치하
에서의 의학』이라는 책에서 다음과 같이 말했다.

1937년 의사들이 나치 친위대에 등장했을 때 직장인 남성들

의 평균보다 일곱 배나 많은 수였다. 1942년 나치의사연맹의 회원 명단에는 4만 명에 가까운 의사들이 이름을 올렸다. 게오르크 릴리엔탈이 찾아낸 기록에는 1943년 초까지 4만 6,000명으로 증가했다. 1931년부터 1945년까지 9만 명의 의사가 영업을 했는데 그중 절반이 나치당에 가입했다.[14]

독일 의사들에게는 누가 건강관리의 자격이 있고 누가 없는지 결정할 권한이 있었다. 국가의 건강을 책임지는 문지기가 된 것이다. 말살에는 네 가지 범주가 있었다.

1. 고용이 불가능한 질병, 정신분열증, 간질, 노인병, 치료 저항성 마비, 매독 후유증, 정신박약증, 뇌염, 헌팅턴무도병 등 불치 성격의 신경증세로 고통받는 환자.
2. 최소 5년간 지속적으로 시설에 수용된 환자.
3. 정신이상 범죄로 구속 상태에 있는 환자.
4. 독일 국민이 아니거나, 독일 또는 동족의 혈통, 인종, 국적이 아닌 환자.[15]

의사와 국가의 눈으로 볼 때, 장애인은 제일 먼저 죽어 마땅한 존재다. 우리는 장애인 학대가 전방위적으로 이루어졌다는 사실을 이해해야 한다. 장애인이 아리안 순종이라 해도 인종을 오염시킨다는 이유로 죽음의 수용소로 보내졌다. 장애인이

우생학과 오직 하나의 경제질서

직장에 다니면 유전학적으로 부적합하다는 판정을 내려 살해당했다. 병자만 안락사 대상이 된 것도 아니었다. 건강과 상관없이 정신지체자도 명단에 올랐다. 장애인은 무조건 살 가치가 없다고 여겨 근거도 없이 불치 판정을 내렸지만 예외는 있었다. 나치 독일군의 경우 장애가 있다고 해도 안락사하지는 않았다.

장애 아동은 안락사 프로그램의 최우선 희생자였다. 공식적인 최초의 희생자는 크나워였다. 크나워는 태어날 때부터 팔다리 일부가 없었다. 안락사 프로그램에 앞장선 의사 카를 브란트는 크나워에게 '저능아' 판정까지 내렸다. 아기의 아버지 역시 철저한 독일인이었기에 히틀러에게 "자비롭게" 죽여줄 것을 요청했고, 히틀러도 요청을 받아들였다. 의사에게 영유아 살해의 면책권을 준 것인데 그 결과는 참담하기 그지없었다.

얼마 후 '위중한 유전병의 과학적 처리를 위한 위원회'는 선천적 기형아들을 빠짐없이 보건당국에 등록하라는 지시를 내렸다. 선천적 기형에는 백치 또는 다운증후군(특히 농맹과 관계 있을 경우), 중증 또는 진행성 소두증·거두증, 모든 종류의 기형(특히 수족이 없는 경우), 두부 기형 및 이분척추, 뇌성마비 등의 불구가 있었으나,[16] 종류가 점점 확대되어 간질, 마비 등 신체 기형 모두를 포함했다.

1945년경의 공식 추산에 따르면 모든 연령대의 영유아 5,000명 정도가 조직적으로 살해당했다. 살인 방법으로는 약물 주사, 아사, 치료 거부, 위험 물질에의 노출, 시안가스 등의 화학무기 사용이 있다. 스물여덟 개 정도의 시설이 사형장으로 책정되었으며 여기엔 독일의 유서 깊고 명망 높은 병원들도 포함되었다(에글핑-하르, 브란덴부르크-고든, 함부르크 로텐부르크, 우흐트슈프링에, 메세리츠-오브라발데 등).[17]

성인 처리는 1939년에 시작되었다. 나치는 정신장애인 모두를 몰살할 계획이었다. 작전명은 T-4였다. T-4는 티어가르텐 슈트라세 4의 약자로 비영리법인 환자이송협회의 주소였다. 협회는 경제적으로 취약한 죄수들을 모아 요양원, 정신병원, 처형실이 있는 병원 등으로 이송했다. 사실 폴란드 유대인을 말살한 가스실의 원조는 브란덴부르크 병원이었으며 애초에 장애인을 살해하는 용도였다. 방은 샤워실처럼 생겼다. 벽 주변에 벤치를 늘어놓고 벽에 작은 구멍들을 만들었는데 그 구멍으로 일산화탄소가 스며들었다.

> 최초의 가스 처리는 비드만 박사가 주도했다. 직접 기계를 작동하고 가스 주입을 관리한 것이다. 그는 에베를 박사와 바움하르트 박사에게 가르쳐 후에 그라페넥과 하다마르의 안락사를 맡기기도 했다. (…) 최초의 가스 살해 당시, 간호 요원들이 소위 '샤워실'에 끌고 간 사람은 열여덟에서 스무 명 정도였다. 다른 방에서 이미 지시에 따라 옷을 다 벗은 상태였다. 완전히 벌거벗은 몸으로 서 있는데 뒤에서 문이 닫혔다. 사람들은 조용히 방에 들어갔으며 불안한 기색은 보이지 않았다.

비드만 박사가 가스 장치를 조작했다. 잠시 후 구멍으로 보니 사람들이 바닥에 쓰러져 있거나 벤치에 누워 있었다. 혼란이나 동요는 크지 않았다. 5분 후 방의 가스가 제거되었다. 이 작전을 위해 특별히 투입한 친위대 대원들이 시신들을 들것에 실어 소각장으로 가져갔다. (…) 실험이 끝나자 빅토르 브라크가 참석자들에게 연설을 했다. 물론 그도 참석했는데 그 전까지는 그가 누군지 나도 잊고 있었다. 그는 실험 결과에 만족해하는 표정이었다. 이 작전을 수행할 사람은 오직 의사뿐이라며 금언 하나를 꺼내기도 했다. "주사기는 의사의 손안에 있다." 카를 브란트가 브라크 다음에 연사로 나서서 가스 처리는 의사만 가능하다는 사실을 다시 한번 강조했다. 브란덴부르크에서 실제로 있었던 일이다.[18]

살상이 이루어진다는 소문이 돌면서 장애인들을 T-4행 버스로 끌고 가기 위해 종종 폭력이 가해졌다. 저항하면 폭력으로 굴복시켰다. 간질병동 환자들이 모두 살해당했지만 가족은 그들이 감기, 폐렴, 뇌졸중 등으로 사망했다며 둘러댔다. 시설 거주자들도 자신이 처분 예정자라는 사실을 알고 부모에게 편지를 보내 곧 죽는다는 사실을 알렸다. 노인들은 자신이 다음 차례임을 간파하고 시설에 들어가지 않겠다며 버텼다.[19]

장애인 27만 5,000명(100만 명이 넘는다는 주장도 있다)이 강제로 숨을 거두고 나서야 교회가 나섰다. 교회는 그 모든 참사를 막을 권력이 있었기에 뒤늦게나마 1942년 공식적인 안락사 프로그램에 종지부를 찍었다. 일부 목사와 시민들이 격노하자, 로마 가톨릭교회의 폰 갈렌 주교도 히틀러에 맞서 해당 의사들에게 설교를 했다. 여기 일부를 인용해 본다.

이렇게 느닷없이 정신장애로 운명을 달리한 사람 중에 자연사는 하나도 없었습니다. 모두 인위적인 유인이었죠. '무가치한 삶'이라는 이유로 무고한 사람들을 살해한 겁니다. 예, 그들의 존재가 국가와 지방정부에 생산적이지 못하다는 이유였죠. 무고한 사람과 취약한 사람들의 살해를 정당화하고 죽이도록 허용하다니 정말 끔찍한 생각입니다. 일을 못한다고, 힘이 없다고, 치료가 불가능하다고, 늙었다고, 치매에 걸렸다고 어떻게 사람을 죽입니까? 독일 주교단은 이 끔찍한 만행에 맞서 선언합니다. 무고한 사람을 살해할 권리는 누구에게도 없습니다. 전쟁이나 합법적인 자기방어가 아니라면, 이유가 뭐든 절대 안 됩니다.[20]

1941년 8월에 히틀러는 T-4 안락사 프로그램을 종료했다. 주교를 죽이는 게 정치적 자살 행위라고 판단한 데다 당시 소련과의 전쟁도 잘 풀리지 않고 있었다. 다만 가스실은 해체 후 폴란드로 옮겨 더더욱 가혹하게 확대해 나갔다.

안락사 프로그램은 공식적으로 종료되었지만 장애인 살해

우생학과 오직 하나의 경제질서

는 멈추지 않았다. 의사들은 살해 방식을 좀 더 은밀하게, 병원의 일상에 스며드는 방식으로 바꿔 살인을 이어갔다. 이를테면 치료나 식사를 제공하지 않는 식의, 적극적 살해에서 소극적 살해로 바꾸었을 뿐이다. 아이들은 끔찍한 고통 속에서 서서히 죽어갔다. '결함 있는' 성인들의 살해도 이어졌지만 보다 은밀해졌다. 의사들은 환자들을 철저히 통제하고 치명적인 주사 및 약을 주거나, 치료하지 않고 굶어 죽이는 식으로 살해했다.

뉘른베르크의 면죄부

뉘른베르크 재판에서 브란트 박사는 자기 행위를 변호하며, 안락사는 "피해자를 위한 조치였으며, 가족과 사랑하는 사람들을 부질없는 희생에서 해방시키고 싶었다"라고 진술했다. 히틀러의 선언은 아이들을 살해하라는 명령이 아니라, "불치병 환자"에 대해서만 의사에게 안락사를 허용했다고 덧붙이기도 했다.[21]

아기 크나워는 불치가 아니었다. 그저 복합적인 장애를 가지고 있었을 뿐이다. 인공장구에 의지해 점자를 배우고 사회가 조금만 도와주면 충분히 세상에서 살아갈 수 있었다. 나치는 직업이 있는 장애인, 즉 가족에 '짐'이 되지 않는 사람들까지 가차 없이 학살했다.

자본주의와 장애

뉘른베르크 법정은 대상과 논점을 바꾸는 식으로 장애인 안락사 문제를 회피했다. "프로그램 초기에 비독일인의 안락사와 죽음을 위해 선택되었다는 증거는 명백하다. (…) 우리 판단에 카를 브란트의 책임도 분명하다. 그는 계획과 실행을 돕고 선동했으며 명분에 동의하고 깊이 개입했다. (…) 그 과정에서 [비독일인들을 상대로] 살인, 야만적 행위, 가혹행위, 고문 등 비인간적인 행동을 저질렀다. 이 범죄행위가 전쟁범죄에 해당하지는 않는다 해도, 인류에 대한 중죄라는 것은 의심할 여지가 없다."[22]

나치 인종청소의 최초 피해자는 비독일인이 아니라 독일 장애인이다. 장애인 살해를 유대인 대학살의 출발로 보는 이도 있지만 수천 장애인의 살해는 그 자체로 대학살이다. 장애인 살해의 이론적 근거는 다른 계층을 살해하는 근거와 분명히 차이가 있었다.

뉘른베르크 법정은 장애인을 상대로 범죄를 저지를 경우 일반 시민과 달리 판단했다. 명백한 차별이다. 유가족에 대한 보상도 이루어지지 않았고 살해죄로 처벌받은 사람도 없었다.

사회진화론자들은 장애인들이 자기 존재를 스스로 입증해야 한다고 주장했다. 의학이 생물학적 청소를 위한 도구가 된다면, 더 나아가 자연선택 법칙에 의해 장애인과 병자가 죽어야 한다면, 이 세상에서 과연 누가 안전하겠는가. 생존을 위한 장애인의 투쟁은 새로운 차원에 접어들었다. 우리를 박해한 것은

우생학과 오직 하나의 경제질서

다윈의 자연 세계가 아니라 물리주의 개념이 팽배한 문명 세계다. 부의 축적을 찬양하는 문화야말로 우리가 극복해야 할 최대의 역경이다.

2

"이 세상에 진정으로 자유롭고 민주적인 국가는 존재한 적이 없다. (⋯) 나는 싸움에 돌입했다. (⋯) 그 상대는 내가 살고 있는 경제체제다."

– 사회주의자 헬렌 켈러가 1916년 뉴욕시
여성 평화당과 노동 포럼에서 한 연설 중에서

『아메리칸 헤리티지』 사전이 정의하는 자본주의는 다음과 같다. "시장의 자유로 특징되는 경제체제다. 생산과 분배 수단의 개인 및 기업 소유 집중이 점점 강화되며 부의 집중과 이윤 재투자에 특화되어 있다." 민주주의의 목표가 사회평등을 강화하여 더 많은 사람들이 통치에 참여하는 것이라면, 자본주의는 특유의 부의 집중 경향 때문에 그 평등에 역행한다. 부와 소유가 점점 소수의 손에 모이기 때문이다. 이 끔찍한 모순은 현대 불공평의 핵심이며, 헬렌 켈러가 카네기홀에서 여성 평화당과

자본주의와 장애

노동 포럼에서 강조하고자 했던 얘기도 바로 그렇다. 경제 민주
주의가 없으면 민주주의는 없다.

자본주의의 대부 애덤 스미스도 『국부론』에서 계급기반의
정책은 대중에게 가혹하다는 사실을 인정했다. 2세기 전 그가
지적한 바에 따르면, "주인들의 야비한 규칙은 모두 자신을 위
한 것일 뿐 타인은 안중에도 없다." 스미스가 살던 시대에 '주
인'은 부유한 상인계급으로 정부와 공공정책을 자신들에게 유
리하도록 주물렀다. 나치 독일에서 '주인'은 아리아인 군부와
기업가 계급이었다. 그들은 전 세계에서 가장 포괄적이고 전격
적인 사회봉사 프로그램으로서의 바이마르 민주공화국 보건
시스템을 해체하고 공공기금을 세계 지배라는 파시스트적 목
표에 쏟아부었다.

스미스가 옹호한 자본주의는 경제 평등을 발전시킬 체제였
지만 실현되지 않았다. 그는 부의 집중에도 반대했다. 그런데도
지금 미국 정부는 가난한 사람보다 부자를 보호하려 애를 쓰고
있다. 스미스의 시대 이후, 자본주의는 부자와 가난한 사람 사
이의 간극을 만들어 낸 사람들을 위해 봉사했다. 작가 마이클
패런티의 설명을 들어보자.

1947년 처음 자료를 수집한 이후, 소득과 부의 격차는 그
어느 때보다도 커졌다. 어느 경제학자의 말마따나 "장난감 블
록으로 소득 피라미드를 만들되 각 층을 1,000달러 소득으로
정하면, 정상은 에펠탑보다도 훨씬 높을 것이다. 하지만 우리

우생학과 오직 하나의 경제질서

대부분은 바닥에서 길 수 있을 뿐이다."[23]

오늘날에는 시장의 "주인"이 있다. 기업, 투자자, 은행, 국제 자본주의자들이 불평등을 조장하고 소득 격차를 벌린다.

사회진화론자들은 경제질서에 보탬이 안 되는 생명을 줄여나가는 식으로 사회 자원을 부자 손에 넘기는 주인이다. 하지만 이 장에서 밝히듯, 장애인들이 이 유일한 경제질서에 참여하지 못하게 만드는 것은 다름 아닌 바로 그 자본주의 생산역학이다.

유일한 경제질서

산업화와 기업주의가 미국과 나치 독일 모두에 팽배했다는 건 사실에 가깝다. 나치가 국가사회주의를 자처하기는 했어도, 실제로는 록펠러, 뒤퐁, 멜론과 같이 영리를 추구하는 기업가들과 다를 바 없었다. 히틀러도 그 점을 분명히 밝힌 바 있다. "우리는 사유재산 유지를 지지한다. 우리는 자유기업을 가장 효율적이고 유일한 경제질서로서 보호할 것이다."[24]

월터 러셀 미드에 따르면, "미국 주요 기업들이 1930년대 내내 히틀러와 공조하며 2차 세계대전 발발을 자극했다." 예를 들어 록펠러의 스탠더드오일은 독일 기업 이게파르벤과 파트너십을 맺고는, 죽음의 수용소 노예노동자들을 들볶아 석탄에서 가솔린을 추출했다. 미드는 히틀러가 여러 차례 유대인을 수

자본주의와 장애

용소가 아니라 미국에 보내려 했다고 말했다. 수용을 거부한 것은 미국이었다. 역사가 하워드 진의 설명도 다르지 않다. 미국은 유대인이 학대받는 내내 전쟁에 관여하지 않았다. 히틀러가 폴란드, 체코, 오스트리아를 침공하고 이탈리아가 에티오피아를 침략해도 모른 척했다. 미국이 전쟁에 끼어든 것은 일본이 태평양제국 연합을 공격한 이후였다. 요컨대 2차 세계대전에서 절체절명의 참전을 결정한 이유는 미국의 기업 이해를 건드렸기 때문이다.[25] 경제적 관심이 민주주의나 인본주의 원칙보다 더 중요했던 것이다. 심지어 참전을 미룬 것도 미국과 나치 독일 기업들이 똑같이 경제적 평등의 이상을 증오했기 때문이다. 미국은 히틀러(그리고 무솔리니) 같은 파시스트들을 공산주의보다 훨씬, 훨씬 사랑했다. 히틀러야말로 그 시대의 유일한 경제질서, 자본주의를 육성한 영웅이 아니던가!

몸의 정치학과 자본주의 불이익

자본주의는 일정한 불이익을 내포한다. 그 부작용으로 사람들이 실직과 가난에 빠져 허우적대고 있다. 자본주의 수호자들이 혜택 기반을 확대하겠다고 말은 하지만 실제로 자본주의는 본질 자체가 배타적이다. 시장 중심 사회에서 누군가는 밑바닥으로 추락할 수밖에 없다는 뜻이다. 장애인과 노인이 대표적

우생학과 오직 하나의 경제질서

이다. […]

부의 축적이 지상 목표인 한, 인구의 상당수가 경제질서의 혜택에서 배제된다고 해서 눈 하나 깜짝할 이유가 없다. 사회진화론자들이 현 체제에서 단물을 빨아먹고 그것을 자연스러운 흐름으로 여기는 한 장애인은 쥐어짜야 할 소모품일 수밖에 없다.

나치 독일은 장애인을 국가의 부담이자 경제의 걸림돌로 여기고 몰살하려 했다. 미국에서도 결함을 처분하려는 욕망은 필연적으로 돈과 얽혀 있다. 효율성의 추종자들은 나치처럼 계산기를 두드렸다. 경제학은 우생학과 안락사를 전적으로 지지하기 시작했다. 1935년, 앨라배마 보건 관료인 J. N. 베이커 박사의 말을 빌리면, "문명사회 전체가 숨을 죽인 채 최근 독일의 대량 단종 실험을 지켜보고 있다. 추산으로는 40만 인구가 이 법망 안에 들어올 것인바 대부분 선천적 정신박약으로 분류되어 그렇게 처리될 것이다. (…) 이렇게 유전병 환자 치료 비용을 절약한 덕에 수십 년 후 매년 수억 마르크를 저축할 수 있을 것이다". 베이커 박사는 의료의 강제개입 대상으로 성도착자, 두 차례 이상 강간으로 기소된 죄수, 범죄 종류와 상관없이 세 차례 이상 구속된 전과자, 그리고 자선단체의 공적 구제 및 지원에 습관적·지속적으로 의지하는 사람들을 포함시켰다.[26]

미국도 그 예를 따랐다.

미국의 옹호자들 역시 안락사가 의료 비용을 구제할 좋은 방법이라고 주장했다. 예를 들어 《미국 동종요법 연구소 저널》의 W. A. 굴드 박사는 안락사가 경제난국을 해결할 대안이며, 따라서 고대 스파르타처럼 "부적합한 존재의 제거"를 재고해 볼 것을 주문했다. 더 과격한 주장을 하는 사람들도 있었다. 1935년 프랑스계 미국인으로 노벨상 수상자이기도 한 알렉시스 캐럴(철제 호흡보조기 발명가)은 자신의 저서 『미지의 인간』에서 범죄자와 정신병자를 "안락사 시설에 보내 적절한 가스를 제공하는 것이 인간적으로나 경제적으로나 도움이 된다"라고 썼다. W. G. 레녹스는 1938년 하버드의 파이베타카파회(미국에서 가장 유서 깊고 명망 있는 학술회. 예술 및 과학 분야에서 우수한 학생들을 유치한다_옮긴이) 연설에서 생명을 살리면 사회 부담이 늘어난다고 주장했다. "선천성 박약아와 불치병자들이 죽기를 원하면 의사들도 그 권리, 즉 부적합한 인간이 태어나지 않을 특권을 인정해야 한다"라는 것이다.[27]

"부적합한 인간"은 시장경제에 무용한 존재, 일을 하지 않는 구성원을 뜻한다. 우생학/안락사와 경제질서의 관계는 명백하다. 경제질서에 도움이 안 되는 존재들을 밀어내려는 것이다. 드러나지 않은 사실은 시장경제(유일한 경제질서)가 발달해도 그 구성원이 사회로부터 보상받지 못하도록 장벽을 세웠다는 것

우생학과 오직 하나의 경제질서

이다. 이로써 장애인이 공동체의 생산적 구성원이 될 길이 막히고 말았다.

사악한 원칙과 사회진화론자

철학자 허버트 스펜서가 보기에도, 자본주의는 특유의 개인주의와 경쟁을 양산하고 "자연선택"을 빙자해 "부적합한" 존재를 굶어 죽이는 식으로 배제했다. 그의 선언은 자유방임의 자본주의와 완벽하게 맞아떨어진다. 자본주의야 처음부터 경제적 평등 따위에는 관심도 없었다. 따라서 우리에게는 왜 누구는 부자가 되고 대다수는 그렇지 않은지를 설명해 줄 사람이 필요하다. 가난한 이유가 자본주의의 본질적 구조가 아니라 개인의 결함에 있다고 한다면, 자본주의 경제구조가 계급 차이를 낳으며 자본주의의 본질 자체가 착취적이라고 설명할 필요조차 없다.

로버트 프록터는 다음과 같이 말했다.

'생존 경쟁', '적자생존'이라는 말이 새로운 사회진화론의 슬로건으로 등장했다. 이는 그 시대의 사회·경제구조를 반영한다. 리카도와 스미스와 19세기 중반 영국 자본주의의 경쟁 체제를 다윈의 이론과 따로 떼어놓고 볼 수 없는 이유다.[28]

자본주의와 장애

사회진화론자들은 생물학을 악용해 특유의 비민주적 정치를 뒷받침했다. 인종과 유전자 등이 카를 마르크스가 제기한 계급과 경제 문제를 지배한다고 주장한 것이다. '열등 인종'이 자연에서 생존할 수 없듯이, 사회에서도 경제적으로 살아남지 못한다.

사회진화론자들은 개인 간의 경쟁을 '자연법칙'의 지위로 격상시켰다. 존 D. 록펠러가 설명했듯, 기업의 경영 과정이 단순히 자연법칙과 신의 섭리에서 비롯한다면, 자본주의자들은 거침없이 엄청난 부를 축적한 뒤 자신이 '적자'라고 주장할 것이다. 스펜서 철학의 추종자이자 사유주의 기업의 거물 앤드루 카네기는 안도의 한숨을 내쉬기까지 했다. "자본주의의 자연법칙으로 도덕적 고리를 끊어냈으니, 이제 만사가 형통이로다."[29]

히틀러가 민주사회주의 바이마르 공화국을 해체하는 동안 미국 사회진화론자들은 사회계약의 실현을 막기 위해 동분서주했다. 부상자, 직업병, 실직, 그리고 산업자본주의가 초래한 죽음을 보상한다고? 말도 안 돼. 자본가들은 복지를 통한 재분배를 거부하고, 나치 독일 이전의 사회 기준에 맞추어 다수 대중의 이해관계를 묵살할 방법을 모색했다. 그 목표를 위해 과학을 정치적 무기로 악용하기도 했다. 자유방임 사회주의자와 인류학자들은 생물학적 결정론을 들먹이며 개혁을 막고, 가난한 사람들을 위한 생활 개선 노력을 방해했다. 개인의 상황을 개선하지 못하는 것은 생물학적 결함 때문이므로 사회개혁으로 해

우생학과 오직 하나의 경제질서

결할 수 없다는 것이다. 사회진화론자들은 인도적 사회정책에 '논리적' 바리케이드를 세움으로써, 작은 정부의 발판을 지켜냈다. 정부의 역할을 축소하고 의료 사회화에 반대하고 공공 경비를 낭비로 여기게 만들었다.

엘리트 사회진화론자들은 해결책으로 '부적합자'를 제거하려 했다. 비코카서스인종(특히 이민자들), 빈민, 청각장애인, 장애인 등이 여기에 속한다. 하지만 계급은 스펜서의 자연법칙을 초월한다. (부유한) 적자의 장애인 자식은 생존수단을 물려받고 굶어 죽지 않는다. 자연법칙은 생존과 무관하다. 생존은 전적으로 인위적 선택에 달려 있다.

사회주의자 레스터 프랭크 워드처럼, 스펜서에 반대하는 사람들은 사회진화론자의 주장에도 반대 목소리를 냈다. 그들에게 사회진화론은 이런 이론이다.

> 소수를 위한 세계관은 사회 지배층에서 유행한다. 세상의 관심을 온통 극소수 인종에 집중하고 나머지 다수는 외면한다. (…) 내가 원하는 세계는 (선택된 계급이 아니라) 전 인류를 포용할 만큼 넓어야 한다. 사회학이 그런 공간을 구성하는 데 이바지하지 않는다면 나는 사회학을 버리겠다.[30]

『벨커브』의 공저자 찰스 머리는 사회진화론을 바탕으로 계급 연대를 만들었다. "보다 우월한 사람은 분명 존재한다. 그들은 더 많은 사회 보상을 받을 자격이 있다."[31] 그의 말이다. 부를 축적하고 생산수단을 통제하는 사람, 즉 적자 부르주아들이 자본의 배당금을 받을 자격이 있고 또 받는다는 뜻이다. 특권층은 정부 정책(후원금)도 더 많이 챙기므로, 자본주의를 부자들을 위한 사회주의라고 부르기도 한다. 한편 비특권층의 투쟁을 다윈의 용어로 부른다면 가난한 사람들을 위한 자본주의라고 하겠다.

사회진화론이란 스미스의 사악한 원칙의 추종자들, 즉 로스차일드, 카네기, 해리먼 등이 자기 잇속을 챙기기 위해 만들어낸 허위의식이다. 이들은 하나뿐인 경제질서에서 꿀을 빨아먹고 보다 평등한 시스템의 성장을 거부한다. 사회진화론은 생산수단을 주무르는 자본가들에게 잉여 인구를 굶어 죽게 할 정당성을 제공했다. 그런 자들이 왜 사회 전부를 포용할 경제 시스템을 기획하려 하겠는가.

빠진 고리: 우생학 정치 계열의 모호성

미국이든 독일이든 결함의 문제가 좌우 진영의 사고 틀로 똑 떨어지지 않는다는 사실도 눈여겨볼 필요가 있다. 양쪽 진영 모두 안락사와 우생학을 지지했다. 예를 들어 세기말의 미국에서 진보적인 개혁가들도 우생학과 안락사를 긍정적인 사

우생학과 오직 하나의 경제질서

회 변화로 보았다.

> 우생학은 미국 진보운동의 필수요소다. 우생학 정치는 그와
> 유사한 그 시대의 진보적 이슈와 궤를 같이하는데 여기에는
> 선거개혁, 정부의 통상 규칙, 국제 군비 축소, 여성 인권과 선
> 거권, 금주법과 산아제한을 들 수 있다.[32]

민주화 운동은 우생학이 현실적·합리적 수단으로 작용해
그간 진보 행진의 저해 요소들을 제거해 주리라 믿었다. 우생학
과 시장자본주의 사이의 고리를 완전히 놓친 것이다. 시장자본
주의는 장애인의 비착취적 신체를 가치 절하했다. 사회진화론
과의 고리도 놓쳤다. 부의 축적에 도움이 안 되는 '비생산적 구
성원'은 처분할 수 있다는 이론이 아니던가.
　노동운동 역시 어리석게도 반인륜적 우생학 기반의 도덕론
에 기여했다. 노동이 인간의 가치를 결정하고 인간을 검증하는
핵심이라면, 노동자는 스스로 자존심을 지키고 자본가들은 착
취할 노동력을 보유한다. 결국 동전의 양면이라는 얘기다. 노동
이 존재의 의미라고 한다면 (일을 할 수 없는) 장애인은 소외되고
사회 변두리로 밀려날 것이다.
　독일의 사회주의자들도 우생학을 진보적이라고 믿었다.

> 사회주의자 상당수가 우생학을 국가 계획, 생산수단의 합리

화와 동일시했다. 요컨대 '유전학의 미래 계획'을 매력적인 철학으로 여긴 것이다. 예를 들어 오늘날 독일 사회의학의 아버지이자 바이마르 독일의 진보적 보건개혁을 진두지휘한 알프레트 그로찬도, (인종위생학 대신) 우생학 용어의 사용을 지지했다. 정치적·인류학적 다양성이라는 인종주의 개념과 혼동을 피하기 위해서였다.[33]

대부분의 독일 의사는 위법 가능성을 우려하면서도, 정작 우생학적 진료를 비판하지는 않았다. 경제적·산업적·환경적 요인으로 장애가 된 환자를 돌보는 소수 의사들이 나치 생물학과 보험회사가 보건 분야에 미치는 영향력에 영웅적으로 저항하기는 했다. 마르크스주의 의사들은 가난한 사람, 장애인, 건강하지 못한 사람들이 더욱 곤경에 처하는 현실을 우려하며, 인본주의 원칙에 입각해 이윤보다 복지를, 경제화와 효율성보다 삶의 질을 강조했다. 에른스트 지멜 박사는 자본주의야말로 산업사회를 병들게 하는 가장 큰 질병이며, 자본주의가 임금노동자들의 유일한 재산인 노동력과 건강을 빼앗고 있다고 주장한 바 있다.[34] 나치 세력이 득세하자 사회주의의사협회는 다른 나라로 망명해 멀리서나마 비판을 이어갔다.

나치 의사들이 거리낌 없이 공공의료 서비스를 철폐하자 협회는 아연했다. 구축하는 데 수십 년이 걸렸지만, 그 덕분에 자랑스러운 독일이 되지 않았던가! "개인이 아니라 전체"를 이

우생학과 오직 하나의 경제질서

롭게 하기 위한 조처라는 나치의 설명에도 불구하고 사회주의 의사협회는 나치의 장애인과 노인에 대한 복지를 못마땅하게 여겼다. 그들에게 장애인과 노인은 쓸모없는 잉여 인간이자 살 가치 없는 존재에 불과했다.[35]

하지만 공리주의 정치 스펙트럼이 간과하는 것이 있다. 사회권력 관계가 노동의 본질을 통제하고, 정치력을 독점함으로써 목표 실현에 걸림돌이 되는 존재들을 억압한다는 사실이다.

"적응하느냐 죽느냐"의 문제를 넘어서

허버트 스펜서는 『사회학 연구』에서 "악성인자의 증식을 돕는 일은, 우리 후손들에게 엄청난 규모의 적을 물려주는 것과 같다"라고 적었다. 사회가 "무가치한 존재에게 선을 베푸는 행위는 유해하다". 왜냐하면 "자연선택을 통해 사회가 지속적으로 스스로 정화하는 것을 방해하기 때문"이다.[36]

스펜서는 자본주의가 그런 역할을 수행한다며 찬양했다. 하지만 로이 콘이나 J. 에드거 후버, 마이클 밀컨 또는 찰스 키팅을 보아도 개인주의와 경쟁이 어떻게 "나쁜 것"들을 제거하는지 알 수 있지 않은가.[37] 심지어 자본 축적에 순응하면, 자본주의 번영에 가장 "유해한 자들"에게도 전례 없는 기회를 만들어 주었다. 예를 들어 AT&T의 CEO 로버트 앨런을 보라. 비겁

자본주의와 장애

하게도 그는 4만 명의 노동자를 해고한 덕분에 무려 1,600만 달러의 보너스를 챙기고 기업가 탐욕의 상징으로 부상했다.[38]

봉건제를 무너뜨린 것은 자본주의다. 하지만 봉건제와 마찬가지로 세상의 억만장자 358명이 세계 인구의 45퍼센트, 25억 명을 합친 것보다 재산이 많다.[39] 유일한 경제질서는 부와 생산 소유의 집중을 가속화하며 마침내 봉건제를 재건했다. 억만장자는 새로운 봉건영주이자 부의 계급을 대물림하는 새로운 주인들이다.

애덤 스미스의 "사악한 원칙"은 20세기 자본계급의 주문이다. 우리 사회는 주식과 증권 사기, 의료비 사기, 텔레마케팅 사기, 공갈협박, 가격 담합, 불법 노동행위 등으로 얼룩져 있다. 정치 뇌물은 상식이다. 나이키, 디즈니, 월마트, 리복, 캐시리기 포드 의류 등은 공장을 인도네시아나 온두라스, 아이티로 이전했다. 그곳에서는 어린 소녀들에게 시급 28~40센트를 주고 하루 10~12시간을 부려먹을 수 있다. 시장 사회가 협동과 평등의 원칙보다 효율성과 이윤을 중시하면서, 우리 문명은 비인도적 무저갱으로 추락하고 말았다.

더욱 위태롭게도 사회진화론자들과 의사결정 계급은 복지의 개념을 효과적으로 뒤집어 가난과 장애를 개인의 실패로 규정하도록 길을 열어주었다. 물론 문제는 다수를 희생해 소수의 배를 불리는 경제체제에 있다. 자본가 시장경제로 말미암아 사회가 부정적인 방향으로 흘러간다는 것이다. 우리가 부의 축적에 매달릴수록 사회는 수많은 참사를 낳게 된다.

1940년, 자유시장이 사회 운용을 지배하자 칼 폴라니는 그 위험에 대해 이렇게 경고했다.

> 시장이 경제를 통제하면 사회조직 전반에 걸쳐 끔찍한 결과가 초래된다. 사회 운영을 시장의 부산물 정도로 여기기 때문이다. 경제가 사회관계에 종속되는 것이 아니라, 사회관계가 경제제도 앞에 무릎을 꿇는다. 사회의 존재에 시장 요소가 깊이 개입하면 다른 요소들이 작동하지 못한다. 왜냐하면 경제 시스템이 각자의 특정한 동기를 바탕으로 기관마다 따로 조직되어 특정한 지위를 부여받는다면, 사회는 그 시스템이 자체의 법칙에 따라 기능하도록 허용하는 방식으로 구성되어야 하기 때문이다.[40]

자본주의 자체의 규칙은 인간의 관심과 사회질서가 일종의 경제 독재에 포섭되는 '시장 사회'를 만든다. 협조적이고 건강한 사회를 건설하려고 했던, 소위 폴라니의 신념이 전복된 것이다.

아마도 자본주의 이전 인도적 계몽주의 뿌리로 돌아가, 존 로크처럼(그의 결론에 동의하지 않는다 해도) 질문해야 할 시간인지도 모르겠다. "시민사회란 무엇인가?" 경제는 왜 존재하는가? 시장 본위의 이윤을 보장하기 위해서? 아니면, 공동체의 연대를

자본주의와 장애

유지하고 시민의 참여를 독려하기 위해서? 어떻게 하면 노동 영역을 확대해 이윤 동기가 배제한 활동까지 끌어안을 수 있을까? 노동 여부와 관계없이 사회 구성원 모두가 참여하고 보상을 받을까?

진화의 기본 원칙은 적응하느냐 굴복하느냐가 아니다. 오히려 자신을 초월하는 창의력이다. 말인즉슨, "적응하느냐 죽느냐"의 차원을 넘어, 환경 극복이 불가능하다는 생각을 뿌리치고, 불평등을 개선할 영역으로 치고 나가야 한다. 우리는 소위 자연법칙의 손아귀가 아니라, 절대 고정되지 않는 사회질서에서 자유를 찾아야 한다. 민주화 투쟁을 통해 작금의 지배적인 시장 사회에 저항해야 한다.

장별 출처

Introduction originally published as Marta Russell and Ravi Malhotra, "Capitalism and Disability," *Socialist Register* 38 (2002): 211–228.

Chapter 1 originally published as Marta Russell, "Disablement, Oppression, and the Political Economy," *Journal of Disability Policy Studies* 12, no. 2 (September 2001): 87–95.

Chapter 2 originally published as Marta Russell, "The New Reserve Army of Labor?" *Review of Radical Political Economics* 33, no. 2 (Spring 2001): 223–34.

Chapter 3 originally published as Marta Russell, "Capital Destroying Jobs," *Z Commentaries* March 4, 2004, ZComm.org.

Chapter 4 originally published as Marta Russell, "A Brief History of Wal-Mart and Disability Discrimination," *ZNet* February 15, 2004, ZComm.org.

Chapter 5 originally published as Marta Russell, "Backlash, the Political Economy, and Structural Exclusion," *Berkeley Journal of Employment and Labor Law* 21, no. 1 (2000): 335–66.

Chapter 6 originally published as Marta Russell, "What Disability Civil Rights Cannot Do: Employment and Political Economy," *Disability & Society* 17, no. 2 (2002): 117–35.

Chapter 7 originally published as Marta Russell, "Supremes Continue to Disable Disabled: Part One of Two," *Z Commentaries* August 2, 2002, ZComm.org; and Marta Russell, "Supremes Continue to Disable Disabled: Part Two of Two," *Z Commentaries* August 22, 2002, ZComm.org.

Chapter 8 originally published as Marta Russell, "Handicapitalism Makes Its Debut," *Z Commentaries* April 20, 2000, ZComm.org.

Chapter 9 originally published as Marta Russell and Jean Stewart, "Disablement, Prison, and Historical Segregation," *Monthly Review* 53, no. 3 (July–August 2001): 61–75.

Chapter 10 originally published as Marta Russell, "Stuck at the Nursing Home Door: Organized Labor Can't Seem to Get Beyond the Institutional Model," *Ragged Edge Online* 21, no. 1 (January–February 2000); and Marta Russell, "No Nursing Homes on Wheels," *ZNet* November 5, 2002, ZComm.org.

Chapter 11 originally published as Marta Russell, "Targeting Disability," *Monthly Review* 56, no. 11 (April 2005): 45–53.

Chapter 12 originally published as Marta Russell, "Rethinking the Social Security Policy Wasteland," *Ragged Edge Online* 22, no. 1 (January 2001).

Chapter 13 originally published as Marta Russell, "Clusters of Bombs," *Z Commentaries* May 1, 2003, ZComm.org.

Chapter 14 originally published as Marta Russell, "A Most Dangerous President," *Ragged Edge Online* 24, no. 4 (July–August 2003); and Marta Russell, "None Call It Cleansing," *Z Commentaries* December 15, 2005, ZComm.org.

Chapter 15 originally published as Marta Russell, "Being Disabled and Poor in New Orleans," *Z Commentaries* September 25, 2005, ZComm.org.

Chapter 16 originally published as Marta Russell, "Affordable Accessible Housing Needs to Be on Housing Radar Screen," *ZNet* May 18, 2002, ZComm.org.

Chapter 17 originally published as Marta Russell, "Too Many Human Rights," *Feminist International Radio Endeavour* (2003).

Chapter 18 originally published as Marta Russell, "Dollars and Death," *ZNet* May 11, 1999, ZComm.org; and Marta Russell, "Humanists: Momentarily Dazed and Confused, or What?," *California Disability Alliance* January 26, 2000, DisWeb.org.

Chapter 19 originally published as Marta Russell, "Nazi and American Eugenics, Euthanasia, and Economics," in *Beyond Ramps: Disability at the End of the Social Contract* (Monroe, ME: Common Courage Press, 1998), 18–28; and Marta Russell, "A Missing Link: Body Politics and the Sole Economic Order," in *Beyond Ramps*, 57–68.

1 Vic Finkelstein, "A Personal Journey into Disability Politics," presented at Leeds University Centre for Disability Studies, 2001, www.independentliving.org/docs3/ finkelstein01a.html; Michael Oliver and Colin Barnes, *The New Politics of Disablement* (New York: Palgrave Macmillan, 2012).

2 다음을 참조: Samuel R. Bagenstos, "Foreword: Thoughts on responding to the Left Critique of Disability Rights Law," in *Disability Politics in a Global Economy: Essays in Honour of Marta Russell*, ed. Ravi Malhotra (New York: Routledge, 2017).

3 예를 들면 다음을 참조: Alex B. Long, "Introducing the New and Improved Americans with Disabilities Act: Assessing the ADA Amendments Act of 2008," *Northwestern University Law Review Colloquy* 103 (2008): 217–29.

들어가는 글: 자본주의와 장애인 권리운동

1 UPIAS, *Fundamental Principles of Disability* (London: Union of the Physically Impaired Against Segregation, 1976), 3.

2 이 개념은 마이클 올리버가 만들었다. 그의 다음 글을 참조: *Politics of Disablement* (New York: St. Martin's Press, 1990).

3 *International Classification of Impairments, Disabilities and Handicaps: A Manual of Classification Relating to the Consequences of Disease* (Geneva: World Health Organization, 1980), 29.

4 Colin Barnes, Geof Mercer, and Tom Shakespeare, *Exploring Disability: A Sociological Introduction* (Cambridge: Polity Press, 1999), 25.

5 Harlan Hahn, "An Agenda for Citizens with Disabilities: Pursuing Identity and Empowerment," *Journal of Vocational Rehabilitation* 9 (1997): 34, (소수 모델을 설명함); Nirmala Erevelles, "Disability and the Dialectics of Difference," *Disability & Society* 11, no. 4 (1996): 522, (자유주의적 개념의 한계를 지적함).

6 Marta Russell, "Disablement, Oppression, and the Political Economy," *Journal of Disability Policy Studies* 12, no. 2 (September 2001): 87–95.

7 Edward Yelin and Patricia Katz, "Making Work More Central to Work Disability Policy," *Milbank Quarterly* 72 (1994); R. L. Bennefield and John M. McNeil, "Labor

Force Status and Other Characteristics of Persons with a Work Disability: 1981 to 1988," *Current Population Reports,* Series P-23, no. 160 (Washington, DC: US Bureau of the Census, 1989).

8 L. Harris & Associates and National Organization on Disability, *Americans with Disabilities Still Face Sharp Gaps in Securing Jobs, Education, Transportation, and in Many Areas of Daily Life*" (New York: Louis Harris & Associates/National Organization on Disability, 1998).

9 "United States Current Population Survey," US Census Bureau, Current Population Survey, March 1998.

10 Louis Harris, *The 2000 National Organization on Disabilities/Harris Survey of Americans with Disabilities* (New York: Louis Harris & Associates, 2000).

11 Ibid.

12 James I. Charlton, *Nothing About Us Without Us: Disability Oppression and Empowerment* (Berkeley: University of California Press, 1998), 45.

13 Victor Finkelstein, *Attitudes and Disabled People* (New York: World Rehabilitation Fund, 1980), 8.

14 여기에서는 유럽 봉건사회만 다룬다. 자본주의 이전의 아시아 사회와 장애의 정치에 대한 논의는 이 글의 관심이 아니다.

15 Finkelstein, *Attitudes,* 8.

16 Pauline Morris, *Put Away: Institutions for the Mentally Retarded* (London: Routledge & Kegan Paul, 1969), 9.

17 Russell, "Disablement, Oppression, and the Political Economy."

18 Finkelstein, *Attitudes,* 10; Oliver, *Politics,* 28.

19 J. Harris, B. Sapey, and J. Stewart, "Blairface: Third-Way Disability and Dependency in Britain," *Disability Studies Quarterly* 19, no. 4 (1999): 365; Oliver, *Politics,* 104–5.

20 Andre Gorz, *Reclaiming Work: Beyond the Wage-Based Society* (Cambridge: Polity Press, 1999), 4.

21 Deborah Stone, *The Disabled State* (Philadelphia: Temple University Press, 1984), 179.

22 Marta Russell, "The Political Economy of Disablement," in *Real World Micro,* 9th edition, ed. Marc Breslow, Ellen Frank, Cynthia Peters, and the Dollars & Sense Collective (Cambridge, MA: Economic Affairs Bureau, Inc., 2000), 94–97.

23 Russell, "Disablement, Oppression, and the Political Economy."

24 Marta Russell, "Backlash, the Political Economy, and Structural Exclusion," *Berkeley Journal of Employment and Labor Law* 21, no. 1 (2000): 349.

25 Russell, "Backlash," 349.

26 John McNeil, *Americans with Disabilities: 1994–95* (Washington, DC: Bureau of the Census, 1997).

27 Russell, "Disablement, Oppression, and the Political Economy."

28 2000년 보건사회복지부는 1인당 빈곤선을 8,350달러로 정했다. 장애인 노동자가 매달 사회보장장애보험(SSDI)에서 받는 평균 수당이 759달러이고, 요구기반의 생활보장금(SSI)이 373달러이므로, 이들 프로그램에 의지하는 1,000만여 명의 장애인이 그해 수령한 연간 지원금은 4,000달러에서 1만 달러 사이였다. 생활보장금 제도의 극빈수당은 노동 경력이 없거나 부족해서 사회보장장애보험 자격을 충족하지 못한 사람들, 요컨대 사회 최하층 계급의 장애인들을 위해 만들어진 것이다.

29 Marta Russell, *Beyond Ramps: Disability at the End of the Social Contract* (Monroe, ME: Common Courage Press, 1998), 81–83.

30 Gary Albrecht, *The Disability Business: Rehabilitation in the United States* (London: Sage, 1992).

31 Russell, *Beyond Ramps*, 96–108.

32 Charlton, *Nothing About Us*, 46.

33 H. Radice, "Taking Globalisation Seriously," *Socialist Register* (1999): 1–28.

34 Karl Polanyi, *The Great Transformation: The Political and Economic Origins of Our Time* (Boston: Beacon Press, 1944), 70–71.

35 B. Epstein, "The Marginality of the American Left: The Legacy of the 1960s," *Socialist Register* (1997): 146–53.

36 신체장애인 권리운동, 정신장애인 권리운동, 시각장애인 운동 등 장애 정치를 둘러싼 다양하고 특별한 운동들이 존재한다.

37 T. Fagan and P. Lee, "'New' Social Movements and Social Policy: A Case Study of the Disability Movement," in *Social Policy: A Conceptual and Theoretical Introduction*, ed. M. Lavalette and A. Pratt (London: Sage Publications, 1997), 140–60; H. Meekosha and A. Jakubowicz, "Disability, Political Activism, and Identity Making: A Critical Feminist Perspective on the Rise of Disability Movements in Australia, the USA and the UK," *Disability Studies Quarterly* 19, no. 4 (1999): 393.

38 Oliver, *Politics*, 114–15.

39 Tom Shakespeare, "Disabled People's Self-Organisation: A New Social Movement?" *Disability, Handicap and Society* 8, no. 3 (1993): 260.

40 Charlton, *Nothing About Us*, 138.

41 Fagan and Lee, "New Social Movements."

42 Joseph Shapiro, *No Pity: People with Disabilities Forging a New Civil Rights Movement* (New York: Random House, 1993), 63–64; Paul Longmore and David Goldberger,

"Political Movements of People with Disabilities: The League of the Physically Handicapped, 1935–1938," *Disability Studies Quarterly* 17, no. 2 (1997): 94–98.

43 Shapiro, *No Pity*, 58.

44 Ibid., 64–70.

45 Ibid., 127–39.

46 Charlton, *Nothing About Us*, 122.

제1장 마르크스주의와 장애

1 Michael Oliver, *The Politics of Disablement* (New York: St. Martin's Press, 1990).

2 Karl Marx, *Critique of the Gotha Programme* (1895; reprint, New York: International Publishers, 1938), 3.

3 Frederick Engels, *The Origin of the Family, Private Property and the State* (1884; reprint, Moscow: Progress Publishers, 1969).

4 S.J. Rose, *Social Stratification in the United States* (New York: New Press, 2000); E. Wolff, *Top Heavy: The Increasing Inequality of Wealth in America* (New York: Twentieth Century Fund Press, 1995).

5 M. Harrington, *Socialism: Past and Future* (New York: Penguin Books, 1989), 4.

6 Karl Marx, *Capital: A Critical Analysis of Capitalist Production*, 3 vols. (1867; reprint, New York: International Publishers, 1967), 167.

7 Ibid.

8 Ibid.

9 Ibid., 534–37.

10 J. Ryan and F. Thomas, *The Politics of Mental Handicap* (London: Harmondsworth Penguin, 1980).

11 Richard Epstein, *Forbidden Grounds: The Case Against Employment Discrimination Law* (Cambridge, MA: Harvard University Press, 1992), 485.

12 Russell, "Backlash."

13 Ibid.

14 John McNeil, *Americans with Disabilities: 1994–95* (Washington, DC: Bureau of the Census, 1997); National Institute on Disability and Rehabilitation Research (NIDRR), *Chartbook on Work and Disability in the United States* (Washington, DC: US Government Printing Office, 1998).

15 McNeil, *Americans with Disabilities*.

16 United States Commission on Civil Rights, *Helping Employers Comply with the ADA: An Assessment of How the United States Equal Employment Opportunity Commission is*

Enforcing Title I of the Americans with Disabilities Act (Washington, DC: US Government Printing Office, 1998), 212.

17 National Council on Disability, *Promises to Keep: A Decade of Federal Enforcement of the Americans with Disabilities Act*, Section 3.3.5.2 (Washington, DC: National Council on Disability, 2000).

18 W. Branigin, "Legally Blind, Legally Underpaid," *Washington Post*, C08, December 12, 1999.

19 Marx, *Capital*, 819.

20 Deborah Stone, *The Disabled State* (Philadelphia: Temple University Press, 1984).

21 E. D. Berkowitz, *Disabled Policy: America's Programs for the Handicapped* (Cambridge: Cambridge University Press, 1987).

22 Ibid.

23 C. Barnes, G. Mercer, and T. Shakespeare, *Exploring Disability: A Sociological Introduction* (Cambridge: Polity Press, 1999); Oliver, *Politics*.

24 H. Hahn, "Public Support for Rehabilitation Programs," *Disability, Handicap and Society* 2, no. 1 (1986): 121–38.

25 Oliver, *Politics*.

26 Stone, *Disabled State*, 28.

27 Ibid., 143.

28 Ibid.

29 P. Ruggles, *Drawing the Line: Alternative Poverty Measures and Their Implications for Public Policy* (Washington, DC: Urban Institute Press, 1990).

30 Marta Russell, *Beyond Ramps: Disability at the End of the Social Contract* (Monroe, ME: Common Courage Press, 1998), 81–83.

31 H. Boushey, "The Political Economy of Employment Inequality: Job Access and Pay Differentials," in *Political Economy and Contemporary Capitalism*, ed. R. Baiman, H. Boushey and D. Saunders (New York: M. E. Sharp, 2000).

32 Erich Fromm, *On Being Human* (New York: Continuum Publishing, 1994), 139.

33 Marx, *Critique of the Gotha Programme*, 10; [dis], author's addition.

제2장 신노동예비군?

1 "Willing and Able: Americans with Disabilities in the New Workforce," *Business Week*, October 1991.

2 Louis Harris, *The 1998 National Organization on Disabilities/Harris Survey of Americans with Disabilities* (New York: Louis Harris & Associates, 1998).

자본주의와 장애

3 Karl Marx, *Capital: A Critical Analysis of Capitalist Production*, 3 vols. (1867; reprint, New York: International Publishers, 1967).

4 Adam Smith, *An Inquiry into the Nature and Wealth of Nations* (1776; reprint, Oxford: Oxford University Press, 1993).

5 David Blanchflower and Andrew Oswald, *The Wage Curve* (Cambridge, MA: MIT Press, 1994).

6 James Galbraith, *Created Unequal: The Crisis in American Pay* (New York: Simon and Schuster, 1998), 266.

7 Alan Greenspan, testimony before US Senate Banking Committee, February 26, 1997.

8 J. A. Meyer and P. J. Zeller, *Profiles of the Disabled: Employment and Health Coverage* (Washington, DC: Kaiser Commission on Medicaid and the Uninsured, 1999).

9 L. Trupin, et al., "Trends in Labor Force Participation among Persons with Disabilities," 1997, http://dsc.ucsf.edu/reps/rends/index.html#trends.

10 Harris, *Survey*.

11 E. Yelin and P. Katz, "Making Work More Central to Work Disability Policy," *Milbank Quarterly* 72 (1994).

12 L. Mishel, J. Bernstein, and J. Schmitt, *The State of Working America, 1998–1999* (Ithaca, NY: Cornell University Press, 1999).

13 Edward Wolff, *Top Heavy: The Increasing Inequality of Wealth in America* (New York, NY: Twentieth Century Fund Press, 1995).

14 Marta Russell, "Backlash, the Political Economy, and Structural Exclusion," *Berkeley Journal of Employment and Labor Law* 21, no. 1 (2000).

15 Richard Epstein, *Forbidden Grounds: The Case Against Employment Discrimination Law* (Cambridge, MA: Harvard University Press, 1992).

16 Marta Russell, *Beyond Ramps: Disability at the End of the Social Contract* (Monroe, ME: Common Courage Press, 1998); Russell, "Backlash."

17 Thomas Snyder, *Digest of Education Statistics, 1996*, NCES 96-133 (Washington, DC: US Department of Education, 1996).

18 L. Mishel and J. Schmitt, *Cutting Wages by Cutting Welfare: The Impact of Reform on the Low-Wage Labor Market* (Armonk, NY: M. E. Sharpe, 1995).

19 National Urban League, *The State of Black America* (New York: National Urban League, 1999).

20 J. DeParle, "Flaws Emerge in Wisconsin's Welfare-To-Work Program," *New York Times*, October 17, 1998.

21 Children's Defense Fund and the National Coalition for the Homeless, *Welfare to What? Early Findings on Family Hardship and Well-Being* (Washington, DC: Children's

313

참고 문헌

Defense Fund, 1998).

22 Marx, *Capital*, 592.

제3장 장애와 자본주의의 세계화

1 [Kevin Hopkins, "The New Competitive Advantage: Expanding the Participation of People with Disabilities in the American Workforce," *Business Week*, May 30, 1994.— *Ed.*]

2 [Council of Economic Advisors, *Economic Report of the President*, 108th Congress, 2nd Session (Washington, DC: United States Government Printing Office, 2004), 229.— *Ed.*]

3 다음을 참조: Doug Henwood, *Left Business Observer* 106 (January 2004).

제4장 월마트와 장애인 차별의 역사

1 ["EEOC Files Contempt Motion Against Wal-Mart for Violating Consent Decree in Disability Bias Case," News Release, *US Equal Employment Opportunity Commission*, May 10, 2001.—*Ed.*]

2 "Suits Say Wal-Mart Forces Workers to Toil off the Clock," *New York Times*, June 25, 2002.

제5장 반발과 구조적 불평등

1 "장애인과 관련한 국가의 목표는 경제적 자립을 … 보장하는 데 있다. 장애인을 차별할 경우 … 의존과 비생산성에서 비롯한 불필요 비용으로 수십억 달러가 소요된다." Americans with Disabilities Act, 42 USC. § 1210l(a)(8)-(9) (1994).

2 다음을 참조: "Read 'Em and Weep," *Disability Rag* (July–August 1992): 28.

3 Rick Kahler, "ADA Regulations Black Hole," *Rapid City Journal*, April 2, 1995. 케흘러(Kahler)는 후에 이 글을 철회한다고 밝혔다.

4 Trevor Armbrister, "A Good Law Gone Bad," *Reader's Digest* (May 1998): 145, 155.

5 Edward L. Hudgins, "Handicapping Freedom: The Americans with Disabilities Act," *Regulation: The Cato Review of Business and Government* 18, no. 2 (1995).

6 다음을 참조: Howard Botwinick, *Persistent Inequalities: Wage Disparity Under Capitalist Competition* (Princeton: Princeton University Press, 1993). 일반적으로 다음을 참조: Michael Perelman, *The Natural Instability of Markets: Expectations, Increasing Returns, and the Collapse of Capitalism* (New York: St. Martin's. Press, 1999); Paul Baran

and Paul M. Sweezy, *Monopoly Capital: An Essay on the American Economic and Social Order* (New York: Monthly Review Press, 1966).

7 예를 들면 다음을 참조: Americans with Disabilities Act(ADA의 목적을 소개하는 과정에서 장애인의 역사적 고립과 격리에 대해 의회가 밝혀낸 기록들을 서술함).

8 Louis Harris, *The 1998 National Organization on Disabilities/Harris Survey of Americans with Disabilities* (New York: Louis Harris & Associates, 1998).

9 임금 격차는 주로 남성의 소득 대비 여성의 수입을 비교하는 통계지표로 활용된다. 또한 백인과 유색인의 수입을 비교할 때도 쓰인다. 임금 격차 통계는 다음에서 볼 수 있다. US Bureau of the Census' study, *Money Income in the United States: 1997*; or from Census Bureau Current Population Reports, Series P-60, US Commerce Department.

10 Harris, *Survey*.

11 인구조사 자료를 보면, 장애인의 경제복지는 전혀 개선되지 않았다. 예를 들어, 1989년에는 장애가 있는 노동 연령 성인의 28.9퍼센트가 빈곤 상태였다. 1994년 그 수치는 30.0퍼센트로 약간 증가했다. H. Stephen Kaye, "Is the Status of People with Disabilities Improving?," *Disability Statistics Abstract* (May 1998), 2.

12 621만 2,000명이 생활보장금(SSI)을, 400만 명이 사회보장장애보험(SSDI)을 받는다. "Social Security Administration Basic Facts About Social Security," Social Security Administration, http://ssa.gov/pubs/10080.html; "1998 SSI Annual Report," Social Security Administration, May 1998, ssa.gov.

13 1964년의 공민권법 타이틀 7은 인종, 성별, 종교, 국적에 따른 임금 및 고용 차별을 금한다. 42 USC. § 2000e-2 (1994).

14 동일 노동, 동일 임금은 고용주들이 임금을 정할 때 성별과 인종에 차별을 두어서는 안 된다는 뜻이다. 1963년의 동일임금법에서도 남녀가 수행하는 업무가 동일하거나 "본질적으로" 동일할 때 임금 불평등을 금한다. 29 USC. § 206(d) (1994). 1964년의 공민권법 타이틀 7은 인종, 성별, 종교, 국적에 따른 임금 및 고용 차별을 금한다. 42 USC. § 2000e-2 (1994). 1981년 대법원은 타이틀 7이 동일임금법보다 포괄적이며, 업무가 동일하지 않다고 해도 임금 차별을 금한다는 점을 명시했다. 다음을 참조: *County of Washington v. Gunther*, 452 US 161, 177-81 (1981).

15 장애인법(ADA)의 타이틀 1은 고용에서 장애 차별을 금하고 있다. 42 USC. § 12101-12117 (1994).

16 US Census Bureau, "Current Population Survey," March 1998, census.gov; US Census Bureau, "Historical Income Tables—Families, Table F-5, Race and Hispanic Origin of Householder—Families by Mean and Median Income, 1947–1998" March 1998, census.gov. 히스패닉의 소득 격차와 차별에 대한 경험적 증거를 논한 내용은

다음을 참조: Gregory DeFreitas, *Inequality at Work: Hispanics in the US Labor Force* (Oxford: Oxford University Press, 1991).

17 US Census Bureau, "Current Population Survey"; US Census Bureau, "Historical Income Tables."

18 흑백 소득 비율에 대한 시계열 논의는 다음을 참조: John Donohue and James Heckman, "Continuous Versus Episodic Change: The Impact of Civil Rights Policy on the Economic Status of Blacks," *Journal of Economic Literature* 29 (1991): 1603; Peter Gottschalk, "Inequality, Income Growth, and Mobility: The Basic Facts," *Journal of Economic Perspectives* 11 (Spring 1997): 21, 28–29. 고트샬크(Gottschalk)에 따르면 흑인과 비흑인의 소득 격차는 1960년대 초와 1975년 사이에 줄었지만, 그 이후는 진척이 없다.

19 William A. Darity Jr. and Patrick L. Mason, "Evidence on Discrimination in Employment: Codes of Color, Codes of Gender," *Journal of Economic Perspectives* 12 (Spring 1998): 63, 76.

20 다음을 참조: *Labor Force Statistics from the Current Population Survey* (Washington, DC: US Bureau of Labor Statistics, 1999). 인구조사는 재소자를 실업자로 계산하지 않는다. 재소자의 70퍼센트가 흑인이다. 따라서 (전체 흑인 성인 남성의 8퍼센트에 달하는) 재소자를 실업자로 계산할 경우 1998년 12월에 보고된 흑인 성인 남성의 실업률은 6.7퍼센트에서 16.5퍼센트로 증가한다. Angela Davis, speech at California State University, Fullerton, March 23, 1999. *Cf.*, Robert Cherry, "Black Men Still Jobless," *Dollars and Sense* 43 (November–December 1998): 43.

21 다음을 참조: US Bureau of Labor, *Labor Force Statistics*.

22 다음을 참조: US Census Bureau, "Historical Income Tables—People, Table P-4: Race and Hispanic Origin of People (Both Sexes Combined) by Median and Mean Income: 1947 to 1998," 1999, census.gov.

23 다음을 참조: *Facts on Working Women: Earnings Differences between Women and Men* (Washington, DC: Women's Bureau, US Department of Labor)

24 Ibid. 1980년에서 1990년 사이, 시간당 소득 비율은 13.1퍼센트포인트 오른다. 1990년과 1997년 사이엔 기껏 2.9퍼센트포인트 수준이다. 1980년과 1990년 사이, 연간 소득 비율은 11.4퍼센트포인트 증가했으나 1990년과 1996년에는 2.2퍼센트포인트에 그친다. "1980년과 1990년 사이엔 '주간 소득 비율'이 7.5퍼센트포인트 증가하며, 1990년과 1997년 사이에는 그 증가율이 2.5퍼센트포인트에 그쳤다." (강조 추가)

25 Electronic mail from Heather Boushey, N.Y.C. Housing Authority, to Marta Russell (April 22, 1999).

26 다음을 참조: *Facts on Working Women*.

27 Kaye, "Status," 2.

28 Ibid.

29 Harris, *Survey*. 일반적으로 다음을 참조: Laura Trupin et al., "Trends in Labor Force Participation Among Persons with Disabilities, 1983–1994," *Disability Statistics Report* (June 1997).

30 President's Committee on Employment of People with Disabilities, "Employment Rate of People with Disabilities Increases under the American with Disabilities Act" (Washington, DC: US Department of Labor, 1996).

31 고용률은 매우 심각한 장애를 가진 사람들의 경우 11퍼센트, 매우 또는 다소 심각한 장애를 가진 사람들의 경우 14퍼센트, 경증 장애가 있는 사람들의 경우 29퍼센트다. 다음을 참조: L. Harris & Associates and National Organization on Disability, *Americans with Disabilities Still Face Sharp Gaps in Securing Jobs, Education, Transportation, and in Many Areas of Daily Life* (Harris & Associates and National Organization on Disability, 1998).

32 Ibid.

33 다음을 참조: Jonathan S. Leonard, "The Impact of Affirmative Action Regulation and Equal Employment Law on Black Employment," *Journal of Economic Perspectives* 4, no. 4 (Fall 1990): 47–63; John Donohue III and James Heckman, "Continuous Versus Episodic Change: The Impact of Federal Civil Rights Policy on the Economic Status of Blacks," *Journal of Economic Literature* 29 (1991): 1603.

34 예를 들면 다음을 참조: Cornell West, *Race Matters* (Boston: Beacon Press, 1993), 95.

35 정부 규제에 대한 보수파의 반발은 다음을 참조: R. P. O'Quinn, "The Americans with Disabilities Act: Time for Amendments," *Cato Institute Policy Analysis* 158 (August 9, 1991); Brian Doherty, "Unreasonable Accommodation," *Reason Magazine* (August–September 1995): 18.

36 Marta Russell, *Beyond Ramps: Disability at the End of the Social Contract* (Monroe, ME: Common Courage Press, 1998), 109–116.

37 다음을 참조: Nicholas Lemann, *The Promised Land* (New York: Alfred A. Knopf, 1992), 218; Michael Parenti, *Democracy for the Few*, 6th ed. (Boston: St. Martin's Press, 1995), 99–119, 271.

38 이러한 목표는 부분적으로 북미자유무역협정(NAFTA)과 관세 및 무역에 관한 일반협정(GATT) 같은 정책 덕분에 달성되었다. 다음을 참조: Parenti, *Democracy*, 67–75, 80; 일반적으로 다음을 참조: Jeff McMahan, *Reagan and the World: Imperial Policy in the New Cold War* (New York: Monthly Review Press, 1984).

39 일반적으로 다음을 참조: Lawrence Mishel et al., *The State of Working America*

1998-1999 (Economic Policy Institute, 1999); William Wolman and Anne Colamosca, *The Judas Economy: The Triumph Of Capital And The Betrayal Of Work* (Reading, MA: Addison-Wesley Publishing, 1997).

40 일반적으로 다음을 참조: Parenti, *Democracy*; Hudgins, "Handicapping Freedom."

41 Mishel et al., *Working America*, 25.

42 Russell, *Beyond Ramps*, 113–21.

43 장애인 고용 및 임금에 대한 주정부와 연방정부의 민권법 제정과 그 영향에 대한 분석은 다음을 참조: Nancy Mudrick, "Employment Discrimination Laws for Disability: Utilization and Outcome," *The ANNALS of the American Academy of Political and Social Science* 549, no. 3 (January 1997): 53–70.

44 Harris, *Survey*; Laura Turpin, *Trends in Labor Force Participation Among Persons with Disabilities, 1983–1994* (Washington, DC: National Institute on Disability and Rehabilitation Research, 1997).

45 정부의 차별 금지 프로그램이 아프리카계 미국인들의 수입에 긍정적인 영향을 미친다는 경제학자들 사이의 거의 만장일치에 가까운 연구를 보려면 다음을 참조: Donohue III and Heckman, "Continuous Versus Episodic Change," 1603–43. Richard B. Freeman's paper, "Changes in the Labor Market for Black Americans, 1948–72," *Brookings Papers on Economic Activity* 1 (1973): 67–120. 제시된 마지막 연구는 정부의 차별 금지 프로그램을 진보의 출발점이라고 보는 최초의 주장에 속한다.

46 다음을 참조: Ruth Colker, "The Americans with Disabilities Act: A Windfall for Defendants," *Harvard Civil Rights-Civil Liberties Law Review* 34, no. 1 (Winter 1999): 99, 100.

47 Ibid.

48 다음을 참조: Gregory Mantsios, "Class in America: Myths and Realities," in Paula S. Rothenberg, *Race, Class, and Gender in the United States*, 6th ed. (Boston: St. Martin's Press, 1998), 210–13.

49 다음을 참조: Donald Tomaskovic-Devey, "Race, Ethnic, and Gender Earnings Inequality: The Sources and Consequences of Employment Segregation," Report to the Glass Ceiling Commission, US Department of Labor, 1994.

50 로버트 J. 새뮤얼슨(Robert J. Samuelson), 윌리엄 E. 베커(William E. Becker), 도널드 A. 힉스(Donald A. Hicks), 윌리엄 J. 보멀(William J. Baumol) 같은 학자들이 이러한 견해를 대변한다.

51 다음을 참조: Robert Topel, "Factor Proportions and Relative Wages: The Supply-Side Determinants of Wage Inequality," *Journal of Economic Perspectives* 11, no. 2 (Spring 1997): 55, 69. 토펠(Topel)은 다음과 같이 말한다. "임금 불평등이 현대 경제에서 더욱 심해진 이유는 기술 수요가 증가하고 숙련공이 귀해졌기 때문이다. 우리 시장 상황에서 수요에 따른 가격 상승 '문제'는 그 자체에 해결 가능성을 내포한다.

공급은 단기보다는 장기적으로 탄력성이 있다. 기술 수요 증가는 결국 인적자원에 대한 투자를 부르고, 장기적으로는 노동력에서 숙련공의 비율도 증가할 것이다." 다음도 함께 참조: Robert Z. Lawrence, *Single World, Divided Nations?: International Trade And OECD Labor Markets* (Paris: Organization for Economic Cooperation and Development, 1996), 129.

52 예를 들면 다음을 참조: Darity and Mason, "Evidence on Discrimination in Employment," 2; James K. Galbraith, *Created Unequal: The Crisis in American Pay* (New York: The Free Press, 1998). 일반적으로 다음을 참조: Jared Bernstein, *Where's the Payoff? The Gap Between Black Academic Progress and Economic Gains* (Washington, DC: Economic Policy Institute, 1995). 흑인이 흑인과 백인의 인적 자본 격차를 좁혔음에도 평균 소득에서 더 뒤처진 이유에 대한 경제학자의 설명을 보려면 다음을 참조: Martin Carnoy, *Faded Dreams: The Politics of Economics and Race in America* (New York: Cambridge University Press, 1994).

53 Mishel et al., *Working America*, 162.

54 Ibid., 30.

55 Ibid., 26–27, 198.

56 Galbraith, *Created Unequal*, 50–88. 교육받은 노동력의 공급이 1920년에서 1947년 사이에 크게 증가했지만, 이 시기 산업 내 기술 프리미엄의 체계적인 변화는 없었다. 다음을 참조: Claudia Goldin and Lawrence Katz, "The Decline of Non-Competing Groups: Changes in the Premium to Education, 1890 to 1940," *National Bureau of Economic Research* 5202 (August 1995); Claudia Goldin and Lawrence Katz, "The Origins of Technology-Skill Complementarity," *National Bureau of Economic Research* 5657 (July 1996).

57 다음을 참조: Gottschalk, "Inequality." 고트샬크(Gottschalk)에 따르면 흑인과 비흑인의 소득 격차는 1960년대 초와 1975년 사이에 줄었지만, 그 이후는 진척이 없다. 다음도 함께 참조: Carnoy, *Faded Dreams*. 카노이(Carnoy)의 설명을 빌리면 흑인과 백인의 경제적 차이를 설명하는 세 가지 주요 견해가 있다. 즉, 흑인에게도 시장의 기회를 이용하지 않은 개인적 책임이 있다는 것, 세계 경제가 백인에 비해 흑인을 엄청난 불이익에 놓이게 하는 방식으로 변화했다는 것, 만성적인 인종차별주의가 흑인을 억압하고 있다는 것이 그 세 가지다. 다만, 1980년대와 1990년대의 후퇴 전, 흑인이 처음에 왜 돈을 많이 벌었는지에 대해서는 어느 견해도 적절하게 설명하지 못한다.

58 Darity and Mason, "Evidence on Discrimination in Employment," 83–84.

59 일반적으로 다음을 참조: Carnoy, *Faded Dreams*.

60 Letter from James L. Westrich, Massachusetts Institute for Social and Economic Research, to Marta Russell (April 23, 1999).

61 Tomaskovic-Devey, "Race, Ethnic, and Gender"; 다음도 함께 참조: David M. Gordon, Richard Edwards, and Michael Reich, *Segmented Work, Divided Workers: The Historical Transformation of Labor in the United States* (New York: Cambridge University Press, 1982).

62 Tomaskovic-Devey, "Race, Ethnic, and Gender."

63 Ibid.

64 Ibid; 다음도 함께 참조: Paula S. Rothenberg, ed., *Race, Class, and Gender in the United States: An Integrated Study*, 4th edition (New York: St. Martin's Press, 1998).

65 Tomaskovic-Devey, "Race, Ethnic, and Gender" (강조 추가).

66 Galbraith, *Created Unequal*, 37–49.

67 Adam Smith, *An Inquiry into the Nature and Wealth of Nations* (1776; reprint, Oxford: Oxford University Press, 1993).

68 Ibid.

69 Karl Marx, *Capital: A Critical Analysis of Capitalist Production*, Vol. 1 (1867; reprint, New York: International Publishers, 1967).

70 Ibid.

71 Darity and Mason, "Evidence on Discrimination in Employment," 86–87.

72 다음을 참조: West, *Race Matters;* Oliver Cromwell Cox, *Caste, Class, and Race: A Study in Social Dynamics* (Garden City, NJ: Doubleday and Company, 1948).

73 United States Commission on Civil Rights, *Helping Employers Comply with the ADA: An Assessment of How the United States Equal Employment Opportunity Commission is Enforcing Title I of the Americans with Disabilities Act* (Washington, DC: US Government Printing Office, 1998), 4–5.

74 직무 조정을 제공한 고용주 중 69퍼센트가 지출이 아예 없거나 500달러 이하였으며, 9퍼센트는 2,001달러에서 5,000달러 사이를, 3퍼센트는 5,000달러 이상을 지출했다. President's Committee on Employment of People with Disabilities, "Costs and Benefits of Accommodations," July 1996, pcepd.gov.

75 법령을 따랐을 때 기업의 재정에 "과도한 어려움"이 발생하는 경우와 같은 예외는 있다. Americans with Disabilities Act, 42 USC. § 12112(b)(5)(a) (1994).

76 American Bar Association, "Study Finds Employers Win Most ADA Title I Judicial and Administrative Complaints," *Mental and Physical Disability Law Reporter* 22, no. 3 (May–June 1998): 403, 404.

77 Colker, "Americans with Disabilities Act," 101.

78 Ibid., 101–2.

79 예를 들면 다음을 참조: Matthew Diller, "Judicial Backlash, the ADA, and the Civil Rights Model," *Berkeley Journal of Employment and Labor Law* 21, no. 1 (2000): 19.

80 This was the situation in *Cleveland v. Policy Management Systems Corp*, 526 US 795 (1999).

81 다음을 참조: Matthew Diller, "Dissonant Disability Policies: The Tensions Between the Americans with Disabilities Act and Federal Disability Benefit Programs," *Texas Law Review* 76, no. 5 (April 1998): 1003, 1007–8.

82 526 US 795 (1999).

83 Ibid., 974.

84 Ibid., 977–78.

85 Ibid., 977.

86 Ibid., 976.

87 527 US 795, 119 S. Ct. 2139 (1999) (교정 렌즈와 근시).

88 527 US 795, 119 S. Ct. 2133 (1999) (의약품으로 조절이 가능한 고혈압).

89 527 US 795, 119 S. Ct. 2162 (1999) (단안 시력).

90 119 S. Ct. 2153-54 (Stevens, J., dissenting).

91 Ibid., 2154.

92 National Chamber of Commerce Litigation Center, news release, June 1999, http://uschamber.com/media/releases/june99/062299.html.

93 Brief Amici Curiae of the Equal Employment Advisory Council, the US Chamber of Commerce, and the Michigan Manufacturers Association in support of respondents, 527 US 795, 119 S. Ct. 2139 (1999), 4.

94 "NAM Urges Court Not to Expand the Americans with Disabilities Act," NAM news release (National Association of Manufacturers, Washington, DC), March 24, 1999.

95 Gene Koretz, "Economic Trends: Which Way Are Wages Headed?," *Business Week*, September 21, 1998.

96 Ibid.

97 다음을 참조: Mishel et al., *Working America*, 7.

98 *Cognetics Annual Report on Job Demographics* (Council on International and Public Affairs, 1997): 2.

99 Mishel et al., *Working America*, 221.

100 Ibid., 8.

101 Ibid.

102 Thomas Amirault, "Characteristics of Multiple Jobholders," *Monthly Labor Review Online* 120 (March 1997).

103 Mishel et al., *Working America*, 21.

104 Ibid.

105 일반적으로 다음을 참조: US General Accounting Office, "Workers at Risk:

321

Increased Numbers in Contingent Employment Lack Insurance, Other Benefits," *GAO Report*, HRD-91-56 (1991).

106 다음을 참조: Sheryl L. Lindsley, "Communicating Prejudice in Organizations," in *Communicating Prejudice*, ed. Michael L. Hecht (Thousand Oaks, CA: Sage Publications, 1998), 187–205.

107 1993년 1월 이후, 복지 명부에 등록된 사람은 전국적으로 730만 명으로 48퍼센트 줄었고, 1996년 법으로 정해진 이후로는 4분의 3이 줄었다. "Clinton Asks Business to Hire More from Welfare Rolls," CNN, August 3, 1999.

108 고등학교에 들어간 장애인의 42.7퍼센트가 졸업하지 못한다. H. Stephen Kaye, "Education of Children with Disabilities: Disability Statistics Abstract, No. 19," US Department of Education (July 1997), 2. 대학 교육을 받는 학생의 6.3퍼센트가 장애인이며(1992-1993), 그중 46.3퍼센트가 풀타임으로 등교했다. (그에 비해 비장애인의 경우는 52.9퍼센트로 등교했다.) 다음을 참조: Thomas D. Snyder, *Digest of Education Statistics, 1996*, NCES 96-133 (Washington, DC: US Department of Education, 1996).

109 Public Law 104-193, 110 Stat. 2105 (August 22, 1996) (codified as amended in scattered sections of 7, 8, 21, 25, & 42 USC.).

110 John E. Roemer, "Divide and Conquer: Microfoundations of a Marxian Theory of Wage Discrimination," *Bell Journal of Economics* 10, no. 2 (1979): 695.

111 Jon Jeter, "Room for Working Poor in Welfare's New Deal?," *Washington Post*, March 15, 1997.

112 Ibid.

113 Ibid.

114 다음을 참조: ibid.

115 Electronic mail from Laura L. Riviera to Thomas Kruse, June 1, 1998.

116 Ibid.

117 Steven Greenhouse, "Many Participants in Workfare Take the Place of City Workers," *New York Times*, April 13, 1998; 다음도 함께 참조: Steven Greenhouse, "Union to Sue Giuliani Administration Over Use of Welfare Recipients in Jobs," *New York Times*, February 4, 1999.

118 Ibid.

119 Ibid.

120 Jeter (referring to statement by the building's custodian, Joseph Nollie), "Roo for Working."

121 Ibid.

122 Nina Bernstein, "New York City Plans to Extend Workfare to Homeless Shelters,"

New York Times, February 20, 1999.

123 한 가지 예로, 조지 퍼타키(George Pataki) 뉴욕 주지사 행정부는 지난 2년간 연방 복지기금 중 5억 달러를 은밀하게 비축했다. 공공 지원에 의지하는 인원이 급격하게 줄었기 때문인데, 주정부는 그 액수를 14억 달러까지 올리려 하고 있다. Raymond Hernandez, "New York Gets Big Windfall from Welfare," *New York Times*, February 9, 1999. 잉여금은 주택 개발업자 같은 특수 이익단체의 로비에 따라 감세로 전환될 수 있다.

124 "Job Creation and Employment Opportunities: The United States Labor Market, 1993-1996," Council of Economic Advisers, www.whitehouse.gov/WH/EOP/CEA/html/labor.html.

125 Wolman and Colamosca, *Judas Economy*, 87-138.

126 Ibid., 53, 141-66. 일반적으로 다음을 참조: Bennett Harrison, *Lean and Mean: The Changing Landscape of Corporate Power in the Age of Flexibility* (New York: Guilford Press, 1994). 해리슨(Harrison)에 따르면, 소득 양극화는 후기 산업사회의 "부산물"이다.

127 다음을 참조: John Dewey, "Democracy is Radical," in *The Later Works 1925-1953*, ed. JoAnn Boydston (Carbondale: Southern Illinois University Press, 1987), 296. 듀이(Dewey)는 로크(Locke)의 '원자적 개인주의' 개념에 반대하며, 정치철학이 사회성을 하나의 범주로 받아들여야 한다고 제안했다. 그에 따르면, 개인은 사회의 맥락 속에서만 제대로 이해될 수 있으며, 진보를 이루기 위해서라도 그런 식으로 이해되어야 한다.

128 다음을 참조: Dean Baker et al., eds., *Globalization and Progressive Economic Policy* (Cambridge: Cambridge University Press, 1998).

129 급진적인 민주주의가 미래를 설계하면 어떻게 되는지에 대한 예를 보려면 다음을 참조: Dewey, "Democracy is Radical," 296-99; Martin Carnoy and Derek Shearer, *Economic Democracy: The Challenge of the 1980s* (New York: ME Sharpe, Inc., 1980); Daniel Singer, *Whose Millennium?: Theirs or Ours?* (New York: Monthly Review Press, 1999).

130 Mantsios, "Class in America."

131 다음을 참조: Harrison, *Lean and Mean*.

132 다음을 참조: Wolman and Colamosca, *Judas Economy*, 144-45.

133 다음을 참조: Michael Yates, *Why Unions Matter* (New York: Monthly Review Press, 1998), 135-40.

134 Jerzy Osiatynski, ed., *Collected Works of Michal Kalecki, vol. 1, Capitalism: Business Cycles and Full Employment* (New York: Oxford University Press, 1990).

제6장 장애인 권리운동도 하지 못하는 일

1 장애인법(ADA) 이전 시기의 연구 단계에서 의회는 "16세에서 64세 사이의 모든 장애인 중 3분의 2가 전혀 일하고 있지 않다"라는 사실을 확인했다. Hearing on H.R. 2273, the Americans with Disabilities Act of 1989: Joint Hearing before the Subcommittee on Select Education and Employment Opportunities of the House Committee on Education and Labor, 101st Congress, 1st Session (July 18 and September 13, 1989; two hearings). S. Rep. No. 101–116.

2 R. V. Burkhauser, M. C. Daly, and H. J. Houtenville, "How Working Age People with Disabilities Fared Over the 1990s Business Cycle," in *Ensuring Health and Income Security for an Aging Workforce*, ed. P. Budetti, J. Gregory and R. V. Burkhauser (Kalamazoo: W. E. Upjohn Institute for Employment Research, 2001).

3 D. E. Lewis, "Access and Closed Doors: Despite Federal Act, Number of Disabled with No Job Is Rising," *Boston Globe*, July 4, 1999.

4 Linda Levine, *The Employment of People with Disabilities in the 1990s* (Washington, DC: Congressional Research Service, Library of Congress, 2000), 12.

5 H. Hahn, "Towards a Politics of Disability: Definitions, Disciplines and Policies," *Social Science Journal* 22, no. 4 (1985): 87–105; I. K. Zola, "Towards Inclusion: The Role of People with Disabilities in Policy and Research Issues in the United States—A Historical and Political Analysis," in *Disability is Not Measles*, ed. M. Rioux and M. Bash (North York, Ontario: Roeher Institute, 1994), 49–66.

6 42 USC. § 12101–12213 (1994).

7 42 USC. § 12101(a)(8)–(9) (1994).

8 American Bar Association, "Study Finds Employers Win Most ADA Title I Judicial and Administrative Complaints," *Mental and Physical Disability Law Reporter* 22, no. 3 (May–June 1998): 403, 404.

9 Ruth Colker, "The Americans with Disabilities Act: A Windfall for Defendants," *Harvard Civil Rights-Civil Liberties Law Review* 34, no. 1 (Winter 1999): 99.

10 United States Commission on Civil Rights, *Helping Employers Comply with the ADA: An Assessment of How the United States Equal Employment Opportunity Commission is Enforcing Title I of the Americans with Disabilities Act* (Washington, DC: US Government Printing Office, 1998), 5.

11 Matthew Diller, "Judicial Backlash, the ADA, and the Civil Rights Model," *Berkeley Journal of Employment and Labor Law* 21, no. 1 (2000): 23.

12 Arlene Mayerson, "Restoring Regard for the 'Regarded As' Prong: Giving Effect to Congressional Intent," *Villanova Law Review* 42, no. 2 (1997): 587, 612.

13 Robert Burgdorf Jr., "'Substantially Limited' Protection from Disability

Discrimination: The Special Treatment Model and Misconstructions of the Definition of Disability," *Villanova Law Review* 42, no. 2 (1997): 409.

14 Ibid., 413.

15 Bonnie Tucker, "The ADA's Revolving Door: Inherent Flaws in the Civil Rights Paradigm," *Ohio State Law Journal* 62, no. 1 (2001).

16 Ernest Mandel, *Marxist Economic Theory*, vol. 1 (New York: Merlin Press, 1962), 151.

17 Ibid.

18 Marta Russell, *Beyond Ramps: Disability at the End of the Social Contract* (Monroe, ME: Common Courage Press, 1998), 109–11; Marta Russell, "Backlash, the Political Economy, and Structural Exclusion," *Berkeley Journal of Employment and Labor Law* 21, no. 1 (2000): 341.

19 J M. Washington, *A Testament of Hope: The Essential Writings and Speeches of Martin Luther King, Jr.* (San Francisco: Harper Collins, 1991), 250.

20 Martin Luther King, Jr., "Showdown for Nonviolence," *Look* 32, no. 8 (April 16, 1968): 24.

21 Marta Russell and Ravi Malhotra, "Capitalism and Disability," *Socialist Register* 38 (2002): 211–28.

22 D. A. Young and R. Quibell, "Why Rights are Never Enough," *Disability & Society* 15, no. 5 (2000): 757.

23 고전적인 정치경제학은 애덤 스미스(Adam Smith), 데이비드 리카도(David Ricardo), 카를 마르크스(Karl Marx), 존 케인스(John Keynes) 같은 이론가에 의해 실행됐으며, 이들은 정치를 경제학에 내재된 요소로 인정했다. 신고전주의 경제학자들은 경제학을 역사, 정치와 무관한 수학적 기술로 축소했다.

24 Samir Amin, *Specters of Capitalism: A Critique of Current Intellectual Fashions* (New York: Monthly Review Press, 1998), 134.

25 John M. Keynes, *General Theory of Employment, Interest, and Money* (New York: Harcourt, Brace and World, 1936), 249; Michal Kalecki, *Studies in the Theory of Business Cycles 1933–1939* (New York: A.M. Kelley, 1966), 131; Karl Marx, *Capital: A Critical Analysis of Capitalist Production*, 3 vols. (1867; reprint, New York: International Publishers, 1967), 589–92.

26 M. Friedman, "The Role of Money Policy," *American Economic Review* 58 (March 1968): 1–17; G. A. Akerloff, et al., "Near-Rational Wage and Price Setting and the Optimal Rates of Inflation and Unemployment" (2000), http://eml.berkeley.edu/~akerlof/docs/inflatn-employm.pdf.

27 Alan Greenspan, *Federal Reserve Board Humphrey–Hawkins Report*, February 26, 2000, http://federalreserve.gov/boarddocs/hh/1997/february/reportsection1.htm.

28 Michel Kalecki, "Political Aspects of Full Employment," in *Selected Essays on the Dynamics of the Capitalist Economy*, (Cambridge: Cambridge University Press, 1971), 140–41.

29 Michael Piore, "Unemployment and Inflation: An Alternative View," *Challenge* 21 (1978): 28–34.

30 R. Pollin, "The 'Reserve Army of Labor' and the 'Natural Rate of Unemployment': Can Marx, Kalecki, Friedman, and Wall Street All Be Wrong?," in *Political Economy and Contemporary Capitalism*, ed. R. Baiman, H. Boushey, and D. Saunders, (New York: M. E. Sharpe, 2000), 98.

31 M. Conlin, "The New Workforce: A Tight Labor Market Gives the Disabled the Chance to Make Permanent Inroads," *Business Week*, March 20, 2000.

32 Disability Policy Panel, National Academy of Social Insurance, "Rethinking Disability Policy: The Role of Income, Health Care, Rehabilitation, and Related Services in Fostering Independence," *Social Security Bulletin*, June 24, 1994.

33 Sheila D. Collins, Helen Lachs Ginsburg, and Gertrude Schaffner Goldberg, *Jobs for All: A Plan for the Revitalization of America* (New York: Apex Press, 1994), 10.

34 Americans with Disabilities Act, *Hearings Before the Subcommittee on the Handicapped of the Senate Committee on Labor and Human Resources*, 101st Congress (1989): 22.

35 J. W. Mashek, "To Cheers, Bush Signs Rights Law for Disabled," *Boston Globe*, July 27, 1990.

36 Russell, *Beyond Ramps*, 114.

37 R. Shogun, "Halt Bush's Tilt to Left, Conservatives Tell GOP," *Los Angeles Times*, July 14, 1990.

38 "생산성이 동일한 두 노동자 중 한 명을 선택해야 한다고 가정해 보자. 한 명은 직무 조정을 위해 상당한 비용을 지출해야 하고, 다른 한 명은 그러한 비용이 전혀 필요 없다면, 회사는 이윤을 극대화하기 위해 당연히 고용 비용이 적은 노동자를 선호할 것이다." John Donahue, "Employment Discrimination Law in Perspective: Three Concepts of Equality," *Michigan Law Review* 92, no. 8 (August 1994): 2609.

39 *Vande Zande v. State of Wisconsin Department of Administration* (1995) 7th Circuit, 44 Federal 3d, 538, 543.

40 Russell, "Backlash," 351.

41 마이클 스타인(Michael Stein) 참조: 부풀려진 비용에 근거해 장애인 노동자 고용에 편견을 가지는 것은 고용주들의 합리적인 결정을 저지하는 시장 실패에 해당한다. 피터 블랭크(Peter Blanck)는 장애인 노동자를 고용하는 데 유익한 "파급효과"를 보도했다. 물론, 직무 조정 비용도 최소화할 수 있다. Michael Stein, "Labor Markets, Rationality and Workers with Disabilities," *Berkeley Journal of*

자본주의와 장애

Employment and Labor Law 21, no. 1 (April 2000): 333; Peter Blanck, *The Emerging Role of the Staffing Industry in the Employment of Persons with Disabilities: A Case Report on Manpower Inc.* (Iowa City: University of Iowa, 1998).

42 Amin, *Specters of Capitalism*, 144.

43 Ibid.

제7장 대법원의 이상한 정의: 장애와 사법기관

1 "'인도판 엔론(Enron)'? 수백 상자의 문서 파기, 법정 모욕죄로 기소, 수십억 달러의 손실, 아서 앤더슨(Arthur Anderson)에 수백만 달러 지불, 아메리칸 인디언의 미국 정부 고발," *Democracy Now!*, April 29, 2002, http://democracynow.org/2002/4/29/the_indian_enron_hundreds_of_boxes.

2 [Gina Holland, "High Court Weighs Disabilities Cost," Associated Press, April 22, 2002.—*Ed.*]

3 [Ruth O'Brien, *Crippled Justice: The History of Modern Disability Policy in the Workplace* (Chicago: University of Chicago Press, 2001), 195.—*Ed.*]

4 [Michael Kinsley, "Genetic Correctness," *Washington Post*, April 18, 2000.—*Ed.*]

5 [Michael Parenti, *Democracy for The Few*, 6th ed. (Boston: St. Martin's Press, 1995).—*Ed.*]

제8장 장애자본주의의 등장

1 Joshua Harris Prager, "People with Disabilities Are Next Consumer Niche," *Wall Street Journal*, December 15, 1999.

2 Jeremy Kahn, "Creating an Online Community—And a Market—For the Disabled," *Fortune Magazine*, February 7, 2000.

3 *CBS* Infomercial, February 12, 2000.

4 [Prager, "Next Consumer Niche."—*Ed.*]

제9장 장애, 교도소, 역사적 격리

1 Dorothy Otnow Lewis, "Neuropsychiatric, Psychoeducational, and Family Characteristics of 14 Juveniles Condemned to Death in the United States," *American Journal of Psychiatry* 145, no. 5 (May 1988): 584–89.

2 James D. Watson, "President's Essay," *Cold Springs Harbor Laboratory 1996 Annual Report* (Cold Springs Harbor, NY: Cold Springs Harbor Laboratory, 1996), 14.

3 Christian Parenti, *Lockdown America: Police and Prisons in the Age of Crisis* (London: Verso, 1999), 238.

4 다음을 참조: Victor Finkelstein, *Attitudes and Disabled People: Issues for Discussion* (New York: World Rehabilitation Fund, 1980); Michael Oliver, *The Politics of Disablement* (New York: St. Martin's Press, 1990); Marta Russell, *Beyond Ramps: Disability at the End of the Social Contract* (Monroe, ME: Common Courage Press, 1998); and Joanna Ryan and Frank Thomas, *The Politics of Mental Handicap* (New York: Penguin, 1980).

5 Pauline Morris, *Put Away: Institutions for the Mentally Retarded* (London: Routledge & Kegan Paul, 1969).

6 Michael Oliver, "Capitalism, Disability and Ideology: A Materialist Critique of the Normalization Principle," in R. Flynn and R. Lemay, eds., *A Quarter-Century of Normalisation and Social Role Valorization*, Evolution and Impact, ed. R Flynn and R. Lemay (Ottawa: University of Ottawa Press, 1999).

7 Louis Harris, *The 2000 National Organization on Disabilities/Harris Survey of Americans with Disabilities* (New York: Louis Harris & Associates, 2000). 다음도 함께 참조: the 1998 Report.

8 "When Punishment is the Crime: The Privatization of Prisons," *Out of Time* 31 (February 1996), 3.

9 저자들은 정신의학 생존자들의 운동을 신뢰하고 싶어 한다. 미국의 사회정책을 조사하는 많은 문헌에 대해 "정신질환" 딱지가 붙은 사람들의 공로를 인정하고자 하는 것이다. 운동이 제시한 가장 신랄한 논평 중에 언어비평이 있다. 분석가들은 "정신질환" 같은 용어들이 매우 격렬하고 경멸적인 문화적 구성 요소라고 지적한다. 그들이 보기에, 그런 딱지들을 붙이는 주체는 고착화된 권력구조이며, 그 근거는 DSM, 즉 정신질환 진단 및 통계 매뉴얼(the Diagnostic&Statistical Manual of Mental Disorders)이다. 이 편람은 주관적이고 편협한 시각으로 사회적으로 고정된 "진단들"의 기초를 제공했다는 점에서 지속적으로 비난받은 바 있다. 정신의학 생존자들의 말을 빌리면, 지배계급에 의해 "정신질환자"로 규정된 사람들은 대체로 파괴자이자 반항아였으며, 그들의 행동은 사회적 불평등에 의해 촉발되었다. 교도소, 요양원, 정신병원 등에 구금된 사람들의 상황을 조사하는 논문에서, 우리는 특히 속박을 정당화하는 데 활용된 딱지들이 적절하거나 정당하다는 전제를 피하고자 한다. 다음을 참조: Support Coalition International of Eugene, OR, http://MindFreedom.org, and to its newsletter, *Dendron News*.

10 Heather Barr, *Prisons and Jails, Hospitals of Last Resort: The Need for Diversion and Discharge Planning for Incarcerated People with Mental Illnesses in New York* (New York: Correctional Association of New York; Urban Justice Center, 1999).

11 Jean Stewart, "Life, Death & Disability Behind Bars," *New Mobility* 9 (June 1998). 다음도 함께 참조: Jean Stewart, "Inside Abuse: Disability Oppression Behind Bars," *The Disability Rag* 15 (November–December 1994).

12 US District Judge Wilkie Ferguson Jr., "Prisons: An American Growth Industry," *Miami Herald*, April 9, 1995.

제10장 요양원 문에 매달리기

1 [Sabin Russell, "Hospital Workers Bask in Bond Victory / Unions helped get out the vote for Laguna Honda," *San Francisco Chronicle*, November 4, 1999.—*Ed.*]

2 [Ibid.—*Ed.*]

3 [Lennard Davis, *Enforcing Normalcy: Disability, Deafness, and the Body* (New York: Verso, 1995).—*Ed.*]

4 [장애인들 간의 결혼을 노골적으로 반대하고 나섰다는 점에서 록펠러(Rockefeller)와 벨(bell)의 우생학 정치는 직접적인 반면(록펠러는 심지어 이를 위해 불임 프로그램에 자금을 대기도 했다), 골드먼(Goldman)은 다소 오락가락했다. 골드먼의 전기 작가 클레어 헤밍스(Clare Hemmings)는 이렇게 적었다. "골드먼은 초기 우생학의 우성유전자 운동을 찬성했다. 이는 현대 페미니스트의 관점에서 볼 때 불편할 수밖에 없으리라 … 여성 및 산아제한 관련, 그녀의 논증을 발전시켰을 때 나타나는 우생학 논쟁의 위험을 축소할 생각은 없지만, 그녀가 종족 번식의 특권을 국가 또는 인종의 본유적 속성으로 보는 우생학적 견해를 지지한 적이 없다는 사실은 지적해야겠다. 그녀에게 번식의 특권은 여성의 자유로 향하는 길이었다." Clare Hemmings, *Considering Emma Goldman: Feminist Political Ambivalence and the Imaginative Archive* (Durham, NC: Duke University Press, 1998), ebook. 록펠러의 우생학 정치에 대해서는 다음을 참조: Edwin Black, "North Carolina's Reparation for the Dark Past of American Eugenics," *Guardian*, June 28, 2011. 벨에 관해서는 다음을 참조: "Signing, Alexander Graham Bell and the NAD," *Through Deaf Eyes*, PBS, March 2007, http://pbs.org/weta/throughdeafeyes/deaflife/bell_nad.html.—*Ed.*]

5 [*Ed.*—예들 들면 다음을 참조: Fred Pelka, *What We Have Done: An Oral History of the Disability Rights Movement* (Amherst: University of Massachusetts Press, 2012), 11.]

6 [*Ed.*—*The Chicago Code of 1911* (Chicago: Callaghan and Company, 1911), 645.]

7 [*Ed.*—Marta Russell, *Beyond Ramps: Disability at the End of the Social Contract* (Monroe, ME: Common Courage Press, 1998), 96–108.]

제11장 장애인 고객 확보하기

1 [The President's Commission to Strengthen Social Security, "Strengthening Social Security and Creating Personal Wealth for All Americans," December 21, 2001, http://ssa.gov/history/reports/pcsss/Final_report.pdf.—*Ed.*]

2 [다음을 참조: "Memo on Social Security," *Wall Street Journal*, January 5, 2005, http://wsj.com/articles/SB110496995612018199.—*Ed.*]

3 [Ibid., 149.—*Ed.*]

4 Linda Fullerton (Social Security Disability Coalition), statement before Subcommittee on Social Security of the US House of Representatives Committee on Ways and Means, September 30, 2004.

5 [General Accounting Office, "Potential Effects on SSA's Disability Programs and Beneficiaries: Report to the Ranking Member, Subcommittee on Labor, Health and Human Services, Education, and Related Agencies, Committee on Appropriations, US Senate," January 2001.—*Ed.*]

6 보조금에 대한 자료는 다음을 참조: "Benefits Awarded—Time Series for All Benefit Types," Social Security Administration, http://ssa.gov/cgi-bin/awards.cgi; http://socialsecurity.gov/OACT/FACTS/fs2004_12.html; and http://ssa.gov/policy/docs/statcomps/ssi_monthly/2004-12/table1.html.

7 Edward D. Berkowitz, *Disabled Policy: America's Programs for the Handicapped* (New York: Cambridge University Press, 1987), 118, 121.

8 ["Memo on Social Security."—*Ed.*]

제12장 의존과 자립 사이: 정책의 황무지를 다시 생각한다

1 [Laura Hershey, "SSA Still Punishes People with Disabilities Who Work—and Their Advocates," *Crip Commentary*, August 17, 1999, http://cripcommentary.com/cc081799.html.—*Ed.*]

2 [Mollie Orshansky, "Counting the Poor: Another Look at the Poverty Profile," *Social Security Bulletin* 28, no. 1 (January 1965): 3–29.—*Ed.*]

3 [Patricia Ruggles, *Drawing the Line: Alternative Poverty Measures and Their Implications for Public Policy* (Washington, DC: Urban Institute Press, 1990).—*Ed.*]

4 [Louis Harris, *The 2000 National Organization on Disabilities/Harris Survey of Americans with Disabilities* (New York: Louis Harris & Associates, 2000).—*Ed.*]

제13장 반전장애인연합

1 [다음을 참조: Ewan MacAskill, "George Bush: 'God told me to end the tyranny in Iraq'," *Guardian*, October 7, 2005.—*Ed.*]

2 [1982년 국제장애인연맹(DPI)은 일본 히로시마의 평화기념 공원에서 평화선언을 채택했다. 2002년에는 일본 삿포로에서 제6차 세계대회를 개최했으며, 그곳에서 1982년의 평화선언을 재확인하고 업데이트했다. "DPI Peace Statement," Disabled People's International, Hiroshima, Japan, June 24, 1982; updated, Sapporo, Japan, October 2002, http://ccdonline.ca/en/international/policy/newsletter/2003/01a.—*Ed.*]

제14장 장애와 전쟁 경제

1 [Paul Krugman, "Stating the Obvious," *New York Times*, op-ed, May 27, 2003.—*Ed.*]

2 [Jonah Goldberg, "Baghdad Delenda Est, Part Two," *National Review*, April 23, 2002.—*Ed.*]

3 [Elliott Abrams et al., "Statement of Principles," Project for the New American Century, June 3, 1997, http://bit.ly/1LD2sSV.—*Ed.*]

4 [다음을 참조: Disability Rights Education and Defense Fund, "Individuals with Disabilities Education Improvement Act of 2003: Many Improvements but Ongoing Concerns," News Release, June 24, 2003, http://dredf.org/2003/06/24/individuals-disabilities-education-improvement-act-2003/.—*Ed.*]

5 [George W. Bush, "Speech to the Council on Foreign Relations" (Washington, DC, December 7, 2005).—*Ed.*]

6 [John Spragens, "The Faces of TennCare," *Nashville Scene*, November 24, 2005.—*Ed.*]

7 [2018년 3월 현재, 2001년 이후 미국이 이라크와 아프가니스탄에서 전쟁과 군사작전에 쏟아부은 금액은 총 1조 8,000억 달러에 달한다. "Cost of National Security," National Priorities Project, http://nationalpriorities.org/cost-of/.—*Ed.*]

제15장 비자연 재해: 허리케인 카트리나를 돌아본다

1 [다음을 참조: Lex Frieden, "The Impact of Hurricanes Katrina and Rita on People with Disabilities: A Look Back and Remaining Challenges," National Council on Disability, August 3, 2006.—*Ed.*]

2 [다음을 참조: Associated Press, "Video Shows Bush Was Warned Before Katrina," *New York Times*, March 1, 2006.—*Ed.*]

3 [예를 들면 다음을 참조: John McQuaid and Mark Schleifstein, "The Big One: A Major Hurricane Could Decimate the Region, But Flooding from Even a Moderate

Storm Could Kill Thousands. It's Just a Matter of Time," *Times-Picayune*, June 24, 2002; and Mark Schleifstein, "Bush Budget Cuts Levee, Drainage Funds; Backlog of Contracts Waits to be Awarded," *Times-Picayune*, February 8, 2005.—*Ed.*]

제16장 장애인을 위한 저가형 주택 위기

1 [Eugene T. Lowe et al., *A Status Report on Hunger and Homelessness in America's Cities, 2000* (Washington, DC: United States Conference of Mayors, 2000).—*Ed.*]

2 [Marca Bristo et al., "Reconstructing Fair Housing," National Council on Disability, November 6, 2001, ncd.gov.—*Ed.*]

3 [다음을 참조: Jennifer Loven, "HUD Lax in Upholding Anti-Bias Law," Associated Press, November 5, 2001.—*Ed.*]

제17장 미국 대 세계

1 [2003년, 마타 러셀(Marta Russell)은 미국장애인협회의 대표로서 유엔 장애인권리협약(이 협약은 2006년 유엔총회에서 비준되었다) 초안 구성을 위한 예비 단계를 밟는 유엔 특별위원회의 일련의 회의에 참석했다. 2018년 현재, 미국은 아직 이 협약을 비준하지 않았다.—*Ed.*]

2 [Dave Reynolds, "U.S. Will Not Sign U.N. Disability Rights Treaty," *Inclusion Daily Express*, June 18, 2003, retrieved online from Minnesota Governor's Council on Developmental Disabilities, http://mn.gov/mnddc/news/inclusion-daily/2003/06/061803unadv.htm.—*Ed.*]

3 [2018년 현재, 미국은 유엔 아동권리협약에 비준하지 않은 유일한 유엔 회원국이며, 여성차별철폐협약을 비준하지 않은 몇 안 되는 국가에 속한다. 대인지뢰의 사용, 비축, 생산 및 이전 금지에 관한 협약(즉, 대인지뢰금지협약)은 아예 가맹국도 비준국도 아니다. 국제형사재판소의 124개 회원국에도 속하지도 않고, 유엔 기후변화협약에 대한 교토 의정서에도 비준하지 않았다. "Multilateral Treaties Deposited with the Secretary-General: Status of Treaties," United Nations Treaty Collection, http://treaties.un.org/Pages/ParticipationStatus.aspx.—*Ed.*]

제18장 달러와 죽음: 의사 조력 자살에 대한 의문

1 ["최종 분석에서, 경제학은 개인의 자유나 자율성 확대를 추구하지 않으며, 조력 자살을 용인 가능한 의료행위의 반열에 오르게 할 것이다." Derek Humphry and Mary Clement, *Freedom to Die: People, Politics, and the Right-to-Die Movement* (New

York: St. Martin's Press, 1998), 313.—*Ed.*]

2 [Jack Kevorkian, Written Statement to Oakland County, Michigan, Superior Court, August 17, 1990, quoted in Nat Hentoff, "Not Dead Yet," *Washington Post*, June 8, 1997, A15.—*Ed.*]

3 [Charles Krauthammer, "A Critique of Pure Newt," *Weekly Standard*, September 17, 1995.—*Ed.*]

4 [Linda Peeno, "Managed Care Ethics: A Close View," written testimony accompanying oral statement for the US House of Representatives Committee on Commerce, Subcommittee on Health and Environment, May 30, 1996.—*Ed.*]

5 [Kurt Vonnegut, *God Bless You, Dr. Kevorkian* (New York: Seven Stories Press, 1999).—*Ed.*]

6 [Diane Coleman, "Disabled Activists Outraged by Kevorkian's Media Circus," news release, *Not Dead Yet*, November 23, 1998.—*Ed.*]

7 ["'저들은 분명 그의 스웨터를 벗기고 … 배를 가르고 신장을 뽑아냈다.' 드라고비치(Dragovic)는 이 기술을 '모퉁이의 정육점 주인'에 비유했다. 드라고비치는, 투시코프스키(Tushkowski)의 스웨터가 피로 흥건했지만, 장기 제거가 무의미한 일이 아니었다고 강조했다." Ellen Warren, "Kevorkian Controversy Sheds Light on a Problem," *Chicago Tribune*, June 10, 1998.—*Ed.*]

8 [Quoted in Pam Belluck, "Prosecutor to Weigh Possibility of Charging Kevorkian," *New York Times*, November 23, 1998.—*Ed.*]

9 [Hemlock Society USA, "Mercy Killing: A Position Statement Regarding David Rodriguez," news release, December 3, 1997.—*Ed.*]

10 *Final Exit*, directed by Derek Humphry (1999), VHS.

제19장 우생학과 오직 하나의 경제질서

1 Alfred Hoche and Rudolf Binding, *Die Freigabe der Vernichtung lebensunwerten Lebens* (Leipzig, 1920) in *Racial Hygiene: Medicine Under the Nazis* ed. Robert Proctor (Cambridge: Harvard University Press, 1988), 178.

2 Herbert Spencer, *Principles of Biology*, vol. 1 (D. Appleton and Co, 1914), 530.

3 Charles Darwin, *The Descent of Man and Selection in Relation to Sex* (New York: P. Appleton and Co., 1922), 136.

4 Proctor, 29, 98; and Robert Jay Lifton, *The Nazi Doctors: Medical Killings and the Psychology of Genocide* (New York: Harper Collins, 1986), 24.

5 Darwin, 632.

6 Lifton, 30.

7 Proctor, 96.

8 R. C. Elmslie, *The Care of Invalid and Crippled Children in School* (London: School Hygiene Publishing, 1911); Lifton, 23.

9 Lifton, 30.

10 Proctor, 117.

11 Friedrich Nietzsche, *Twilight of the Idols* (1889; reprint, Indianapolis: Hackett Publishing Company, 1997), 70.

12 Proctor, 185.

13 Ibid., 183–84.

14 Ibid., 66.

15 Lifton, 65–66.

16 Proctor, 186.

17 Ibid., 187.

18 Description by Reich chemist August Becker, quoted in Proctor, 190.

19 Hugh Gregory Gallagher, *By Trust Betrayed: Patients, Physicians, and the License to Kill in the Third Reich* (New York: Henry Holt, 1990), 146–47.

20 Ibid., 243.

21 Alexander Mitserlich, *The Death Doctors* (London: Eleck Books, 1962), 239.

22 Gallagher, 259.

23 Michael Parenti, *Democracy for the Few* (New York: St. Martin's Press, 1995), 10.

24 Adolph Hitler, *Der Fuhrer*, US edition (1926), 287.

25 Walter Russell Mead, "Long After War, Taint of Nazis Remains in Europe," *Los Angeles Times*, November 3, 1996; Howard Zinn, *A People's History of the United States* (New York: Harper & Row, 1980), 401.

26 Baker quoted by Alexander Cockburn, "Eugenics Nuts would have Loved Norplant," *Los Angeles Times*, June 30, 1994.

27 Proctor, 180.

28 Ibid., 16.

29 Rockefeller and Carnegie quoted in Richard Hofstadter, *Social Darwinism in American Thought* (Boston: Beacon Press, 1971).

30 Ward quoted in Hofstadter, 82.

31 Charles A. Murray, *Losing Ground: American Social Policy, 1950–1980* (New York: Basic Books, 1984).

32 Gallagher, 78.

33 Proctor, 22.

34 Ibid., 259.

35 Ibid., 265.

36 Carl N. Degler, *In Search of Human Nature: The Decline and Revival of Darwinism in American Social Thought* (New York: Oxford University Press, 1991), 11.

37 [로이 콘(Roy Cohn)은 1950년대 반동적인 연방 검사로 악명을 떨쳤다. J. 에드거 후버(J. Edgar Hoover)는 1960년대 FBI 국장으로 선봉에 서서 인권, 노동, 사회주의 행동가들을 탄압했다. 마이클 밀컨(Michael Milken)은 1989년 협박과 사기죄로 기소된 월스트리트의 자본가였다. 찰스 키팅(Charles Keating)은 협박과 사기죄로 반복해서 유죄 판결을 받은 은행 간부였다.—*Ed.*]

38 Figures reported by the *Los Angeles Times*, April 17, 1996.

39 United Nations 1996 Human Development Report. [2017년 현재, 전 세계 2,043명의 억만장자가 7조 6,000억 달러의 부를 독점하고 있다. 이는 전 세계 최하층 성인의 70퍼센트, 즉 약 35억 명의 재산을 합친 것과 비슷하다! 다음을 참조: Kerry A. Dolan, "Forbes 2017 Billionaires List: Meet The Richest People On The Planet," *Forbes.com*, March 20, 2017; Credit Suisse Research Institute, *Global Wealth Report 2017* (Zurich: Credit Suisse Group AG, 2017), 21.—*Ed.*]

40 Karl Polanyi, *The Great Transformation: The Political and Economic Origins of Our Times* (Boston: Beacon Hill Press, 1944), 57.

자본주의와 장애
물질적 풍요에 숨겨진 차별과 억압의 역사

초판 1쇄 찍은날 2022년 10월 26일
초판 1쇄 펴낸날 2022년 11월 4일

지은이	마타 러셀
옮긴이	조영학
펴낸이	한성봉
편집	최창문·이종석·강지유·조연주·조상희·오시경·이동현
콘텐츠제작	안상준
디자인	정명희
마케팅	박신용·오주형·강은혜·박민지
경영지원	국지연·강지선
펴낸곳	도서출판 동아시아
등록	1998년 3월 5일 제1998-000243호
주소	서울시 중구 퇴계로 30길 15-8 [필동1가 26] 무석빌딩 2층
페이스북	www.facebook.com/dongasiabooks
전자우편	dongasiabook@naver.com
블로그	blog.naver.com/dongasiabook
인스타그램	www.instargram.com/dongasiabook
전화	02) 757-9724, 5
팩스	02) 757-9726
ISBN	978-89-6262-469-4 93330

만든 사람들

책임편집	조상희
교정교열	오효순
크로스교열	안상준
표지 디자인	손주영
본문 디자인	최세정